本书获中国社会科学院创新工程学术出版项目资助

中世纪英格兰工资问题研究

On Wages in Medieval England

王超华 著

中国社会科学出版社

图书在版编目（CIP）数据

中世纪英格兰工资问题研究 / 王超华著 . —北京：中国社会科学出版社，2021.9

ISBN 978-7-5203-8607-4

Ⅰ.①中… Ⅱ.①王… Ⅲ.①工资制度—研究—英国—中世纪 Ⅳ.①F249.561.4

中国版本图书馆 CIP 数据核字（2021）第 113403 号

出 版 人	赵剑英
责任编辑	安　芳
责任校对	闫　萃
责任印制	李寡寡

出　　版	中国社会科学出版社
社　　址	北京鼓楼西大街甲 158 号
邮　　编	100720
网　　址	http://www.csspw.cn
发 行 部	010-84083685
门 市 部	010-84029450
经　　销	新华书店及其他书店
印　　刷	北京明恒达印务有限公司
装　　订	廊坊市广阳区广增装订厂
版　　次	2021 年 9 月第 1 版
印　　次	2021 年 9 月第 1 次印刷
开　　本	710×1000　1/16
印　　张	19.75
插　　页	2
字　　数	266 千字
定　　价	98.00 元

凡购买中国社会科学出版社图书，如有质量问题请与本社营销中心联系调换
电话：010-84083683
版权所有　侵权必究

献给父亲和岳父母，
没有他们生前的支持，本书不可能完成

序

徐 浩

　　王超华的博士学位论文《中世纪英格兰工资问题研究》即将出版，作为他的博士生导师和对此感兴趣者，我想借此机会就中世纪英国工资研究中问题意识的变化谈谈想法，并以此作为新书的序言。工资（wages，通常指名义工资或货币工资）简单说是雇佣制下雇主支付给雇员的劳动报酬，特别是货币报酬。它在中世纪中晚期的英国非常流行，由此吸引了大量研究者。如果从1866年罗杰斯出版《英国农业和价格史》一、二卷算起，[①] 中世纪英国工资问题研究至今已超过一个半世纪。值得注意的是，一直以来，研究者并没有就工资论工资，而是围绕工资先后提出几个重大课题。大体来说，中世纪英国工资问题研究主要出现过工资购买力、工资劳动和工资劳动者三种问题意识，每种问题意识的产生都极大地推动了中世纪英国工资问题研究的进展，显著提升了对该问题的认识深度和广度。有鉴于此，上述三种问题意识的梳理不仅对于认识中世纪英国工资问题研究的来龙去脉具有重要的学术价值，而且对于更多的人依靠工资生活的今天仍不乏显而易见的现实意义。

[①] James E. Thorold Rogers, *A History of Agriculture and Prices in England*, 7 Vols., Oxford: Clarendon Press, 1866–1902.

一　工资购买力的问题意识

像农民的土地一样，工资是雇工（labourers）和仆人（servants，拉丁语为 famuli，即长期或全职的雇工）生计的重要来源，工资与物价水平一起决定着其生活水平的高低。中世纪英国工资问题研究的开拓者无疑是罗杰斯。他没有单纯研究工资本身，而是将工资和物价结合起来，广泛考察包括劳动力价格（price of labour）即工资在内的所有生活必需品的价格，并根据工资与生活资料价格的支出关系计算出雇工的实际工资（real wages）。在此基础上，罗杰斯提出了工资购买力（purchasing power of wages）的概念，并以此作为他和后来研究者探讨中世纪英国工资时的问题意识，旨在揭示中世纪中晚期以来不同阶段雇工生活水平变化的长期趋势。

罗杰斯是英国早期职业经济学家，曾任伦敦大学和牛津大学的经济学教授。他以极大精力和毅力搜集了1259—1793年英国价格和工资的大量原始数据，并在1866—1902年出版了7卷本的《英国农业和价格史》。"由于在此之前没有人在任何意义上尝试过探讨这一主题，因此，有必要出版大量已经收集的事实，并对它们的意义进行评论。"① 也就是说，罗杰斯的著作将工资和物价、事实、评论紧密结合在一起。罗杰斯是一位激进的社会改革家，担任过自由党的下院议员，极具现实人文关怀。对他来说，历史研究与关注自己时代工人阶级的生活状况密切相关。他认为，从中世纪以来，农业工人的生活水平遭受持续恶化。为了证明自己的观点，他不仅研究了中世纪雇工的工资购买力，还与后来时期进行比较。如他在该书第一卷的"导论"中所言，在考察了农业和土地生产率等一般性问题

---

① James E. Thorold Rogers, *A History of Agriculture and Prices in England*, Vol. 1, Oxford: Clarendon Press, 1866, Preface, p. v.

后,"我将从这些一般考虑转向实际价格。其中最重要的是谷物和劳动力的价格,部分原因是它们与当时的社会历史息息相关,部分原因是可以最精确地估计它们。然后,我将继续讨论农业牲畜和农产品的价格,以及当时工业行业所需的原材料价格,雇工的生计,以及粗制滥造的制造业和不发达的商业提供的便利"。在完成上述工作之后,"我将试图把某些价格制成表格,以便展示在我们面前时期(即13世纪下半叶和14世纪等)的货币购买力,以便通过这些方式提供一个机会,与后世的事实进行比较"①。为此,在该卷第34章"论工资购买力"中,罗杰斯尝试从前几章介绍的较重要商品的价格中尽可能准确地说明既定年度收入的消费方式,特别是比较英国历史上三到四个时期靠工资生活的人们的状况。②

在该书前两卷出版后的18年里,人们经常敦促罗杰斯将说明劳动和工资历史的评论部分单独出版。为此,罗杰斯在1884年出版了《六个世纪的劳动与工资》,并在"前言"中再次确认了工资购买力的问题意识。他认为,尽管此项工作需要搜集六个世纪中的雇工工资,但单纯"收集劳动工资(wages of labour)的证据是没有什么价值的,除非也掌握了足够的一般价格的信息,从而精确地估计工资购买力"③。基于这些估计,罗杰斯对13—18世纪英国雇工工资购买力演变的长期趋势进行了总结。他主张,从该书收集的第一份工资档案的1259年到亨利八世去世的1547年,雇工的生活状况经历了超过一个半世纪(大约14世纪末至16世纪上半叶)的持续改善。在几乎整个亨利八世在位时期(1509—1547年),即超过37年雇工工资购买力一直保持最高水平。此后,工资购买力大幅度下降,除了18世纪上半叶,在长达超过一个半世纪(即16世

---

① James E. Thorold Rogers, *A History of Agriculture and Prices in England*, Vol. 1, p. 9.
② James E. Thorold Rogers, *A History of Agriculture and Prices in England*, Vol. 1, p. 682.
③ James E. Thorold Rogers, *Six Centuries of Work and Wages*: The History of English Labour, London, Leipzig: T. Fisher Unwin Press, 1912, Preface, p. 4.

纪下半叶至17世纪下半叶，以及18世纪下半叶）中，雇工工资仅可以勉强度日，但时常需要接受救济。直到19世纪80年代早期，由于特殊原因，雇工的部分劳动条件才得到较大改善。① 换言之，直到19世纪80年代前，在延长的15世纪（14世纪晚期至16世纪上半叶）中雇工的实际工资一直处于领先水平。

不仅如此，在该书第2章"劳动与工资"中，罗杰斯还提出"15世纪雇工的黄金时代"的概念："我曾不止一次谈到，15世纪和16世纪的第一个25年是英国雇工的黄金时代。如果我们要解释他挣的工资与生活必需品支出的关系，相对而言，任何时代的工资都不会这样高，食物不会这样便宜。"② 黄金时代是古希腊诗人赫西俄德在《工作与时日》中论述人类种族不断退化时率先使用的概念，指出永无休止的暴力和战争使人类从黄金时代沦为白银时代、青铜时代和黑铁时代。③ 罗杰斯借此寓意表明早期现代以来雇工的工资购买力大部分时间处于不断下降状态，如果说延长的15世纪是雇工的黄金时代，那么16世纪下半叶至17世纪、18世纪下半叶和工业革命后一段时期则分别为他们的白银时代、青铜时代和黑铁时代。

进入20世纪，罗杰斯的工资购买力的问题意识得到传承与发展。在两次世界大战期间，英国经济学家、福利国家理论的构建者威廉·贝弗里奇一方面承续了罗杰斯工资购买力的问题意识，同时作为新一代的价格和工资史学家也对罗杰斯的研究做了一分为二的

---

① James E. Thorold Rogers, *Six Centuries of Work and Wages：The History of English Labour*, Preface, p.4；尽管早期现代雇工的生活水平较中世纪晚期有所下降，但绝非像罗杰斯所说的"勉强度日"，实际情况可见［法］布罗代尔《15至18世纪的物质文明、经济和资本主义》第一卷《日常生活的结构：可能与不可能》，顾良、施康强译，生活·读书·新知三联书店1992年版，第2—4章。

② James E. Thorold Rogers, *Six Centuries of Work and Wages：The History of English Labour*, p.326.

③ ［古希腊］赫西俄德：《工作与时日》，张竹明、蒋平译，商务印书馆1996年版，第4—6页。

评价。他认为，罗杰斯7卷本的"鸿篇巨制是极为重要的先驱著作；在整整一代人的时间里，它们一直被经济史学家用作比较物价和工资的基础。这种用途本身就证明了对价格研究的重视和对新作品的需要。因为罗杰斯的作品，虽然没有对手，但既不完整，也不完美。虽然它始于1259年，但并没有持续到19世纪，以便与现代价格指数挂钩；实际上，罗杰斯的著作止于1702年，后期几卷的质量不如早期几卷。然而，即使是这些早期的著作所依据的材料也比现在发现的要贫乏得多。最后，材料的处理因偶尔的判断错误和统计错误而受到损害，这些错误虽然不是最重要的，但足以使一些最终数字明显变形"①。有鉴于此，贝弗里奇准备完全利用温切斯特主教地产等机构质量更高的价格系列和工资系列档案出版《12—19世纪英国的价格和工资》。这部著作是欧美六国的国别价格史合作项目的组成部分，但令人遗憾的是，它只在1939年出版了第一卷"价格表：商业时代"，而原计划的"庄园时代（1150—1550）"一直未能出版。②贝弗里奇属于20世纪新价格史学家的过渡人物，由于各种原因，他的许多设想并没有实现。

20世纪五六十年代，布朗和霍普金斯发表了三篇有关建筑工人工资和价格比较的文章，其中《七个世纪以来消费品的价格——与建筑工人的工资水平的比较》是在这方面的首次尝试。两位作者开宗明义地写道："在之前的一篇文章中，③我们曾介绍过1264—1954年英格兰南部建筑工人的工资，现在我们将试图把这些工资与一些

---

① Sir William Beveridge, *Prices and Wages in England from the Twelfth to the Nineteenth Century*, vol. I, *Price Tables: Mercantile Era*, London: Longmans, Green and Co., 1939, General Introduction, p. xxi.
② 贝弗里奇对中世纪英国温切斯特主教庄园的工资进行过研究，并发表过两篇论文，但只涉及货币工资，详见 "Wages in the Winchester Manors", *The Economic History Review*, Vol. 7, No. 1 (Nov., 1936), pp. 22–43; "Westminster Wages in the Manorial Era", *The Economic History Review*, New Series, Vol. 8, No. 1 (1955), pp. 18–35。
③ Henry Phelps Brown and Sheila V. Hopkins, "Seven Centuries of Building Wages", *Economic*, New Series, Vol. 22, No. 87 (1955), pp. 195–206.

主要消费品的价格联系起来。"为此，他们计算并比较了1264—1954年（其中1451—1475年=100）英格兰南部消费品构成单位（即所谓的"消费品篮子"，basket of consumables①）的价格指数，以及建筑工人工资率的物质等价物（即工资购买力）指数后认为，"最简单的工资率的物质等价物的印象是，它始终处于一个大致相同的水平，只有1380—1510年的更加繁荣的时期才有所突破。最后，它从1820年开始上升，并将我们带入一个全新的区域。我们还可以继续注意到工资购买力水平上的一些差异，例如它在16世纪末和18世纪末下降的深度，以及从内战到18世纪40年代的大幅上升"。具体来说，工资购买力的戏剧性下降出现在1510年左右，亨利八世即位时所享受的工资购买力水平直到1880年前没有再次出现，1597年是七个世纪中工资购买力的最低点。我们在这里没有看到马尔萨斯危机，即人口快速增长对经济扩张不充分所造成的影响，就像我们在1750年左右再次看到的下降一样，直到这个时候商业和工业革命才将英国从爱尔兰的命运中拯救出来。② 布朗和霍普金斯揭示的13—20世纪英国雇工的工资购买力的长期趋势既证明了罗杰斯漫长的15世纪是雇工的黄金时代的思想，同时由于其他时期的工资购买力"始终处于一个大致相同的水平"，因而并没有罗杰斯所估计的那样糟糕。

　　布朗和霍普金斯后涌现出更多具有工资购买力问题意识的价格和工资史学家，其中较为突出的是法默。作为新人口论者，法默并不完全赞成罗杰斯将15世纪"作为英国雇工的黄金时代"，以及布朗和霍普金斯主张"1380—1510年是更加繁荣的时期"。此外，他

---

① 消费品篮子的物品种类包括若干数量的谷物、肉和鱼、黄油和奶酪、饮料、燃料和照明用品、纺织品共六类商品，它们在1275年、1500年、1725年和1950年四个时期各自数量不同。Henry Phelps Brown and Sheila V. Hopkins, "Seven Centuries of the Prices of Consumables, Compared with Builder's Wage-rates", *Economica*, Nov., 1956, New Series, Vol. 23, No. 92 (*Nor.*, 1956), Table 2, p.303.

② Henry Phelps Brown and Sheila V. Hopkins, "Seven Centuries of the Prices of Consumables, Compared with Builder's Wage-rates", *Economica*, Nov., 1956, New Series, Vol. 23, No. 92 (*Nor.*, 1956), pp.296, 306.

还认为，建筑工人数量较少，其购买力变化未必具有代表性，因而不适合用来作为研究样本。尽管如此，法默通过对农业工人和建筑工人购买一个标准的消费品购物篮（shopping basket of consummables）所需工作单位的比较，仍证明了中世纪晚期英国雇工工资购买力的上升。如他所说："在饥饿的 1310 年代，购买一个标准的消费品购物篮分别需要 32 个农业工作单位或 42 个建筑工作单位。1340 年代，在黑死病暴发之前，同样的购物篮需要 22 个农业工作单位或 30 个建筑工作单位。1350 年代和 1360 年代，购买购物篮需要稍多的工作单位：大约 24.5 个农业工作单位或 32.5 个建筑工作单位。而从 1370 年代起，购买力迅速得到改善。为购买相同的购物篮，农业工人在 1370 年代、1410 年代和 1440 年代分别需要 19 个、16 个和 12 个工作单位，建筑工人在 1370 年代、1410 年代、1440 年和 1470 年代分别需要 27 个、21 个、14 个和 13 个工作单位。"他还提出，考虑到建筑工人比农业雇工受雇时间更加固定，他们的上述购买力可能被低估了。不过，与布朗和霍普金斯相比，法默认为中世纪晚期工资购买力的提升幅度较小，前者认为 15 世纪 70 年代购买的购物篮中的肉和鱼是 14 世纪 30 年代的两倍，而法默则估计工资的谷物购买力只上升了 137%。[1]

---

[1] David L. Farmer, "Prices and Wages, 1350 – 1500", Edward Miller, ed., *The Agrarian History of England and Wales*, Volume Ⅲ, 1348 – 1500, Cambridge: Cambridge University Press, 1991, p. 493. 作者在原注中对购物篮和工作单位等概念分别做了解释。购物篮（shopping basket）包括 4 夸脱大麦，2 夸脱豌豆，1/10 头牛，半只阉羊，半头猪，1/4 韦（wey，1 韦奶酪等于 224 磅）的奶酪，1 英担（stone，1 英担等于 14 磅）羊毛，1/10 夸脱盐，可用来满足一个 4—5 口的雇工家庭一年的食物消费。1 个"农业工作单位"（unit of agricultural work）指脱粒和扬场 1 夸脱的谷物（小麦、大麦或燕麦中任何一种），加上收割和捆扎 1 英亩的谷物，再加上收割和摊开晾晒 1 英亩草地。1 个"建筑工作单位"（unit of building work）指 1 个不带助手的木匠 1 天的工作，加上 1 个带助手的屋顶匠 1 天的工作，再加上 1 个带助手的瓦匠 1 天的工作。以上各例都不提供食物和饮料。由上可知，法默所说的劳动单位不等于劳动天数。1 个农业劳动单位包括三种农活。如果每种农活需要 1 天完成，那么 1 个农业劳动单位需要 1 个农业雇工劳动 3 天。建筑工人的 1 个劳动单位包括 1 个人劳动 1 天，两个人劳动两天，所以 1 个建筑工人的劳动单位需要 1 个建筑工人劳动 5 天。同上书，第 492 页，脚注 115。

应该说，罗杰斯开创的工资购买力的问题意识极大地促进了19世纪下半叶以来英国工资问题研究的发展，后世学者对罗杰斯的工作给予极高评价。例如，较早为中世纪晚期经济危机的传统观点平反的经济史学家布赖德伯里评价说，罗杰斯也许是最卓越的中世纪史学家之一，尽管与他相似的统计工作仍在继续，但没有人可以挑战他的发现。历史学家所做的那些解释1264年以后时期的任何其他工作，似乎都确认了罗杰斯的研究结果。① 此外，罗杰斯铸造的15世纪英国雇工黄金时代的概念至今仍保持着旺盛生命力。《中世纪中晚期的生活水平：1200—1520年的英国社会变迁》的作者戴尔认为，尽管我们不会赞同罗杰斯对所有中世纪工资劳动者的过于乐观的看法，但他将15世纪等同于"英国雇工的黄金时代"则是一个有价值的洞见，这种观点仍构成我们对那个时期解释的组成部分。② 不仅如此，15世纪的黄金时代也不局限于雇工。几年前，戴尔发表了《黄金时代的再发现：15世纪的雇工工资》一文，指出雇工的黄金时代的概念作为灯塔不仅在经济史写作中存在了130年，甚至还扩大为15世纪"农民的黄金时代"和"妇女的黄金时代"等。③

二 工资劳动的问题意识

如果说工资购买力的问题意识主要着眼于雇工的消费，那么工资劳动（wage labour）则更侧重于考察他们的生产活动，即中世纪

---

① A. R. Bridbury, *Economic Growth: England in the Later Middle Ages*, New York: Barnes & Noble Press, Introduction, pp. vii – viii.

② Christopher Dyer, *Standards of Living in the Later Middle Ages: Social Change in England c. 1200 – 1520*, Cambridge: Cambridge University Press, 1989, p. 2.

③ Christopher Dyer, "A Golden Age Rediscovered: Labourers' Wages in the Fifteenth Century", Martin Allen and D'Maris, eds., *Money, Prices and Wages: Essays in Honour of Professor Nicholas Mayhew*, Basingstoke: Palgrave Macmillan Press, 2015, p. 180.

英国的雇佣制问题。① 通常认为，中世纪中晚期英国实行租佃制，其赖以建立的基础是封建土地保有（tenure）制度。诺曼征服以后，英国在全国实行封建土地保有制度，包括自由教役、军役（含骑士役和大侍军役）和自由农役（含市镇农役、小侍君役和肯特郡）等自由役保有，以及维兰和老领地等奴役性保有。英国的封建保有不是所有，国王是全国土地的唯一所有者，其他人作为佃户只是占有（sersin），但在履行义务的前提下受到法律的保护。② 从理论上说，自由教役和军役保有的地产依赖农奴劳役地租耕种，自由农役和奴役性保有的土地、作坊和商店等的生产经营则依赖家庭劳动力。

然而以上说法过于简单化，实际情况并非如此。英国庄园从开始起便存在雇工，并由此产生对工资劳动进行研究的问题意识。工资劳动的问题意识没有公认的首倡者，但宪政史学家维诺格拉多夫无疑是其中之一。在1904年出版的《庄园的成长》一书中，维诺格拉多夫提到了英国庄园形成时期的雇工劳动。他认为，雇工像庄园一样在诺曼征服前已经存在。他通过一份幸存下来的诺曼征服前夕庄园管事的地产管理论文发现，除存在庄园管理人员外，盎格鲁-撒克逊时期"自营地组织的另一个重要特征是存在一定数量的雇工（这里指仆人），他们住在家庭农场（即庄园自营地）或与之毗邻的小块土地上，构成了自营地耕种的核心，这部分土地是为满足领主的需求而保留的"。此外，维诺格拉多夫还注意到《末日审

---

① 雇佣制主要包括中世纪雇佣制和资本主义雇佣制（徐浩：《国外中世纪英国雇佣制的研究取向》，《史学理论研究》2020年第6期），这里只涉及前者。

② 薛波主编：《元照英美法词典》，北京大学出版社2014年版，第1335页。一般来说，"占有"在英格兰指自由人对完全保有地产（freehold）的占有，它主要是基于一种分封关系而产生，在这种关系下，一旦某人占有了某块地产，他便拥有近乎所有的权利。在普通法早期，占有先后通过权利令状、新侵占之诉和恢复被占继承土地之诉和各种进占令状来保护。到了近代，随着封建因素的淡化，其含义已相当于所有（权）（同上书，第1238—1239页）。尽管农奴土地保有权与此无缘，但仍可以受到庄园习惯法的管理和保护。

判书》中小持有者的重要性,指出"小佃户的辉煌历史在许多方面都值得我们去思考,尽管现代的学者们对它的评价并不恰当"[①]。以往认为农奴劳役制与雇佣制是一种前后相继的线性关系;换言之,在时间上农奴劳役制在前,雇佣制在后。维诺格拉多夫研究的盎格鲁-撒克逊末期和《末日审判书》中的工资劳动却早于农奴制,当时地产自营地的奴隶劳动正在迅速衰落,农奴制尚未建立,雇工构成自营地的主要劳动力,并成为中世纪中晚期庄园自营地工资劳动谱系的直接渊源。

20世纪30年代以来,随着许多经济史学家对地产个案研究的兴趣逐渐兴起,工资劳动成为中世纪中期以来庄园经济不可回避的重要问题。12世纪80年代以来,英国庄园自营地从出租改为集中经营,工资劳动在其中扮演了重要作用。13世纪中晚期涌现的大量管事账簿记载了庄园每年收入和支出的细节,雇工工资作为支出项目被详细记载下来,从中可以了解中世纪中期以来庄园工资劳动的发展状况。不难发现,一些庄园几乎只有单一的工资劳动。佩奇女士在研究了黑死病暴发前剑桥郡的克劳兰德修院庄园后认为,自营地的主要农业劳动由庄园仆人承担,他们通常包括几个犁把式、一个车把式、一个羊倌和一个女仆或住在主人家的妇女,他们扬场、制作麦芽和挤奶,有时还增加一个牛倌、猪倌和磨坊主,偶尔还有一个园丁和看门人。他们的工作是全职的,有的人可能住在庄园自营地的建筑中。他们收到固定的货币工资和谷物。沉重的农业劳动肯定不是由维兰的劳役地租承担;除非在秋季,当时所有劳动力都要收割、打捆和码垛。维兰的固定劳役是轻活,如锄地和撒肥料。唯一的重活是挖沟和砌墙,维兰一般充当雇佣的职业工人的助手。因此,长期专职雇工的存在,且雇佣劳动的盛行,一定让维兰

[①] S. P. Vinogradoff, *The Growth of the Manor*, New York: Augustus M. Kelley Publishers, 1968, p. 229.

的劳役更不得人心，加速了劳役地租的折算进程。① 莱韦特女士则提供了没有维兰劳役的庄园自营地几乎完全由雇工耕种的例证。她通过对圣奥尔本斯（St. Albans）修院庄园的研究发现，14世纪普雷（Pray）女修院庄园在14世纪似乎没有包括任何维兰土地，尽管提到了公地。肯定没有任何维兰劳役被提到，因此这些修女的土地构成了一个自营地农场而非庄园。该庄园的农业劳动通常由以下人员完成：4个犁把式，2个牵犁者（leaders of the plough），1个车把式，羊倌、牛倌和猪倌各1人，2名挤奶工，1—2名制革工人，1名家畜围篱管理员。此外，庄园在农忙季节还需要雇佣大量雇工，在气候允许的情况下，这些工作很可能需要10—12名雇工持续劳动一个月。②

20世纪40年代，工资劳动的概念不胫而走。史密斯在1943年出版的《坎特伯雷主教的小修道院——庄园管理研究》一书中较早使用了"工资劳动"的概念："到目前为止，在这个分析中，有一个问题被故意忽略了，那就是工资劳动。"根据他的研究，在没有周工劳役的肯特郡（肯特郡属于自由农役保有），坎特伯雷主教地产的小修道院庄园自营地无法由农奴的劳役耕种。农奴劳役主要限于运送食物，在农忙季节履行布恩工（boon work，周工以外的临时性义务），但农奴履行的超过规定的运输劳役还要获得工资报酬。然而，农奴的有偿劳动的重要性无法与庄园仆人的相提并论。庄园仆人住在庄园中，在庄官的监视下从事所有重要的农业劳动。他们在各个庄园数量众多，1307年蒙克顿（Monkton）庄园有不少于17个犁把式或车把式，4个羊倌，2个牛倌和1个猪倌，1个全职耙地者和1个兼职耙地者，3个堆垛者，3个家畜贩子，1个羔羊倌，1

---

① Frances M. Page, *The Estates of Crowland Abbey, A Study in Manorial Organization*, Cambridge: Cambridge University Press, 1934, pp. 104 – 105.

② Ada Elizabeth Levett, *Studies in Manorial History*, Oxford: Oxford University Press, 1938, pp. 288, 292.

个播种者，1个制奶酪者，总计35个庄仆，尚不包括监督庄园仆人劳动的治安官（serjeant）、庄园法庭差役和家畜围栏管理员，在有的庄园庄仆几乎承担了所有自营地的劳动。①

希尔顿在1947年出版的《14—15世纪莱斯特郡某些地产的经济发展》中多次使用工资劳动的概念，如他所说："由于莱斯特郡庄园自营地生产一直都是小规模的，劳役较轻，工资劳动一直是当地经济安排的一个特征。在14世纪后期和15世纪，当作为经营企业的领主地产不再存在，由富裕农民农场和乡绅农场接替时，农奴所欠的少量劳役消失了，取而代之的是工资劳动。因为新的中型农场通常没有依附于它们的佃农，而且无论如何，工资劳动对于只在一个村庄拥有土地的小型生产者来说可能更有效率。"② 希尔顿考察的莱斯特郡地产以工资劳动为主，但也使用维兰劳役。与莱斯特郡地产一样，在地租折算或自营地出租前许多庄园的耕种都是混合型的，即同时采用农奴劳役和工资劳动。例如，在伍斯特主教地产，维持自营地生产所需的劳动力部分由工资劳动提供，尽管农奴的劳役也做出了重要贡献。1246—1247年，作为车把式、犁把式、挤奶工和羊倌，10个挣工资的庄园仆人受雇于弗拉德伯里（Fladbury）庄园，8个受雇于特雷丁顿（Tredington）庄园。工资劳动者负责脱粒和收割，在弗拉德伯里庄园负责除草。但大部分季节性劳动由农奴承担。在弗拉德伯里庄园，18个码地（面积约30英亩）持有者和5个茅舍农承担所有沉重的夏季劳役，这些劳役是他们在6月24日—9月29日所应提供的。直到13世纪末，没有农奴劳役的帮助，庄园仆人操纵的自营地犁杖仍不能完成全部自营地的耕作，甚至在1302—1303年人口减少土地抛荒的特殊环境下，仅有

---

① R. A. L. Smith, *Canterbury Cathedral Priory, A Study in Monastic Administration*, Cambridge: Cambridge University Press, 1943, pp. 123-125.

② R. H. Hilton, *The Economic Development of some Leicestershire Estates in the Fourteenth and Fifteenth Centuries*, Oxford: Oxford University Press, 1947, p. 69.

稍微超过 1/3 的劳役折算为货币地租①。

应该说，中世纪中期以来的英国庄园要么几乎完全依赖工资劳动，要么使用混合劳动，基本上不存在完全使用农奴劳役的庄园。究其原因，首先农奴制不能像奴隶制那样满足庄园自营地的需要。布洛克指出："农奴就是佃农，从事的生产劳动以在自己田里为主，此外，根据地区的不同习惯，象其它居民一样为领主服役。奴隶制度能为主人提供充分的劳动力，但农奴制只为领主提供了极有限的劳动力。"② 波斯坦对自营地仆人的研究表明这类工资劳动的重要性：在劳役地租盛行的 12—13 世纪，农奴劳役根本不能满足领主自营地的生产需要，即使在惯例佃农劳役沉重并且没有折算为货币地租的庄园，庄园仆人和雇工承担的劳动数量与价值也接近甚至超过农奴的劳役。③ 其次，农奴劳役的间断性和非专业性不适合自营地部分生产经营活动的需求。总的来说，季节性的、非连续性的和需要大量人手的劳动由农奴劳役地租完成。而那些需要专门技术的劳动（如庄园工匠），某些连续性的工作（如庄园管事、牲畜看管者、挤奶工和酿酒者等），均由长期至少是季节性雇佣的庄园仆人担任。农忙季节还需要雇工等临时劳动力。此外，自营地的某些重要农业劳动（收割、犁地等）则需要混合劳动。④ 同一时期小地产很少依赖劳役地租。科斯敏斯基通过对百户区案卷的研究发现，13 世纪小骑士和富裕自由农民的小庄园与大庄园相比更依赖货币地租。因为当大庄园通常是一个以农奴制和劳役制为基础的组织时，

---

① Christopher Dyer, *Lords and Peasants in a Changing Society: The Estates of the Bishopric of Worcester, 680–1540*, Cambridge: Cambridge University Press, 1980, p. 72.

② [法] 马克·洛赫：《法国农村史》，余中先、张朋浩、车耳译，商务印书馆 1991 年版，第 107 页。

③ M. M. Postan, "The Famulus: The Estate Labourer in the XII and XIII Centuries", *The Economic History Review*, Supplements, 2, Cambridge, 1954, London: Cambridge University Press, 1954, p. 5.

④ M. M. Postan, "The Famulus: The Estate Labourer in the XII and XIII Centuries", *The Economic History Review*, Supplements, 2, pp. 2–5.

这些制度在小庄园并不发展。由于维兰数量较少,维兰的劳役地租在小庄园经济中不能扮演任何重要作用。① 可见,所有地产都程度不同地依赖工资劳动。

农户生产也不能完全依赖自己的家庭劳动力。14世纪后期英国的宗教长诗《农夫皮尔斯》将农民皮尔斯塑造为勤劳善良的正面形象,其中多次提到皮尔斯雇工。例如,"到早上九点,皮尔斯收住犁杖,亲自去督查谁干活最为努力,以便秋收时节再雇为好帮手"。"皮尔斯指派的活儿被一抢而空。农夫为胜利而自豪,他使人忙碌,并且按劳付酬,让大家吃饱。"② 农夫皮尔斯只是一个地位比雇工稍高的、生活拮据的普通农民,这说明中世纪晚期农民雇工具有广泛性。此外,庄园法庭案卷也留下了农户使用住家仆人(living-in servants)的大量证据。在一般情况下许多农户毫无疑问雇用仆人,后者经常由于在森林、麦田、草地和鱼塘的各种冒犯而出现在庄园法庭案卷中。③ 与庄园雇佣制出现在中世纪中期一样,那些劳动力短缺的农奴也很早开始雇工,如撰写12世纪下半叶至14世纪英国庄园农民生活状况的贝内特所说,"没有孩子而持有1维尔盖特土地的佃户,即维尔盖特农,有一大群孩子的年轻寡妇,劳役繁重的土地持有者,以及领主本人(他的自营地需要日工、季工),都得随时雇用这些小佃农。没有他们,中世纪的庄园生活会有更多的麻烦"④。正因为如此,中世纪中期英国农户雇工已经非常普遍,以至于已经与印度等传统农民社会判若两然。"在范式的农民社会,农场劳力就是家庭劳力——可见,人数众多的无地或半

---

① E. A. Kosminsky, *Studies in the Agrarian History of England in the Thirteenth Century*, New York: Kelley & Millman, Inc., 1956, pp. 275 – 276.

② [英]兰格伦:《农夫皮尔斯》,沈弘译,中国对外翻译出版公司1999年版,第84、87页。

③ R. H. Hilton, *The English Peasantry in the Later Middle Ages*, Oxford: Clarendon Press, 1975, p. 30.

④ [英]亨利·斯坦利·贝内特:《英国庄园生活——1150—1400年农民生活状况研究》,龙秀清、孙立田、赵文君译,侯建新校,上海人民出版社2005年版,第49页。

无地劳工或佣工的存在，与农民社会的本质是不相容的。"13 世纪以来英国的"所有的证据都表明，正是雇佣劳力，而非子女或其他亲属，在补充着丈夫与妻子的劳动，与 16 世纪无异"。据此麦克法兰的结论是，13 世纪的英国已非农民社会。①

工商业者也使用工资劳动。12 世纪特别是 13 世纪以来行会在城市中极为流行，它们是商人和熟练工匠的自治组织。帮工是行会作坊中典型的工资劳动者，为了提高工资和缩短工时，他们经常在行会内部成立约曼或帮工行会（yeomen or journeymen gulds），举行罢工，与作为雇主的商人和工匠师傅进行斗争。② 爱泼斯坦所著《中世纪欧洲的工资劳动与行会》主要探讨了城市行会的工资劳动问题。如他所说，该著将回答两个简单问题：为什么工资劳动出现于中世纪欧洲，何种规则和传统制约着雇主和雇工的关系。中世纪的雇主发明了行会这一具有漫长和复杂历史的制度，以及工资劳动这一经常获得额外人手和定义它们自己地位的方法。因此，工资劳动的历史必须将工资和行会作为一枚硬币的两面，只有将两者放在一起研究时方可理解，分开则会顾此失彼。③ 此外，中世纪的采矿业、建筑业和纺织业以大量使用工资劳动著称，吉恩·金佩尔在《中世纪的工业革命》中探讨了上述三个行业中工匠的工资、工作时间和行会组织等劳动条件问题。④

鉴于市场对雇工劳动的巨大需求，以及占人口将近一半的小土地持有者的庞大劳动力供给，中世纪中晚期英国领主地产、农户和工商业者都不同程度地使用工资劳动，工资劳动的问题意识极大地

---

① ［英］艾伦·麦克法兰：《英国个人主义的起源——家庭、财产权和社会转型》，管可依译，商务印书馆 2008 年版，第 195、197 页。

② E. Lipson, *The Economic History of England*, Volume I, The Middle Ages, pp. 325 – 326, 392 – 410.

③ Steven A. Epstein, *Wage Labour & Guilds in Medieval Europe*, Chapel Hill and London: The University of North Carolina Press, 1991, p. 3.

④ Jean Gimpel, *The Medieval Machine: The Industrial Revolution of the Middle Ages*, Harmondsworth: Penguin Books Ltd, 1977, Chapter 5.

修正了中世纪完全依赖农奴劳役和家庭劳动的传统观念。中世纪中晚期的雇佣制或工资劳动的性质多种多样，中世纪中期庄园、农户和城市工商业者大多是为自己消费或本地市场进行的小规模的前资本主义生产；中世纪晚期则出现了少数具有资本主义性质的约曼租地农场，商业资本（包买商）控制下的毛纺织业的家内制或外放制生产（分散的手工工场）已十分普遍，而距工厂制仅一步之遥的集中手工工场在毛纺织业中还属凤毛麟角。

三　工资劳动者的问题意识

工资劳动者（wage earner）的概念出现很早，利普森在《英国经济史》（1915年第一版）中曾使用过"工资劳动阶级"（wage-earning class）和"工资劳动者"等概念，分别指小土地持有者和城市作坊中的帮工。[①] 不过，长期以来学者们只在讨论农业和工商业的工资劳动时偶尔使用这些概念，并不表示工资劳动者问题意识的产生。工资劳动者和工资劳动的问题意识既相互联系又各有侧重。前者的研究以人为中心，因而研究者多为社会史学家和经济社

---

① 利普森对挣工资阶级和工资劳动者研究的出发点和落脚点主要是从生产角度进行的。如他在《英国经济史》第一卷第二章"庄园和敞田制"中曾提到挣工资阶级：小持有者必须借助于挣工资为生，"他有充足的闲暇时间，可以用来在领主的自营地或较富裕维兰的持有地上工作，以获取财富。由此可见，在经济演化的早期，我们明显地看到了一个挣工资阶层的出现，它最终注定要取代农奴制度，成为现代农村社会的基础"。此外，在该书第八章"手工业行会"中，他在讨论行会内部及行会本身演进时曾多次将帮工称为工资劳动者：例如，"在出师后，学徒现在可以自由地成为一名帮工或工资劳动者，并以雇佣工人的身份寻求工作"。"每一个帮工期待着有一天，他不再是一个工资劳动者，而是作为一个完全称职的工匠，在行会的师傅中占据一席之地，分享城镇的共同生活、承担城镇的负担、享受城镇的特权。""行会结构解体的第一个标志是约曼行会或帮工行会的出现，它们是在行会内部形成的工资劳动者协会，但保持了独立，并在可能的情况下独立存在。"除工资劳动者外，利普森还将帮工称为"雇佣工人"（hired workmen）。E. Lipson, *The Economic History of England*, Volume I, The Middle Ages, Ninth Edition, London: Adam and Charles Black, 1947（the first edition, 1915）, pp. 48-49, 325, 326, 392.

会史学家；后者的研究则主要侧重庄园自营地和行会的生产，研究者多为经济史学家。20世纪晚期以来工资劳动者问题意识对工资劳动者占总人口比例、群体构成及特征和生活水平等一系列问题展开了深入研究。

工资劳动者占人口比例是工资劳动者问题意识研究的一个重要问题，关乎该群体在中世纪中晚期英国社会结构和生产关系中的重要性。有鉴于此，工资劳动者在人口中占有多大比例，便成为工资劳动者问题意识的重要关切。希尔顿较早关注了人头税报告中格洛斯特郡工资劳动者的占比问题。他论述说，人们从庄园法庭案卷中得到农户中存在相当数量的仆人的印象，但是没有确切的迹象表明这些仆人在整个乡村农户中的分布。为此，我们不得不转向备受批评的1380—1381年的人头税报告。不管这些报告的缺点如何，它们早已被称为证据，尤其是在农村工业成长影响了社会发展的东盎格利亚诸郡的村庄中50%—70%的男性（如妇女占人口一半，该地区工资劳动者在总人口中的占比则会降至25%—35%）受雇于人，被具名为仆人或雇工。格洛斯特郡最初的人头税报告中工资劳动者数量也很低。例如在大约80个位于科茨沃尔德丘百户区的村庄中，8户中仅有1户（即只有12.5%的农户）使用1个及多个仆人。该地区雇工数量也较少，每17个农户中只有大约7户（即占41%的农户）使用雇工。他认为，格洛斯特郡人头税报告中工资劳动者数量较少的原因，主要是在某些地方未婚妇女等仆人的数量被大量隐瞒。"事实上，某些村庄的仆人数量被低估了50%—100%。"有鉴于此，"我们认为人头税报告所披露的任何仆人和雇工数字都是非常低的数字"。后来又进行了第二次调查，新增加的信息大多数来自工资劳动者。① 此外，斯塔福德郡的人头税报告比格洛斯特郡更清楚地显示了仆人和独立雇工的区别：第一，仆人几

---

① R. H. Hilton, *The English Peasantry in the Later Middle Ages*, pp. 31–33.

乎总是附属于家庭，雇工从未有过这样的附属关系。第二，仆人通常很少缴纳12便士的全额人头税，但大部分雇工是全额缴纳的。第三，雇工通常是已婚的，有时还有自己的仆人。第四，许多住在雇主家的仆人是女性，但也存在大量独立的女雇工。①

在《中世纪晚期英国税收报告中的某些社会和经济证据》一文中，希尔顿依据1381年人头税报告和1524年的赞助金报告，比较了格洛斯特郡雇佣劳动者（hired labourer，即工资劳动者）中仆人与雇工的特点及其在当地人口中的比例。据调查发现，大部分雇工经常是已婚男人，不住在雇主家，而是居住在自己茅舍中。而仆人常常是女性，住在雇主家中。不过，有的仆人住在外面，可能同时为一个以上的雇主工作。在某些时候，一个男户主的儿子或女儿也被登记为他的仆人。此外，根据1381年人头税报告，在该郡8个百户区的1016名成年男性纳税人中，414人登记为仆人或雇工，占纳税人口的大约40%。根据1524年赞助金报告，在科茨沃尔德百户区的100个教区中，1812名纳税者中的577人根据工资而非依据动产或土地纳税，占纳税人总数的32%。由于动产价值40先令（即2英镑，最低的动产征税等级）的纳税者可能是雇佣劳动者的蓄水池，其数量为349人，那么依据工资纳税的纳税者和动产价值40先令的纳税者占纳税者总数上升为59%。②希尔顿以上估计的是

---

① R. H. Hilton, *The English Peasantry in the Later Middle Ages*, pp. 31, 32, 34.

② R. H. Hilton, *Class Conflict and the Crisis of Feudalism: Essays in Medieval Social History*, London: The Hambledon Press, 1985, pp. 261-264. 中世纪晚期工资劳动者比例何以居高不下，原因是多方面的。如上所述，中世纪晚期雇工的工资购买力大幅度提高，特别是15世纪和16世纪上半叶成为雇工的黄金时代，使雇工成为许多人职业生涯的重要选项。此外，传统基督教文化（与马克斯·韦伯所说的新教伦理有所不同）鼓励人们知足常乐。例如，《旧约·箴言》30:8中说，"使我也不贫困，也不富足，赐给我需用的食物"。有学者将其作为工资劳动者生活态度的真实写照，因而雇工不必再向上（例如1/2维尔格特有者）纵向流动。最后，中世纪晚期工资劳动市场出现新变化，其身份类似于学徒的生命周期仆人大量涌现，农民租地农场正在取代庄园自营地成为使用工资劳动的主力军，以及农村工业雇工的发展等，凡此种种，无不有助于工资劳动队伍的稳定。

工资劳动者在纳税人口的占比，不同于在总人口中的占比，因而上述研究再次表明税收档案严重低估了格洛斯特郡的工资劳动者数量。

与希尔顿仅考察格洛斯特郡工资劳动者占纳税人口比例不同，戴尔估算了工资劳动者在英国总人口中所占比例。他主张，仆人或雇工等工资劳动者在16世纪之前已经存在了几个世纪，其谱系可以追溯到11世纪，那时庄园、农户和城市工商业者的作坊、店铺中已经存在大量工资劳动者。对1086年仆人数量进行粗略估计，包括自营地和较大农民份地上的农业仆人以及城市和贵族家庭中的仆人，总计可达15万人。加上10万户小持有地的农民家庭可能为其他人兼职工作，被雇佣人数在英国250万的总人口中占据很大比例。中世纪中晚期英国工资劳动者不管相对还是绝对来说人数都大大超过11世纪。考虑到存在穷人、年轻人和女性的人口计算偏低的趋势，可以估计，在1381年和1522—1525年的140余年间，工资劳动者占比并没有因为人口持续下降而大量减少，那些依赖工资作为他们大部分收入的人在英国大多数地区所占比例稍低于人口总数的一半，但在从肯特到林肯的东部诸郡则高于一半，全国平均而言工资劳动者占总人口的50%。由于黑死病暴发前没有全国性人口统计资料，因而中世纪中期工资劳动者的数量不得而知。不过，可以相信，1300年工资劳动者的数量至少与1381年和16世纪20年代那样大量存在。鉴于中世纪中期小持有者在总人口中占有更大比例（不同地区从2/5—4/5不等），1/5人口住在城市，乡村中二佃户、无地雇工、房客、流浪汉和其他边缘人群都需要挣工资为生，因而1300年工资劳动者的数量很可能更大。①

学者们对中世纪中晚期英国以小持有者为主体的工资劳动者的

---

① [英]克里斯托弗·戴尔：《转型的时代：中世纪晚期英国的经济与社会》，莫玉梅译，徐浩审校，社会科学文献出版社2010年版，第210—211、218页。

发展趋势看法不同。新人口论的代表人物、经济史学家波斯坦将人口压力作为小持有者数量变化的主要制约因素，由此将15世纪和16世纪早期小持有者数量与13世纪进行比较，得出小持有者减少的结论。如他所言："在大多数村庄，他们（小土地持有者）的人数在15世纪低于他们在13世纪。这种下降很容易被解释为人口整体下降的趋势，以及贫困村民晋升到更高的阶层。""小土地持有者和茅舍农应该从获得土地的更大机会中获益。由于黑死病的直接效应和晋升到高于他们的佃户阶层，村庄小土地持有者队伍因此降了两次。"① 另一种做法来自经济社会史，主张中世纪晚期英国的工资劳动者在总人口中的占比不仅没有大幅度下降，甚至与1300年相差无几。例如前引戴尔的估计就是如此。经济社会史既承认中世纪中期工资劳动者在总人口中的占比上升与人口压力的联系，同时也是中世纪中期以来商业化的结果。商业化主要体现为城市化、货币化和劳动专业化，它们为工资劳动者扩大就业和增加收入提供了前所未有的机会，致使黑死病暴发后工资劳动者在总人口中占比没有大幅回落。② 此外，中世纪晚期仆人的类型此消彼长。黑死病暴发后劳动力短缺，雇工工资攀升，生命周期仆人（servant in life cycle）报酬低廉，使用成本低于仆人和雇工，在劳动力市场极具竞争力。生命周期仆人迅速加入工资劳动者的队伍，也在一定程度上抵消了中世纪晚期庄园仆人式微造成的工资劳动者数量的下降。

戴尔还对工资劳动者的构成及其各自特征做了更多的具体论述。工资劳动者包括仆人和雇工，两者的区别在于，仆人是全职

---

① M. M. Postan, *The Medieval Economy and Society: An Economic History of Britain in the Middle Ages*, Harmondworth: Penguin Books Ltd., 1975, pp. 156, 157–158.

② R. H. Britnell, *The Commercialization of English Society 1000–1500*, Cambridge: Cambridge University Press, 1993; Richard H. Britnell and Bruce M. S. Campbell, *A Commercialising Economy: England 1086 to c. 1300*, Manchester: Manchester University Press, 1995. 另参见戴尔对中世纪中晚期工资劳动者在总人口中占比增加和稳定的原因的解释，［英］克里斯托弗·戴尔：《转型的时代：中世纪晚期英国的经济与社会》，第210—211、219—220页。

的，雇佣时间以年为单位，可能住在雇主家里。雇工或城市行会作坊中的帮工从事短期劳动，经常以日为单位计算，居住在自己家里。[①] 不过，两者都不属于同质群体。仆人尽管属于长期或全职雇佣，但在雇佣年龄、是否住在主人家里、报酬形式、受雇目的和所属阶层上差别极大。其中既有所谓的生命周期仆人，主要由未婚人群组成，年龄在十几岁和二十岁出头时出来工作，住在主人家里，接受雇主提供的住宿、饮食、服装和一小笔现金，并通过积累经验和接受训练来为自己独立的成人生活做准备。与此同时，还有许多仆人不同于生命周期仆人，他们在中世纪晚期依附性大为减弱。例如有些仆人独居在茅舍中，他们遍布各个年龄段，报酬形式多种多样，主要为每年获得一笔40先令（2英镑）的现金，有时还可以获得其他形式的报酬。此外，仆人可以来自社会的各个阶层，从为临近的农民和工匠工作的茅舍农的子女，到贵族家庭的绅士仆人等不一而足，因而不属于一个群体。其中许多人在二十几岁时通过获得土地或手工作坊脱离仆人地位，有些人则会一直干到退休为止。[②]

与仆人不同，雇工或茅舍农只是偶尔或断续从事工资劳动。茅舍农无疑是乡村雇工的主要来源，他们持有并耕种少量土地，通过工资劳动补充其持有地上产品的不足。此外，中等甚至富裕农民也会从事短期的工资劳动，例如1533年一个富裕农民使用自己的马车将圣保罗修士团森林中的木材运送到泰晤士河畔。作为工资劳动者，建筑工人接受雇主的雇佣，按日或按周计算报酬。石匠师傅、木匠师傅或建筑设计师类似于承包人或作坊主，自备工具，有时还提供材料，有仆人和学徒做帮工。工匠可以既是雇主和商人，也是工资劳动者。例如某铁匠的最大雇主是修院，为此每年得到10先

---

① C. Dyer, *Standards of Living in the Later Middle Ages: Social Change in England c. 1200 – 1520*, Cambridge : Cambridge University Press, 1989, p. 211.

② [英] 克里斯托弗·戴尔：《转型的时代：中世纪晚期英国的经济与社会》，第212—213页。

令的工资。此外，他为修院炼铁收取每英石2便士的计件工资，每年可以获得7英镑。为此，他的铁匠铺需要雇佣工人进行生产，也不排除他还要为市场生产和销售产品。总之，雇工的经济地位差异极大，并不属于一个群体。雇工本身也使用工资劳动，他们与雇主并非属于泾渭分明和相互对立的两个阶级。[①] 有鉴于此，中世纪中晚期雇工和仆人组成的工资劳动者总体来说不是无产阶级。

工资劳动者的问题意识还研究了中世纪中晚期英国建筑工人的生活水平。中世纪中期建筑业的熟练工匠和非熟练雇工的年收入差异很大。例如在13世纪晚期，一个建筑工匠每年最多能挣4—5英镑，而一个非熟练的雇工每年挣1英镑10先令至2英镑。在1278年，1夸脱大麦的价格为3先令9便士，一个雇工可以用6夸脱5蒲式耳大麦养活家人，为此需要花24先令（即1英镑4先令），还剩下一些钱作其他用途。当大麦价格升至每夸脱5先令时，他的全部收入只能用来吃面包和喝白水。为了改善生活水平，他可以依赖小持有地的收入补贴家用，天天喝上麦酒和购买衣服。工匠的4英镑年收入可以在平均价格的年代买得起某些小麦面包，以及麦酒、肉、服装和支付租金。1278年，6夸脱5蒲式耳小麦的价格为30先令，酿酒用的1夸脱大麦花费11先令3便士，1头猪3先令，两个成年人的衣服需要花费6—8先令，此外工匠的工资还要支付工具、部分原材料和助手的开支。15世纪工匠和非熟练雇工的工资大幅度增长，工匠和雇工的收入差距也明显缩小。例如1481—1482年石匠师傅罗伯特·斯泰恩福斯一年工作290天，收入为7英镑5先令。另一个石匠罗伯特·班多夫的报酬为7英镑2先令。雇工西蒙·菲利普一年工作218天，报酬为3英镑5.75便士，罗杰·哈得孙一年工作236天，收入为3英镑5先令0.75便士。将

[①] ［英］克里斯托弗·戴尔：《转型的时代：中世纪晚期英国的经济与社会》，第213—215页。

建筑材料运到工地的车把式每季度获得现金和食物津贴，两者每年总计为3英镑4先令2便士。非熟练雇工在1481—1482年的最坏年景下买不起小麦面包，当时6夸脱5蒲式耳小麦的价格高达2英镑17先令。在15世纪晚期的正常年景下，同样数量的小麦仅需要30先令（即1.5英镑），只需要雇工半年的收入。有鉴于此，即使考虑到他们工作上的支出，上述两位雇工也能生活得很好。①

在中世纪晚期，除了个人收入增加外，家庭收入也增加了。妇女可以通过扩展其传统的家庭职责，通过出售酿酒或纺纱来为家庭经济做出贡献。农村妇女在农忙季节参加农业劳动，验尸官的记录显示，致使孩子无人看管，酿成许多悲剧。城市妇女帮助丈夫从事工商业，制造或销售产品。妇女作为街头小贩广泛涉足小规模的商业，出售面包、奶制品和其他食品。孩子和青年人主要受雇于家内劳动，作为成年人的助手，男孩子在产羔季节充当羊倌的帮手。与中世纪中期相比，中世纪晚期劳动力短缺，工资上涨，妇女和儿童获得更多就业机会，因而也增加了家庭收入。②

综上所述，历经超过一个半世纪的不断研究，中世纪英国工资问题已经在多方面取得重要成就，不仅丰富了中世纪史的知识体系，也有助于人们理解当今英国工资问题的历史渊源。目前，我国正处在全面建成小康社会的关键时期，经济社会史研究方兴未艾，有选择地吸收国外学者有关中世纪英国工资问题的研究成果，对于借鉴中世纪英国工资问题的经验教训且形成中国学者自己的研究体系无疑十分重要。在这方面，王超华的大作是一个很好的尝试。他对此问题的研究始于2008—2011年在中国人民大学攻读博士学位，

---

① Christopher Dyer, *Standards of Living in the Later Middle Ages: Social Change in England c. 1200 – 1520*, pp. 226 – 227.

② R. H. Hilton, *The English Peasantry in the Later Middle Ages*, pp. 95 – 110; B. A. Hanawalt, "Childrearing among the Lower Class of Late Medieval England", *Journal of Interdisciplinary History*, 1977, pp. 1 – 22; S. A. C. Penn, "Female wage – earners in late Fourteenth – century England", *Agricultural History Review*, 35 (1987), pp. 1 – 14.

至今已十余年。其间两次赴英搜集资料和拜访相关学者，使研究更为精进。该著是国内学者撰写的第一部有关中世纪英国工资问题研究的专著，其中对中世纪英国工资问题的学术史和主要内容都有系统深入的研究，在此特向学术界郑重推荐。同时希望更多同人关注中世纪英国工资问题的研究，像英国学者那样薪火相传，结出丰硕成果。

目　录

第一章　导论 …………………………………………………（1）
　第一节　选题缘由 ……………………………………………（1）
　第二节　学术史评述 …………………………………………（3）
　　一　西方学界的研究 ………………………………………（3）
　　二　国内学界的研究 ………………………………………（21）
　第三节　研究思路与方法 ……………………………………（26）
　　一　研究思路 ………………………………………………（26）
　　二　研究方法 ………………………………………………（27）
　第四节　目标界定与资料来源 ………………………………（28）
　　一　研究目标 ………………………………………………（28）
　　二　资料来源 ………………………………………………（30）

第二章　工资劳动者 …………………………………………（35）
　第一节　工资劳动者的类型 …………………………………（35）
　　一　仆从 ……………………………………………………（36）
　　二　雇工 ……………………………………………………（57）
　第二节　工资劳动者的基本特征 ……………………………（61）
　第三节　工资劳动者的数量 …………………………………（63）
　　一　以前学者的估算 ………………………………………（64）
　　二　以土地持有数量为标准的证明 ………………………（66）

1

三　问题及解释 …………………………………………（71）

第三章　工资变化 ……………………………………（76）
　第一节　雇工工资 ……………………………………（76）
　　一　名义工资 …………………………………………（77）
　　二　实际工资 …………………………………………（91）
　第二节　仆从工资 ……………………………………（114）
　　一　庄仆 ………………………………………………（114）
　　二　家仆 ………………………………………………（120）

第四章　工资差别 ……………………………………（127）
　第一节　工资差别的产生 ……………………………（127）
　第二节　工资差别的类型 ……………………………（129）
　　一　行业工资差别 ……………………………………（129）
　　二　技术工资差别 ……………………………………（134）
　　三　地区工资差别 ……………………………………（140）
　　四　性别工资差别 ……………………………………（146）
　　五　年龄工资差别 ……………………………………（156）
　　六　季节工资差别 ……………………………………（158）

第五章　工资收入与生活水平 ………………………（163）
　第一节　工资收入 ……………………………………（163）
　　一　劳动时间与工资收入 ……………………………（163）
　　二　工资收入的量化 …………………………………（168）
　　三　家庭收支与生活标准 ……………………………（178）
　第二节　实际生活水平考察 …………………………（182）
　　一　饮食 ………………………………………………（182）
　　二　服饰 ………………………………………………（187）

三　其他 ………………………………………………（189）

第六章　工资立法与劳动力市场治理 ……………………（192）
　第一节　立法背景 …………………………………………（193）
　第二节　法令的颁布、执行及其效果 ……………………（195）
　　一　法令颁布 ……………………………………………（195）
　　二　法令执行及其效果 …………………………………（197）
　　三　法令为何一再颁布 …………………………………（201）
　第三节　劳动力市场治理及其原则 ………………………（206）

第七章　工资与经济发展 …………………………………（222）
　第一节　领主经济的变迁 …………………………………（222）
　　一　劳役折算与工资劳动的使用 ………………………（223）
　　二　工资成本与自营地生产 ……………………………（227）
　第二节　农民经济的分化 …………………………………（236）

第八章　余论 ………………………………………………（245）
　第一节　争议再起 …………………………………………（245）
　第二节　重回长时段 ………………………………………（248）

参考文献 ……………………………………………………（253）

后记 …………………………………………………………（282）

图表目录

图 2-1　工资劳动者的基本类型 …………………………（36）
图 3-1　各类雇工工资的增长（1350—1500 年）…………（87）
图 3-2　中世纪英格兰的物价和工资趋势
　　　　（1208—1500 年）………………………………（123）
图 4-1　工匠和辅助工人之间的工资差别
　　　　（1300—1500 年）………………………………（138）
表 2-1　温彻斯特主教的庄园上的庄仆 …………………（40）
表 2-2　格拉斯顿伯里修院庄园上的庄仆 ………………（41）
表 3-1　各类雇工的工资（1208—1520 年）………………（77）
表 3-2　温彻斯特和威斯敏斯特地产上的工资
　　　　（1301—1520 年）…………………………………（84）
表 3-3　谷物价格（1210—1347 年）………………………（93）
表 3-4　黑死病暴发之前各种商品的价格
　　　　（1200—1347 年）…………………………………（94）
表 3-5　购买 1 夸脱大麦所需要的工资
　　　　（1208—1350 年）…………………………………（96）
表 3-6　购买"一篮子"消费品所需要的雇工工资
　　　　（1208/1209—1340/1347 年）……………………（98）
表 3-7　购买 1 夸脱大麦所需要的工资
　　　　（1330—1370 年）…………………………………（103）

表3-8　购买"一篮子"消费品所需要的雇工工资
（1330—1380年）………………………………（104）
表3-9　购买1夸脱大麦所需要的工资
（1370—1500年）………………………………（109）
表3-10　购买"一篮子"消费品所需要的雇工工资
（1370—1500年）………………………………（110）
表3-11　英格兰南部的工资及其购买力………………（111）
表3-12　奥特福德庄园庄仆的现金工资
（1391—1444年）………………………………（118）
表3-13　巴顿庄园庄仆的现金工资
（1406—1439年）………………………………（119）
表4-1　英格兰的脱粒工资（1259—1520年）…………（131）
表4-2　工匠和辅助工人之间的工资差别
（1280—1500年）………………………………（137）
表4-3　英格兰的脱粒工资（1259—1400年）…………（141）
表4-4　温彻斯特与威斯敏斯特的脱粒和扬壳工资
（1250—1459年）………………………………（144）
表4-5　伦敦和全国其他地区的工资差别（1350—1500年）
（全国指数=100）………………………………（146）
表4-6　约克郡东雷丁地区被诉得到过高工资的个人
（1363—1364年）………………………………（152）
表5-1　一个农业雇工家庭的年工资收入 ……………（177）
表5-2　中世纪晚期工资劳动者与乡绅贵族的饮食开支
比较 ………………………………………………（185）
表7-1　黑死病暴发前后英格兰农民的土地持有状况……（238）
表7-2　西南地区五个庄园的份地规模及其比例 ………（239）

第一章 导论

工资是劳动者向企业或其他用人单位提供劳动而获得的报酬，是国民生活水平和国家经济发展水平的重要指标。从历史来看，从以亚当·斯密为代表的古典经济学派，到现代各经济学流派（如威尔茨的分享工资理论）都将工资问题作为一个重要的课题进行研究。为了应对资本主义经济发展中的问题，各个学派尽管从不同的角度来探讨解决之道，但往往都将就业和工资作为他们共同的突破口。[1] 从现实来看，工资影响着人们的日常生活，受社会各界关注最多的，如何妥善解决收入差距扩大、劳动结构性短缺问题成为我们今天面临的重大课题。研究英国历史上的工资问题及英国的劳动力市场治理，从中汲取经验和总结教训，无疑有着一定的理论价值和深刻的现实意义。

第一节 选题缘由

中世纪的英格兰是一个传统的农业社会，农民是人口的主体。希尔顿将农民看作一个由其在社会物质生产中的位置所决定的阶级，其中就包括辅助性工人，例如农业雇工、工匠和建筑工人，[2]

---

[1] ［英］伊特韦尔等编：《新帕尔格雷夫经济学大辞典》，经济科学出版社1996年版，第908页。

[2] R. H. Hilton, *The English Peasantry in the Later Middle Ages*, Oxford: Clarendon Press, 1975, p. 13.

这些人无法仅靠自己持有的土地生活，必须为本村农民和庄园领主提供农业和非农业劳动，以挣取工资作为土地收入的补充，他们就是工资劳动者（wage-earners）。按照布瓦松纳的说法，这个阶级（群体）是与城市工资劳动者阶级同时形成的，是随着解放运动限制地主使用强迫劳役提供的无偿或廉价劳动逐渐形成的……日益增长的人口得到了自由，但再也不能得到土地，或者说，他们宁愿保持完全的独立，不愿以任何方式束缚在土地上。① 在整个中世纪，英格兰的工资劳动者队伍已经非常庞大，他们提供的劳动对英格兰经济产生了非常重要的影响。杨杰认为："工资劳动的发展是农业社会向工业社会转型过程中出现的一种劳动形态。这种工资劳动形态构成农业劳动力转移的一个必然条件，也是农民从传统社会跨入现代社会的一个必然过程。"② 而且，工资问题在当时已经引起整个社会的关注。黑死病暴发之后，英格兰议会先后多次颁布涉及工资问题的法令，据统计，1351—1430年的77届议会中，有1/3的会议通过了涉及劳工和工资的法律，到15世纪40年代和90年代，还有进一步的法令面世，这些法令是对原有法令的重申、修订和扩展。③ 法令的主要内容包括规定各种工作的最高工资、禁止劳动力流动和违反法令的惩罚措施等，这些法令基本上都得到不同程度的执行。因此，对工资问题的研究，不仅可以更加深入地认识中世纪英格兰工资劳动者这个群体本身，而且对研究工资劳动者与社会各阶层关系，以及社会商业化进程、资本主义起源和社会治理的科学化等课题也具有非常重要的意义。

中世纪英格兰工资问题研究在西方史学界和经济学界已经有一

---

① ［法］布瓦松纳：《中世纪欧洲生活和劳动：五至十五世纪》，潘源来译，商务印书馆1985年版，第261页。
② 杨杰：《从下往上看：英国农业革命》，中国社会科学出版社2009年版，第44页。
③ Chris Given-Wilson, "The Problem of Labour in the Context of English Government, 1350–1450", in James Bothwell, P. J. P. Goldberg and W. M. Ormrod, eds., *The Problem of Laboure in Fourteenth-Century England*, York: York Medieval Press, 2000, p. 85.

定的积累，既有丰富的数据整理，也有精妙的定量分析，这些研究运用资料扎实，观点清晰，是我们研究的起点。但西方学者大都倾向于用现代经济学的观点去分析中世纪的状况，将市场经济下的劳动力供需以及"工资粘性"（wage-stickiness）等理论用来分析工资水平变化，这就在一定程度上有背离中世纪的实际状况的危险。随着经济社会史研究的兴起，我们发现，中世纪的工资问题既有劳动力供需的作用，也有教会伦理（公平工资）、王室政府介入以及领主控制、惯例以及社会经济运行等多种力量的影响，必须结合经济与社会的因素来进行更为深入的考察，才能揭开迷雾般的面纱，还原历史的真相。时下，国内中世纪欧洲史研究方兴未艾，但鲜见有人涉足工资史研究。因此，我们选取中世纪英格兰工资问题作为研究课题，不仅可以对西方学者的研究成果进行反思与修正，也是对国内中世纪欧洲史研究的一项提升和扩展。

第二节　学术史评述

工资是经济研究的重要领域，近代以来几乎所有的经济学著作都包含工资研究的内容。学者们不仅关注当代世界的工资问题，还将视野不断向前延伸，工资史研究于是就成为一块专门的学术领域。西方学界对中世纪英格兰工资问题关注已久，研究由浅入深，范围不断扩大，成果已经蔚为壮观。国内史学界也已经注意到工资劳动者这一群体，并论及其生活水平，但对工资问题本身还未见专门探讨。因此，这个领域的研究还有一定的提升空间。

一　西方学界的研究

迄今为止，西方学界对于中世纪英格兰工资史的研究大致可以分为三个阶段：开端，对数据的整理和统计；拓展，"人口论"和"货币论"关于工资变化原因的论战；深入，经济社会史角度下对工资史进行多样化研究。

（一）开端：数据整理与统计

19世纪中晚期，英国经济史研究起步，并出现最早的一批经济史学家，索罗德·罗杰斯（James E. T. Rogers）就是其中重要的一位。在以政治为主的传统史学背景下，哈兰曾叹息说："也许我们永远无法了解英国中世纪的乡村生活。"但半个世纪以后，罗杰斯就以他的七卷本《英格兰农业和物价史，1259—1793》①奠定了英格兰农业史研究的基础。②中世纪英格兰工资史的研究也正是从这部巨著开始的。

罗杰斯首先注意到中世纪英格兰庄园中的工资劳动者群体。他发现，农业工人可以分为两种，在自营地上长期工作的庄仆（famulus/famuli）和短期或为特殊目的干活的雇工（labourers）。这两类工资劳动者都是靠挣取工资来维持生计，以弥补土地收入的不足。中世纪的工资形式也不一而足，但主要有两类：计时工资（日工资、周工资、年工资）和计件工资（按照劳动对象的数量、重量、长度等来计算）。工资内容包括实物和现金，而且实物工资在中世纪一直存在，提供食物或支付粮食报酬似乎是庄园上的一项惯例。得到食物或谷物报酬的工资劳动者，货币收入自然就较低。货币地租开始流行之后，现金逐渐成为工资的主要内容，工资水平也随之上涨。在罗杰斯看来，劳动力需求和供给比例对工资水平的影响最大。他说，劳动力价格受到市场竞争的影响，而供求状况就可以从价格中找到答案。③罗杰斯认为13世纪的农业工资劳动者处于有利

---

① 该书第七卷由其子于1902年整理出版。此外，1884年，罗杰斯还出版了该书的缩减版《六个世纪的劳动和工资》（James E. T. Rogers, *Six Centuries of Work and Wages*, London: T. Fisher Unwin LTD, 1884）。

② [英]乔治·皮博迪·古奇：《19世纪的历史学和历史学家》，耿淡如译，商务印书馆1989年版，第222页。

③ James E. T. Rogers, *A History of Agriculture and Prices in England* 1259–1793, Vol. 1, Oxford: Clarendon Press, 1866, p.253.

地位，原因是社会各阶层皆持有土地。在这种普遍土地持有的背景下，当人们在某一时期都需要一种劳动力时，工资劳动者就可以得到较高的工资。在一个小农业主较多的国家，雇佣劳动力的价格往往绝对或相对较高，而劳动合同也总是有利于工人。如果小业主对劳动力的日常需求已经得到满足，工人的工资就会降低。由此，他对亚当·斯密提出批评，因为斯密拒绝考虑这种供需因素对工资升降的影响。[①] 在罗杰斯看来，人口波动是影响工资变化的重要因素。1311—1320年和1321/1322年的短期工资上涨主要是因为1315年、1316年和1321年的瘟疫和饥荒。1348/1349年暴发的黑死病使英格兰人口减少了一半左右，大量的土地无人耕种，幸存下来的小土地持有者和无土地者从中受益匪浅，他们的持有土地数量开始增加，而人口大量减少造成的劳动力供应不足使工资水平普遍上涨。据罗杰斯估计，1311—1320年农业工资比之前的50年高出20%左右；1348/1349年的黑死病暴发之后，各种工资劳动者的工资均有所上涨，工匠工资平均增长40%—60%。[②] 工资普遍上涨的同时，消费品价格正在下降，使工资购买力增强，实际工资提高。因此，罗杰斯说，在15世纪，工资从来没有如此之高，消费品价格从来没有如此之低，如果按照生活必需品的成本来考察工资劳动者的工资水平的话，这个时期可以被称为英格兰劳工的"黄金时代"。接着，罗杰斯对工资劳动者的生活水平进行了考察，他将13世纪与阿瑟·杨所在的18世纪工资劳动者的生活水平进行了比较之后认为："论劳动条件，亨利三世时期的工资劳动者要比乔治三世统治之下的工人强得多。"[③]

当然，罗杰斯并不擅长建立指数和进行经济理论分析，而且他

---

① James E. T. Rogers, *Six Centuries of Work and Wages*, p. 172.
② James E. T. Rogers, *A History of Agriculture and Prices in England* 1259 – 1793, Vol. 1, pp. 266 – 328.
③ James E. T. Rogers, *Six Centuries of Work and Wages*, pp. 172 – 174.

从自己的数据中得出的结论还有待探讨。但是他根据档案和庄园记录整理的数据却为后来工资史的研究提供了最直接和最丰富的材料。罗杰斯对自己整理的数据很有信心，他说："我的工作是独立完成的……我已经实现了我最重要的目标，那就是为公众提供可以利用的（数据）信息；因为我一再重申，真正的事实要比利用它们的那些人得出的结论更有价值。"① 同时，罗杰斯也忠告后来的研究者说："没有什么比事实更虚假，除了数据。"② 罗杰斯的研究获得后来学者的一致承认和赞赏，凯瑟琳·科曼说："任何对中世纪英格兰价格和工资的比较研究都应该以索罗德·罗杰斯所收集整理的数据为基础。……他在这个领域所做的工作是独一无二的。"③ 美国经济学家布朗和霍普金斯感谢罗杰斯，因为"正是他的辛勤工作，将英格兰几个世纪的工资和价格的主要数据整理在一起"④。虽然贝弗里奇认为罗杰斯的数据是不完整的，但是他也肯定地说："……现在看来，他（罗杰斯）的研究成果仍是不可撼动的，而且其正确性还在为现在的研究所证明。"⑤

20世纪上半叶，贝弗里奇爵士对温彻斯特主教区和威斯敏斯特修道院地产上的工资进行了研究。他注意到1348/1349年暴发的黑死病对不同类型的工资劳动者的影响是不一样的。例如，以脱粒工和扬壳工为主的农业劳动力的工资在黑死病暴发之后没有立即发生上涨，"就像黑死病从来没有发生过一样"；直到1368年左右，他们的名义工资才开始上涨。但手工工匠的工资在黑死病暴发之后

---

① James E. T. Rogers, *A History of Agriculture and Prices in England* 1259 – 1793, Vol. 4, Oxford: Clarendon Press, 1882, Preface, p. Ⅵ.

② James E. T. Rogers, *Six Centuries of Work and Wages*, pp. 172 – 174.

③ Katharine Coman, "Wage and Prices in England, 1261 – 1701", *The Journal of Political Economy*, Vol. 2, No. 1 (Dec., 1893), pp. 92 – 94.

④ H. P. Brown and S. V. Hopkins, *A Perspective of Wages and Prices*, London and New York: Methuen, 1981, p. 8.

⑤ William Beveridge, *Prices and Wages in England from the Twelfth to the Nineteenth Century*, London: Longmans, 1939, p. 21.

立即出现上涨,尽管增长幅度不超过50%;此后,增长加速,而且辅助性工人的工资上涨速度明显高于工匠,几乎是后者的2倍。贝弗里奇认为不能仅从黑死病寻找原因,因为它的影响已经结束,他提出了两个假设:需求方面,雇主对辅助性工人和手工工匠的需求同样多;供应方面,手工技术更容易学到手,工匠队伍变大,而辅助性工人数量在减少。[①] 贝弗里奇还注意到了物价和工资之间变动的关系:1290—1379年,货币工资和小麦价格总是朝相同方向运动,升降的趋势基本相同。但此后的现象是,价格和工资向相反方向运动。作者认为,这种现象或许是一种巧合,但它至少说明:当货币工资制度开始取代劳役和实物,劳资双方自然地会将货币工资和生活成本联系起来,一个真正的劳动力市场已经建立起来。[②] 尽管贝弗里奇爵士注意到工资水平的一些变化趋势和特点,并对两份地产上庄园的工资进行了对比,但是,他的主要工作还是停留在数据整理阶段,或许这是为此后的比较研究所做的铺垫。但是,令人遗憾的是,由于行政事务缠身,他的小组对工资的进一步研究成果始终没有面世。

与罗杰斯和贝弗里奇的单纯整理数据不同,布朗和霍普金斯合作统计了英格兰12—19世纪的价格和工资,并进行了定量分析。经过研究,他们发现七个世纪以来,英格兰南部建筑工人的名义工资趋势呈现以下特点:一是,"升"中有"稳",下降的次数不多(仅有三次)、时间不长(总共不超过20年)。"升"的方面,工匠工资从3便士/天上涨到450便士/天,翻了150番,辅助工人的工资从1.5便士/天升至420便士/天,翻了280番;"稳"的方面,工资在上升到一定水平后多次保持长时间稳定,维持时间最长的工

[①] William Beveridge, "Westminster Wages in the Manorial Era", *The Economic History Review*, New Series, Vol. 8, No. 1 (Apr., 1955), pp. 18–35.

[②] William Beveridge, "Wages in the Winchester Manors", *The Economic History Review*, Vol. 7, No. 1 (Nov., 1936), pp. 22–43.

资水平长达120年不变，七个世纪中不变的时间总计达500年。二是实际增长率较高。表面看来，工匠和辅助工人工资的年平均增长率分别是65%和61%，考虑到500年的稳定，实际年增长率分别是235%和220%。三是工匠和辅助工人之间基于技术的工资差别持续稳定，比例大致维持在1.5∶1。① 为了考察实际工资的变化，布朗和霍普金斯构建了一个"消费品篮子"（Basket of Consumables）的概念，其中食物（淀粉类谷物、肉类、鱼、奶酪等）占80%，穿衣、燃料等其他非食品（non-foodstuff）占20%。按照这种比例，他们计算出了一个"综合消费品"（composite physical unit of consumables）的价格指数，并绘制了工资的实际购买力曲线（以1450—1475年为基期，指数为100）。从这条曲线中可以清楚地看出，英格兰南部地区建筑工人的工资购买力，在13世纪中期到14世纪中期，尽管有时略微上涨，但总体呈现下降趋势；黑死病暴发之后出现了一个短期的通货膨胀，直到1371—1375年，实际工资才恢复到13世纪60年代的水平；此后迅速上升，一直持续到1520年"价格革命"开始。②

布朗—霍普金斯指数（简称"B—H指数"）清晰地描绘出了英格兰南部建筑工人的工资购买力变迁，为我们研究工资史提供了很好的方法和材料。虽然罗斯基曾使用"帕氏指数"计算出的结果与B—H指数相差很大，③ 但拉代尔和布朗指出这是罗斯基计算和逻辑上的错误造成的，实际上，使用两种指数得出的结论相差不大。④ 当然，B—H指数也有缺陷和不足。首先是资料的缺乏，他

---

① H. P. Brown and S. V. Hopkins, *A Perspective of Wages and Prices*, pp. 1–12.
② H. P. Brown and S. V. Hopkins, *A Perspective of Wages and Prices*, pp. 13–59.
③ D. Loschky, "Seven Centuries of Real Income per Wage Earner Reconsidered", *Economica*, New Series, Vol. 47, No. 188 (Nov., 1980), pp. 459–465.
④ H. F. Lydall, H. P. Brown, and E. H. Phelps, "Seven Centuries of Real Income Per Wage-Earner Reconsidered: A Note", *Economica*, New Series, Vol. 49, No. 194 (May., 1982), pp. 201–205.

们自己也承认，由于缺少充足的资料，"只能构建现代意义上的实际工资评估手段"①。其次，他们的研究对象主要是经济较为发达的英格兰南部的建筑工人工资，由此得出的数据和结论是否能代表全国的平均水平就值得怀疑。而且，在中世纪的工资劳动者中，农业工人占多数，但二人对他们的工资水平没有做任何考察。最后，布朗和霍普金斯采用经济学方法进行定量分析时，忽视了社会生活中的一些实际因素。比如，随着收入的变化，人们的消费结构也将发生变化，即收入越低，粮食和食物消费所占比例越大；收入增加，粮食和食物消费比例则下降。如黑死病暴发之前，人们主要以大麦维持生活，但在黑死病暴之后，随着收入的增加，人们不仅吃更多的小麦，而且肉、鱼、啤酒的消费也在增加。不仅如此，人们更追求休闲和服饰、装饰、奢侈品的消费，这是在探讨生活标准变迁时不得不注意的因素。但在布朗和霍普金斯那里，整个中世纪人们消费各种产品的比例是一定的，这显然是值得商榷的。

（二）拓展："人口论"和"货币论"的争论

利用罗杰斯、贝弗里奇等人整理的数据，西方学者开始探讨工资水平的长期趋势及其变化的原因。是什么决定了工资水平的长期变化？对于这个问题的回答，可谓见仁见智。到20世纪中叶，西方学界主要形成了两派观点："人口论"，认为人口的增减造成的劳动力供需状况是工资浮动的决定因素；"货币论"，即货币供应数量的盈亏决定工资水平的长期升降。

从人口增减的角度来论述工资问题由来已久。18、19世纪之交，英国政治经济学家马尔萨斯（Tomas Robert Malthus，1766—1834）已经认识到人口数量的变化对经济形势的影响，他认为，"人口如不受限制将按几何比率增加，生活资料则按算术比率增加"，最终，人口过剩和生活资料的匮乏几乎是必然趋势，要使二

---

① H. P. Brown and S. V. Hopkins, *A Perspective of Wages and Prices*, p. 13.

者保持平衡，除了发展生产之外，还需要对人口增长进行限制。至于人口对工资的影响，他指出，劳动力价格（工资）很少下降，但是人口过剩就会使食品价格上涨，实际工资就下降了。① 马尔萨斯是从人口与资源之间的比例进行论述的，在他眼里，人口增长必定会造成边际效益的递减，工资水平必将随之下降。古典经济学的代表人物大卫·李嘉图也认为，作为一种商品，劳动力有自然价格和市场价格之分。劳动力的自然价格就是"让劳动者大体上能够生活下去并不增不减地延续后代所必需的价格"，市场价格是按照劳动力市场供求比例的要求，雇主实际支付的价格。由此，他认为工资由两种因素决定：劳动力的供需；劳动力购买的各种必需消费品的价格。人口数量的增加不仅造成劳动力供过于求，而且造成各种消费品的价格上涨，实际工资就会下降；而人口下降则会引起食品价格下降、地租减少和工资增加。②

实际上，在整理中世纪工资数据的过程中，罗杰斯和贝弗里奇等人也注意到人口增减对工资的影响。布朗和霍普金斯甚至也被批评为"人口论"者，因为他们主张，16世纪工资所能购买的农产品数量减少不是因为"美洲金银矿的发现"造成的"价格革命"，而是由于人口增加。所以他们指出，英格兰农业中的过剩人口开始向工业部门转移，造成工业品产量急剧上升，市场供应充足，价格下跌，工业部门工资的粮食购买力则大大下降，实际工资降低。③

但是，第一次从人口角度对中世纪工资变化问题进行系统论述的当数英国学者波斯坦（M. M. Postan）。波斯坦的理论基础是劳动力的市场供需决定工资，而劳动力市场供需由人口增减决定，当人口增加时，劳动力供给就会出现过剩，工资水平就会随

---

① ［英］T. R. 马尔萨斯：《人口原理》，朱泱、胡企林、朱中和译，商务印书馆1992年版，第9、16页。
② ［英］彼得·斯拉法：《李嘉图著作和通信集》第1卷，郭大力、王亚南译，商务印书馆1981年版，第39、41、42页。
③ H. P. Brown and S. V. Hopkins, *A Perspective of Wages and Prices*, pp. 65–70.

之下降;当人口减少时,劳动力供给就会出现不足,工资水平自然就会上涨。他说,"在劳动力供需变化非常剧烈和突然的时候,习惯的工资标准就会崩溃","人力的供应和劳动力的需求的长时期持续变化可以引起习惯工资水平缓慢和逐渐的改变"。① 波斯坦首先考察了中世纪英格兰的人口状况,他认为,11—14 世纪初期,人口数量一直处在增长状态,到 1315—1317 年大饥荒时期达到顶峰,此后开始下降,"到黑死病暴发之前,人口的上升趋势已经停止了整整一代人"②。从 14 世纪末到 15 世纪,英格兰人口仍然持续下降,直到 16 世纪早期才开始恢复增长。人口的这种变化决定了中世纪的工资水平变化。整个 13 世纪,农业工人的货币工资十分稳定,但由于人口的持续增加,农产品需求也相应增加,价格不断上涨,稳定的货币工资就意味着实际工资的不断下降。这种情况到 14 世纪 20 年代有所改善。此后,黑死病及随后频繁暴发的瘟疫造成长期的人口减少和停滞,实际工资显示出与之前相反的趋势,开始保持持续上涨态势,例如温彻斯特和威斯敏斯特两个地产上的庄园的工资在之后的 120 年或 150 年中保持上升势头,到 1450 年达到顶点,并在此后的 20 年间仍然保持同样的水平或更高,实际工资的增长可能一直持续到 15 世纪的最后 25 年。建筑工人的名义工资和实际工资甚至在农业工人工资达到顶峰后还在增长。③ 在强调人口因素的同时,波斯坦还否认货币供给、社会总收入增加和产品分配结构等因素对工资水平的影响,在对这些因素逐一分析后,他坚持认为,开始于 14

---

① M. M. Postan, *The Medieval Economy and Society*, Middlesex: Penguin Books LTD, 1972, p. 257.
② [英] M. M. 波斯坦、H. J. 哈巴库克主编:《剑桥欧洲经济史》第 1 卷,王春法等译,经济科学出版社 2002 年版,第 487 页。
③ [英] M. M. 波斯坦、H. J. 哈巴库克主编:《剑桥欧洲经济史》第 2 卷,王春法等译,经济科学出版社 2003 年版,第 181、220 页。M. M. Postan, *The Medieval Economy and Society*, pp. 257 - 258.

世纪20年代的人口减少是中世纪晚期工资上涨的根本原因。① 波斯坦将"人口增加必然造成农业边际效益递减从而导致工资下降的分析模式"应用于中世纪经济史的研究，并提出了一套系统的理论，学术界称之为"新人口论"。

波斯坦的观点和方法在哈彻（John Hatcher）和博尔顿（J. L. Bolton）那里得到支持。在对中世纪的瘟疫和人口进行分析时，尽管哈彻承认工资和价格水平也会受到货币、产业结构、进出口比例、天气、习惯和国家立法等因素的影响，但对中世纪的工资和价格进行考察之后，他仍然坚持认为人口波动是工资变迁"唯一令人满意的解释"，"人口下降之后，减少了相对于资本和土地的劳动力供应，这不可能不是14世纪晚期和15世纪价格下降、工资上涨的首要决定因素"。② 博尔顿则认为，工资升降是劳动力供需的证据，也是人口增减的极佳佐证。在对13—15世纪的人口数量趋势与工资发展特点进行研究之后，他指出，工资变迁与人口变化趋势是吻合的。整个13世纪英格兰的人口不断增加。但是，由于生产力的低下和土壤过度使用造成的逐渐贫瘠，食品供应难以满足需求，价格升高，实际工资则下降。到了14世纪初，马尔萨斯抑制出现，人口开始缓慢减少直到黑死病暴发造成的更大的劳动力损失。但第一波瘟疫的经济影响有限，实际工资依然很低。直到14世纪70年代中期以后，真正的转折点到来，工资上涨，购买力增加。③ 这些论述实际上与波斯坦的思路如出一辙。

人口数量增减决定工资长期变迁的观点一经提出，就遭到"货币

---

① M. M. Postan, "Some Economic Evidence of Declining Population in the Later Middle Ages", *The Economic History Review*, New Series, Vol. 2, No. 3 (Dec., 1950), pp. 221 – 246.

② John Hatcher, *Plague, Population and the English Economy*, 1348 – 1530, London: Macmillan Press, 1977, pp. 50 – 54.

③ J. L. Bolton, *Medieval English Economy*, 1150 – 1500, London: J. M. Dent and Sons, 1980, pp. 67 – 82.

论"者的批评。长久以来，货币供给数量的多少被认为是价格和工资变化的决定因素。"费雪公式"①的提出为学者们一再强调货币供给数量在价格变动中的作用提供了理论基础。20世纪20年代，汉密尔顿的论文以西班牙为例论证了16世纪的欧洲"价格革命"是美洲的金银不断流入的结果，②这使货币解释模式逐渐成为主流。此后，西方学者也将这种模式应用到中世纪。该观点逻辑是，当货币充盈时，就会出现通货膨胀，物价腾贵，工资购买力则下降；当货币短缺时，就会出现通货紧缩，物价下跌，工资购买力则增强。"货币论"者将中世纪工资波动的原因主要归结于贵金属货币供给数量及其影响。挪威历史学家约翰·施雷纳（Johan Schreiner）认为，中世纪晚期英格兰工资的上涨是由于银币流通数量的减少造成的，这是因为，中欧采银业在经历了几个世纪的快速发展之后遇到了技术难题。针对波斯坦提出的各种消费品价格不同时波动、价格下跌和货币减少不同步、货币数量可以通过对外贸易等途径得到弥补等看法，施雷纳给予了反驳。他指出，由于人口在14世纪末的下降比银币供给数量减少的速度快，人均占有的货币量并未减少，反而增加，因此，银币缺乏的影响并未立即凸显，实际工资依然很低，但随着人口恢复增加，银币缺乏的后果很快变得清晰，物价下跌，实际工资上涨。③罗宾逊（W. C. Robinson）反对"出现在黑死病暴发之前的人口减少造成了劳动力供给减少和工资上涨"的观点，并提醒说，"除非认为人口在农业劳动力中的下降比在全部人口中下降的比例更大，没有理由认为农业工人的工资将会上升"。他指出，人口的下降意味着生产能力的下降和食物需求的减少，而人口增加在欧洲经济中的影响更多的是在供

---

① 即 MV = PT，M 代表流通中的货币数量，V 代表流通速度，P 代表价格，T 代表交易量，该公式认为，V、T 均衡的条件下，价格主要是由货币流通量决定的。

② J. Hamilton, "Imports of American Gold and Silver Into Spain, 1503 – 1660", *The Quarterly Journal of Economics*, Vol. 43, No. 3 (May., 1929), pp. 436 – 472.

③ Johan Schreiner, "Wages and Prices in England in Later Middle Ages", *Scandinavian Economic History Review*, Vol. 2, No. 2 (1954), pp. 61 – 73.

应方面，它使产出增长和资本积累成为可能，而不是刺激了需求。在提出上述批评之后，他使用证据试图证明，货币供应数量上的变化是引起价格（和实际工资）变化的最重要因素。[1] 米斯吉敏（Harry A. Miskimin）则对1326年之后英格兰货币短缺提出了自己的看法，他认为，在大瘟疫之后，实际工资上涨，消费结构发生变化，人们将更多的钱花在奢侈品，尤其是进口奢侈品的消费上，造成银币大量外流，这是造成通货数量减少的重要原因。[2] 加拿大多伦多大学经济学教授约翰·蒙洛（John Munro）批评波斯坦无视货币因素的存在，并对"新人口论"的"原创性"提出质疑，因为，从人口增减来分析工资变迁的观点并不新鲜，在古典经济学家（马尔萨斯和李嘉图）那里已经有所论述，可以称为"马尔萨斯—李嘉图模型"（Malthusian – Ricardian Model）。[3] 随后，他对英格兰南部、弗兰德斯、低地国家、西班牙等地的建筑工人工资水平做了比较研究，并强调货币数量引起的价格变动是实际工资最重要的影响因素。为了说明问题，他借用新凯恩斯学派提出的"工资粘性"（wage – stickiness）的概念，他说，由于名义工资相对于物价具有"粘性"，黑死病暴发之后的实际工资上涨，主要是由于货币供应短缺导致的食品价格下降造成的生活成本降低引起的。蒙洛指出，在经历了黑死病暴发之后短暂的通货膨胀后，英格兰的消费品价格开始下跌，尽管名义工资涨幅不大，但实际工资开始上涨。进入16世纪的"价格革命"时期，"工资粘性"表现得更为明显，名义工资增长不到200%，但物价增长了600%，因此，

---

[1] W. C. Robinson, "Money, Population and Economic Change in Late Medieval Europe", *The Economic History Review*, New Series, Vol. 12, No. 1 (Apr., 1959), pp. 63 – 76.

[2] Harry A. Miskimin, "Monetary Movements and Market Structure – Forces for Contraction in Fourteenth – and Fifteenth – Century England", *The Journal of Economic History*, Vol. 24, No. 4 (Dec., 1964), pp. 470 – 490.

[3] John Munro, "Postan, Population, and Prices in Late – Medieval England and Flanders", September, 2002, http://www.chass.utoronto.ca/ecipa/wpa.html.

实际工资的下降就不可避免了。①

"人口论"者对"货币论"的批评进行了回击。波斯坦反对罗宾逊提出的货币数量决定价格的看法，他主张，需求只有在有效的情况下才能影响价格，"与需求相符的唯一经济过程是相对过度的人口过剩"②。哈彻则对货币模式提出了具体辩驳意见，他认为：货币论者使用的铸币场产量的证据无法估计货币总量增减；信用工具的使用和货币流通速度的加快可以弥补货币总量的减少；价格变化的决定因素主要是由于货币产出的单位产量和每个人的平均占有量，而不是货币总量，中世纪晚期前两项的下降比货币总量的下降小得多；最后，英格兰通货展示出相当程度的稳定性。③

显然，论战双方分别从以人口和货币为主的经济因素的角度来考察中世纪工资变化的成因，给我们的研究提供了很好的思路，但是，工资变化是一个复杂的问题，是多种因素综合影响的结果。④在互相辩驳的过程中，两派学者过分强调某一个经济因素，而忽略了错综复杂的其他经济社会因素的影响，无疑是有点偏执了。此外，工资水平受人口增减和货币供给的影响，同时，工资水平变动

---

① John Munro, "Wage – Stickiness, Monetary Changes, and Real Incomes in Late – Medieval England and the Low Countries, 1300 – 1450", September, 2001, http://www.chass.utoronto.ca/ecipa/wpa.html; Real Wages and the 'Malthusian Problem' in Antwerp and South – Eastern England, 1400 – 1700", April, 2006, http://repec.economics.utoronto.ca/repec _ show _ paper.php? handle = tecipa –225.

② M. M. Postan, "[Money, Population and Economic Change in Late Medieval Europe]: Note", *The Economic History Review*, New Series, Vol. 12, No. 1 (Apr., 1959), pp. 77 – 82.

③ John Hatcher, *Plague, Population and the English Economy*, 1348 – 1530, p. 54. 更有人直接提出，根据货币、贮藏和收支平衡三个影响货币流通量的因素来分析，中世纪晚期，尤其是在1415年之前，欧洲（如法国）并未出现"货币荒"。Nathan Sussman, "The Late Medieval Bullion Famine Reconsidered", *The Journal of Economic History*, Vol. 58, No. 1 (Mar., 1998), pp. 126 – 154.

④ 例如，仅就农业工人工资而言，除了劳动力供给之外，劳动力流动、劳动生产率的变化、非农业部门工资情况等也是重要的影响因素。Kalpana Bardhan, "Factors Affecting Wage Rates for Agricultural Labour", *Economic and Political Weekly*, Vol. 8, No. 26 (Jun., 1973), pp. A56 – A64.

也会引起其他经济社会变化。但两派学者考察的主要是工资变化的决定因素,而对工资变动引起的工资劳动者生存状态和社会经济生活的变化缺少关注,这是我们在研究中需要注意的。

(三) 深入:经济社会史视野中的多样化研究

20世纪中后期,越来越多的历史学家开始关注中世纪英格兰工资问题,他们开始从经济社会史的角度,突破简单的"人口"和"货币"决定模式的限制,对影响工资水平的各种因素进行全面考察,研究范围愈加广泛,对中世纪工资史的研究呈现多样化趋势,从而描绘出了一幅更为细腻的画面。[①] 总体来看,这些学者的研究重点主要在以下几个方面。

1. 工资差别(Wage Differentials)

中世纪英格兰各种工资劳动者的工资存在很大差别,除地区、工种、年龄等因素外,差别的形成还有以下两个方面的原因:(1) 技术。戴尔注意到,在1277年开始修建的瓦勒皇家修道院,因经验和技术不同,建筑工匠可以分为6个等级,每周的工资28—30便士不等。[②] 而在这个时期的另一些工地上,建筑工人中的工资级别更多。如1316年,在卡纳封城堡工地上,仅在砍伐工和垒工(layer)之间,工资就可以分为13级,而且,如果能知道诸如墙工、铺路工等工人的工资和其他一些小工程上的工人的报酬,工资将显示更大的多样性。[③] 工匠和辅助工人之间的工资差别最具代表性,而且处于变化之中,黑死病暴发之前大致在2∶1;1350年之后,由于人口减少造成的劳动力短缺和技术工匠的大量死亡,辅助

[①] 关于经济社会史的兴起及研究方法见徐浩、侯建新《当代西方史学流派》,中国人民大学2009年版,第278—296页;侯建新、龙秀清《近二十年英国中世纪经济—社会史研究的新动向》,《历史研究》2011年第5期。

[②] C. Dyer, *Standards of Living in the Later Middle Ages: Social Change in England, 1200-1520*, Cambridge: Cambridge University Press, 1989, p. 225.

[③] D. Knoop and G. P. Jones, *The Medieval Mason*, Manchester: Manchester University Press, 1949, pp. 109-110.

工人的工资迅速上涨，与工匠的工资差距越来越小，在威斯敏斯特，两者的日工资之比下降到1.2∶1左右，而在伦敦，这个比例则下降到1.4∶1。① 但此后，差距再次扩大，布朗和霍普金斯指出，在15—19世纪，英格兰南部建筑行业中工匠和辅助工人之间的工资比例保持在1.5∶1。②（2）性别。对于男女劳动者之间的工资差别，争议主要集中于黑死病暴发之后，许多学者们曾认为中世纪晚期男女同工同酬已经成为事实。罗杰斯一再强调，在黑死病暴发之后，女性工资劳动者的工资上涨很快，在可以比较的工作上，男女工人的报酬相同。③ 贝弗里奇注意到，在威斯敏斯特的庄园上，尽管男女工人在就业机会上并不平等，但在从事同样的工作时，他们的工资是相同的，而男女同工同酬在法律上直到1952年才在英国实现。④ 希尔顿以敏新汉普顿（Minchinhampton，格洛斯特郡）及其附近的阿文宁（Avening）两个庄园为例证明，黑死病暴发之后，妇女在从事和男人同样的工作时，工资看起来也相同。⑤ 彭恩（Simon A. C. Penn）则运用《劳工法令》执行过程中的证据来比较男女工人在收获季节的工资。他认为，中世纪的妇女经常参加劳动，并像男人一样四处流动寻找报酬较高的工作。黑死病之后，男女工人的工资看起来"没有基于性别上的差别……很明显，不论参加什么工作，妇女都会得到和男工同样的工资"⑥。但最新研究表明，中世纪并没有出现男女同工同酬的"美好"局面。戴尔认为，尽管妇女在黑死病暴发后得到"解放"，但很少得到和男人一样的

---

① D. L. Farmer, "Price and Wages, 1350 – 1500", in Edward Miller, ed., *The Agrarian History of England and Wales*, Vol. 3, Canbridge: Canbridge Univesity Press, 1911, p. 479.

② H. P. Brown and S. V. Hopkins, *A Perspective of Wages and Prices*, p. 8.

③ James E. T. Rogers, *A History of Agriculture and Prices in England* 1259 – 1793, p. 281; *Six Centuries of Work and Wages*, pp. 77, 329.

④ William Beveridge, "Westminster Wages in the Manorial Era", New Series, pp. 18 – 35.

⑤ R. H. Hilton, *The English Peasantry in the Later Middle Ages*, pp. 102 – 103.

⑥ Simon A. C. Penn, "Female Wage – Earners in Late Fourteenth – Century England", *The Agricultural History Review*, Vol. 35, Part I (1987), pp. 1 – 14.

工资，因此，"在一个男人的世界里，妇女仍处于不利地位"[1]。本内特（Judith M. Bennett）主张，相对于男性，女性的地位在14、15世纪并没有变，她们仍然做薪酬较低的工作，占据手工业中的底层，如酿酒，而且被排除在男性主导的行会之外。由此，她认为，妇女的地位被限制在家长制结构以内，不会因人口危机而改变。[2] 巴德斯利（Sandy Bardsley）通过对约克郡东雷丁治安法庭卷档（East Raiding Roll）的研究后指出，以前的学者之所以认为妇女可以得到同男工一样的报酬，是因为拿来做比较的男工是老人、男孩和残疾人等"二级劳动力"（second-rate work force），很明显，这些男工由于生理所限得到的工资远远低于正常成年男工，中世纪晚期的男女同工同酬只是一种"假象"。[3] 因此，性别造成的工资差别一直是中世纪的普遍现象。

2. 工作时间和实际工资收入（Wage Earnings）

实际工资收入的决定因素主要有两个：名义工资水平和工作时间。在对中世纪的工资水平进行探讨的同时，学者们也在关注工作时间的变化。在中世纪，一些固定因素影响着工作时间的长短：（1）季节。一般来讲，夏天的工作时间比冬天长，工资也较高。农业工作，如播种、收割、捆绑、脱粒等，季节性比较强，农业工人在农忙季节结束之后往往无事可做或转向其他行业。（2）工作性质和技术水平。以建筑业为例，技术工人如石匠、木匠等，受雇时间较长，工资较高，而搬砖、砍树、运材料等干体力活的雇工工作时间较短，待遇也较低。戴尔注意到，在卡纳封城堡工地上，石匠和木匠可以在整个夏天和冬天的一段时间都能工作，但是普通雇

---

[1] C. Dyer, *Making a Living in the Middle Ages: The People of Britain, 850 – 1520*, New York: Yale University Press, 2002, pp. 280 – 281.

[2] Judith M. Bennett, *Ale, Beer, and Brewsters: Women's Work in a Changing World, 1300 – 1600*, London: Oxford University Press, 1996, pp. 60 – 77, 145 – 158.

[3] Sandy Bardsley, "Women's Work Reconsidered: Gender and Wage Differentiation in Late Medieval England", *Past and Present*, No. 165 (Nov., 1999), pp. 3 – 29.

工往往只在夏天工作一段时间。木匠的工作时间是从 1 月 30 日到 12 月 24 日,但挖掘工直到 3 月 30 日才有活干。①（3）休息日。首先是节日,基督教节日主要分为三类:任何工作都不能做的节日;只能做收割工作的节日;妇女不能做家务的节日。总计有四五十天,再加上周日,全年的非工作时间就能达到 90—100 天。②

学者们对黑死病暴发前后的工作时间和收入变化似乎也达成了共识。黑死病暴发之前,劳动力供给非常充裕,工资劳动者的工作时间得不到保证。一些工人仅参加一段时间的工作——也许一个犁把式只在秋天工作,一个羊倌只帮助接生羔羊,一个挤奶工仅在需要制造奶酪的时间才工作几个月,他们的收入同样不稳定。③ 黑死病暴发之后,劳动力供不应求,工资劳动者的状况得到改善,他们往往要求更高的工资,倾向于日、周等较短的工期,或按工作量工作,而不再青睐以年为期的工作。④ 尽管议会不断颁布法令禁止工人索取过高的工资和流动,但工人们还是在寻找待遇较好的短期工作,他们利用与雇主谈判的优势地位,经常索取高工资,有迹象表明,当时还存在"集体议价"和"代表谈判",工资劳动者的议价能力已经大大增强。⑤ 这样一来,工资劳动者在寻找新雇主和索取溢价中耗掉许多时间,尽管工作时间受到影响,但由于工资较高,收入并未见减少。另外,有人指出,黑死病暴发之后工人的劳动心理产生了变化,有些人往往在工作中制定目标,一旦挣够可以维持

---

① C. Dyer, *Standards of Living in the Later Middle Ages: Social Change in England, 1200–1520*, p. 225.

② C. Dyer, *Standards of Living in the Later Middle Ages: Social Change in England, 1200–1520*, pp. 222–223.

③ D. L. Farmer, "Prices and Wages, 1042–1350", in H. E. Hallam, ed., *The Agrarian History of England and Wales*, Vol. 2, p. 731.

④ C. Dyer, *Making a Living in the Middle Ages: The People of Britain, 850–1520*, p. 279.

⑤ Diana Wood, *Medieval Economic Thought*, Cambridge: Cambridge University Press, 2002, pp. 155–157.

自身及其家庭生活的收入，他们往往就不再工作；另一方面，中世纪的工作辛苦且乏味，雇工们在挣够钱后，往往不愿意继续工作，而是选择休闲娱乐，因此，工资的增加并不一定意味着收入必然增加。①

3. 工资和生活标准变迁

　　黑死病暴发之后，名义工资上涨，消费品价格下跌，工资购买力增强，工人的工作和生活条件得到改善，这已成为不争的事实。由此，罗杰斯认为英格兰工资劳动者迎来了"黄金时代"。同时他还注意到，除货币之外，中世纪工资还有一部分的食物或其他报酬。其他学者同样注意到工资劳动者收入形式的多样性，戴尔指出，计算实际工资收入的时候需要注意一些实际因素，比如工资形式的多样性，男孩在为一个家庭做仆从的时候，除了一些货币工资之外，还可以得到食物报酬和住所，甚至有可能得到一块土地或与主人的女儿结婚进而继承主人财产。而城市的帮工的工资则可能就是本作坊的产品，比如鞋匠的帮工的工资（除少量货币之外）可能就是几双鞋。② 戴尔还注意到，黑死病暴发之后，尽管仆从的工期较长，工资比较固定，但为了维持充足的劳动力，雇主往往提供一些额外补贴。因此，仆从们的生活并不比短期雇工差。③ 唐纳德·伍德华德（Donald Woodward）则强调，对于手工工匠来说，工资不能被视为可支配收入，因为它们要扣除原材料、工具的成本和帮工的工资。当然，在工资之外，工资劳动者还有其他许多收入来

---

　　① John Hatcher, "Labour, Leisure and Economic Thought before the Nineteenth Century", *Past and Present*, No. 160 (Aug., 1998), pp. 64–115.

　　② C. Dyer, *Standards of Living in the Later Middle Ages: Social Change in England, 1200–1520*, p. 212.

　　③ Simon A. C. Penn, and C. Dyer, "Wages and Earnings in Late Medieval England: Evidence from the Enforcement of the Labour Laws", *The Economic History Review*, New Series, Vol. 43, No. 3 (Aug., 1990), pp. 356–376.

源，例如小买卖和土地收入。① 法莫尔（D. L. Farmer）进一步指出，工资劳动者很少以货币工资为主要收入来源，作为这个群体的很小一部分，建筑工人不能代表整个群体，他们与农业工人收入增长并不相同。② 最后，黑死病暴发之后，随着收入的增加和消费观念的变化，日常消费结构也发生很大变化，肉和鱼的消费增加，粮食的消费比例下降，③ 非食品消费比例，如华丽的服饰、奢侈装饰品和休闲娱乐，增加很大，这些都表明工资劳动者生活标准的提高，这种现象打破了原有的社会等级的标志，也为时人所诟病。

纵观西方学界对中世纪英格兰工资问题的研究，我们可以发现以下三个特点：从研究内容上看，工资长期变化趋势、影响工资水平的因素不再是关注重点，随着经济社会史的发展，工资史研究呈现出多样化趋势，研究范围越来越广泛；从研究方法上看，定性与定量分析并重，单一的经济理论解释模式被摒弃，学者们更青睐整体把握和细节深入并重，考察角度越来越新颖和多样；从研究方向来看，学者们开始从工资问题出发，深入研究与之相关的其他经济社会问题，尤其是工资劳动者生存状态和社会经济变迁的考察，这为我们的研究提供了一个很好的切入点。

二 国内学界的研究

与西方学界的研究相比，国内史学界对中世纪英格兰工资问题尚未有专门研究。不过，鉴于本书涉及的问题较为复杂，国内学界关于社会商业化、雇佣劳动与雇佣关系、劳动收入与消费标准等问题的研究还是提供了不少有益的线索。其中，我国学者对于工资劳

---

① Donald Woodward, "Wage Rates and Living Standards in Pre‐Industrial England", *Past and Present*, No. 91, (May, 1981), pp. 28 – 46.

② D. L. Farmer, "Price and Wages, 1350 – 1500", in Edward Miller, ed., *The Agrarian History of England and Wales*, Vol. 3, p. 479.

③ C. Dyer, *Everyday Life in Medieval England*, Hambledon and London: Cambridge University Press, 2000, pp. 77 – 100.

动者群体和农民（其中包括工资劳动者）的生活水平问题的考察尤为重要。

第一，在工资劳动者群体研究上，杨杰堪称国内第一人。20世纪80年代，他负笈英伦，师从著名中世纪史家罗德尼·希尔顿和克里斯托弗·戴尔，所作博士学位论文就是关于该群体的专门研究。他主要运用16世纪初的税收资料对工资劳动者的定义、数量及其对经济的影响给予了深入的研究。他认为，中世纪工资劳动者是英格兰一支稳定的劳动力量，在总人口中的比例为1/3—2/5。他们亦工亦农，数量稳定，对英格兰经济产生了深远影响。[①] 同时，他还指出，尽管当时的"工资"概念尚不全指"雇主用货币支付给劳动者的劳动报酬"……但是，工资劳动形态已经是建立在契约关系而不是封建关系之上。[②] 在此基础上，黄春高对中世纪晚期和近代早期农村的工资劳动者进行了考察，通过对雇工和仆从的构成、数量和经济状况的分析，他指出，15、16世纪的名义工资虽然缓慢上涨，但受价格革命影响，实际工资不断下降，对生活水平造成严重影响；同时，作为农民，工资劳动者往往有小块持有地并享有其附带的权利，还会从事副业、商业活动等，收入并非全部是工资。因此，作者得出结论说，这个时期的经济并非纯粹的工资劳动经济，工资劳动者还属于传统农民的范畴，不是资本主义的自由工资劳动者，将其看成无产阶级与历史事实不符。[③] 还有学者从劳动力市场发育的视角切入对于该群体的研究。例如，徐浩认为，劳动力市场是中世纪一个重要的生产要素市场，作者从家庭土地持有量的角度出发，认为中世纪英格兰无

---

① J. Yang, *Wage Earners in England*, 1500 - 1550, Hangzhou: Hangzhou University Press, 1991.
② 杨杰：《从下往上看：英国农业革命》，第44页。
③ 黄春高：《15、16世纪英国农村工资劳动者的历史考察》，《北大史学》2004年第10期；《分化与突破：14—16世纪英国农民经济》，北京大学出版社2011年版，第393—444页。

法维持最低生活标准的农民家庭的比例为45%。他们持有土地较少，负担较轻，通过打工维持生计，并形成一定的专业分工。这种工资劳动的产生时间是在中世纪早期，到中世纪中期已经形成较大规模。黑死病暴发以后，劳动力较少，价格上涨，更多的人出外打工，因此引起政府的立法管制。作者还提到雇工得到的报酬，并估计随着16世纪市场化的发展和雇佣劳动力重要性的增加，雇工的生活水平反而恶化。[1] 侯建新也注意到，中世纪英格兰乡村工资劳动者包括雇工和仆从两个群体，这是英格兰乡村社会商业化不可或缺的一部分，并随着资本主义农业的发展而不断庞大。由于市场的扩大，劳动力的流动范围也在扩展，这表明，劳动力已经作为商品流入市场。同时，侯建新还指出，中世纪晚期，英格兰工资劳动者的工资和生活标准已经处于很高水平。[2] 侯建新、赵文君还从中西比较的角度，对比了中国和英格兰雇工产生的条件、规模、流动性和生活状况，最后指出两国雇工在经济生产地位、自由程度以及社会生活状况等诸多方面明显的差距。[3] 此外，李云飞对领主自营地上的劳动力结构及其影响因素等相关问题进行了考察，对雇佣劳动力（长工和短工）的劳动内容和工资形式进行了介绍。[4]

劳动力转移也是国内学术界关注的一个重要问题。谷延方指出，黑死病造成了英格兰人口的骤减，劳动力为追求更高的工资开

---

[1] 徐浩：《中世纪晚期英国农村的生产要素市场》，《历史研究》1994年第3期；《中世纪西欧工资劳动市场再探——以产生时间和原因为中心》2016年第4期；《中世纪欧洲工资劳动者收入与饮食消费水平的变化》，《中国人民大学学报》2018年第4期。

[2] 侯建新：《农民、市场与社会变迁：冀中11村透视并与英国乡村比较》，社会科学文献出版社2002年版，第185—189页；《社会转型时期的西欧与中国》，高等教育出版社2005年版，第178—192页。

[3] 侯建新、赵文君：《中西封建晚期的农村雇工比较研究》，《史学月刊》1991年第5期。

[4] 李云飞：《中古英国庄园制度与乡村社会研究》，暨南大学出版社2014年版，第144—154页。

始自由流动,这造成了庄园制的解体和封建制度的危机,同时人口的流动却不是朝向城市,因此这个时期城市开始萎缩。作者还认为,黑死病暴发之后的流动是要求更好生活的"改良型"迁徙,而之前是"生存型"的迁徙,由此黑死病成为劳动力转移史上的界标。[1] 刘书增则分析了中世纪晚期和近代早期剩余劳动产生的原因、造成的社会问题和英格兰采取的转移政策,从惩罚、救济、就业,到向工业部门转移农业剩余劳动力,劳动密集型工业成为解决剩余劳动力问题的关键。[2] 由此可见,工资劳动者群体早已是国内学者关注的重点。[3]

第二,关于劳动者生活水平的研究。在我国的中世纪史研究中,经济问题向来受到重视。其中,关于劳动者(主要是农民)的收入和生活水平的成果相当丰硕。马克垚先生对农民的土地持有状况、生活状况和农民的分化进行了精彩论述,并计算了农民维持基本生活所需要的土地数量和农民的收支模式。针对西方学界使用现代经济学方法研究中世纪经济问题的现象,马先生提出要建立封建经济学来研究中世纪的工资和价格。[4] 侯建新对中外农民的生活水平进行过比较研究,他从生产和消费两个方面论述了中世纪晚期及近代早期英格兰农民生活水平的提高,指出社会转型时期中国农民生活水平相对低下,并从这个角度强调中西社会发生"大分流"的

---

[1] 谷延方:《黑死病和农村劳动力的转移》,《北方论丛》2005年第3期;《英国农村劳动力转移与城市化:中世纪盛期及近代早期》,中央编译出版社2001年版,第111—156页。

[2] 刘书增:《社会转型时期英国农业劳动力转移问题》,《历史教学》2006年第12期。

[3] 对于这个问题,近年来有不少硕士学位论文出现,如《英国农村雇佣劳动力的发展和中世纪晚期资本主义的兴起》(首都师范大学,张清涓,2003年)、《英国都铎王朝雇工问题初探》(首都师范大学,兰桂莎,2007年)、《中世纪晚期近代早期英国雇工初探》(天津师范大学,郭蕊,2009年)等。

[4] 马克垚:《中西封建社会比较研究》,学林出版社1997年版;《西欧封建经济形态研究》,人民出版社2001年版;《封建政治经济概论》,人民出版社2010年版,第111—121页。

原因。① 刘景华则对 14—15 世纪的农民生活水平做出了谨慎的评价。他通过研究发现，这两个世纪农民的生活水平即使没有恶化，也一直处于贫困状态，其原因是：第一，农业的衰退。人口锐减、土地退化、单位面积产量下降、畜牧业停滞不前、农产品价格下跌是衰退的原因；第二，领主和教会的剥削重；第三，农民经济动力缺乏、宗教活动增多、甘愿贫穷现象增加；第四，瘟疫、战争和饥荒的频繁。② 此外，郭华的博士学位论文则从衣食住行等方面全方位地研究了中世纪晚期英格兰农民的生活消费，指出这个时期英格兰农民享有较高的生活水平。在文中，她尤其考察了工资劳动者这个群体，给予我们不少启发。③ 此外，近十余年，李云飞、李化成、王向梅、马泽民、崔洪建等的博士学位论文和相关论著，从某些方面涉及工资问题的某些层面，也是本书研究的重要参考。④

工资劳动者是农民群体的一个重要组成部分。在国内学者们对工资劳动者群体和农民生活水平的研究中，有些明确地提及工资和生活状况，这对我们当前的研究有着一定的借鉴意义。尽管如此，中世纪工资变化趋势和不同类型的工资差别如何？工资与日常消费、生活标准之间的关系如何？都是上述研究没有回答的问题。

---

① 侯建新：《现代化第一基石》，天津社会科学出版社 1991 年版；《社会转型时期的西欧与中国》，高等教育出版社 2005 年版；《工业革命前英国农业生产消费再评析》，《世界历史》2006 年第 4 期；《资本主义起源新论》，生活·读书·新知三联书店 2014 年版。
② 刘景华、张道全：《14—15 世纪英国农民生活状况的初步探讨》，《长沙理工大学学报》2004 年第 9 期。
③ 郭华：《中世纪晚期英国农民的生活消费研究》，博士学位论文，天津师范大学，2008 年。
④ 上述博士学位论文见李云飞《13 世纪英国领主经济研究》，北京大学，2002 年；李化成《英国黑死病研究，1349—1350》，中国人民大学，2005 年；王向梅《中世纪英格兰农村劳动妇女研究》，中国人民大学，2006 年；马泽民《中世纪英国农业价格研究（1163—1500）》，中国人民大学，2012 年；崔洪建《中世纪英国货币研究（8—15 世纪）》，中国人民大学，2012 年；等等。

第三节　研究思路与方法

一　研究思路

从学术史的梳理看来，当前学界的研究成果已相当丰富，但学者们对工资问题的研究往往有所侧重，还未见有人进行全面考察。本书在梳理国内外学者研究成果的基础上，拟对中世纪英格兰工资问题给予系统论述。

本书主要关注和解决以下五个问题：

第一，工资长期变化趋势及其原因。中世纪英格兰工资变化的趋势已经基本清晰，但需要注意的是，名义工资的上涨开始于14世纪初，而黑死病暴发之后出现了"通货膨胀"，工资购买力不升反降。此外，半个世纪以来，"人口论"和"货币论"在工资变化原因问题上各抒己见，尽管都获得了学术界一定程度的认可，但双方过分地强调某一经济因素，无法提供令人满意的解释。随着研究的深入，工资变化应被放在更为广阔的社会经济背景中去考察。

第二，工资差别及其变化。以往学者们对工资问题的研究几乎是一种纯经济史的研究，在工资的长期变化中只有数据和曲线，这种方法掩盖了现实中的多样性。事实确是如此。在中世纪英格兰，劳动者由于工种、技术、地区、性别、年龄等因素的影响，工资差别很大；即使名义工资相同，由于不同时间、地点和幅度的物价波动，实际工资也未必一样。更为重要的是，工资差别也处于变化之中，尤其是黑死病暴发前后，对比甚为明显，当前学术界对此或缺乏关注，或关注不够。因此，工资差别就成为本书要考察的对象之一。

第三，工资购买力和生活水平问题。工资购买力因人而异、因时而异、因购买商品而异，购买力的大小对工资劳动者的生活水平有着重要影响。同时，生活水平的高低还在于实际获得的收入，而劳动时间的长短决定了工资收入的不同。而且，工资并非工资劳动者收入的全部内容，小块持有地上的产出的重要性不言而喻。无论如何，中世纪劳动者的收入是多元的，而不是单一的，工资劳动者的实际生活状况甚为复杂。

第四，工资立法与劳动力市场治理问题。黑死病暴发之后，英格兰议会不断颁布关于限制工资和劳动力流动的法令。这些法令在颁布之初得到严格执行，并收到了不错的效果。但从14世纪末开始，法令逐渐失去效力，其仍然一再被颁布的原因在于英格兰民族国家的形成和地方精英崛起的需要。此外，法令颁布过程中产生的法庭档案为我们管窥当时劳动力市场治理的相关原则提供了绝佳的文献来源。

第五，工资变化影响下的社会经济调整。经济社会发展影响工资水平的变化，反过来，工资变化也引起乡村社会经济的转型。例如，在工资较低的时期，领主愿意直接经营自营地，而且会选择折算佃农劳役，从而雇用较为便宜和效率较高的雇工；而在黑死病暴发之后，工资上涨，生产成本增加，领主逐渐退出直接经营，将自营地出租出去，收取租金，这就是工资变化引起的土地经营模式的改变。因此，庄园经济解体、农民阶层分化等问题都将在本书中得到探讨。

二 研究方法

1. 本书将以唯物史观为指导进行实证研究，力图在尽可能使用一手文献的基础上，从史料出发，力图全面而客观地展示中世纪英格兰工资变化和经济社会转型过程。

2. 本书将采用定量分析与定性研究相结合的方法，首先对工资数据进行分析，描述工资变化的长期趋势、特点及其影响因素，在此基础上，对工资差别和劳动者的家庭收入、不同庄园的劳动力成本的比例及其变化进行分析。

3. 本书将采用经济—社会史和跨学科的研究方法，重点考察工资与经济社会的互动。同时，本书也将使用跨学科的研究方法，借鉴经济学、社会学、法学等多个学科的相关理论和研究成果。

第四节 目标界定与资料来源

一 研究目标

1. 工资。尽管它是一个现代经济学名词，却有久远的历史。1857年，马克思在致恩格斯的信中强调军队在经济发展中的作用时，指出："薪金"最初就完全是在古代的军队中发展起来的。① 在中世纪的辞典中，stipendum 一词指的就是雇佣士兵的军饷。② 而在庄园账簿中，"工资"（stipendia）一词专门用于领主提供给在自营地上干活的车把式、牛倌等人的报酬。但对于"工资"现象在中世纪是如何出现的，似乎并未有人提供答案。法国年鉴学派史家马克·布洛赫曾指出，"薪俸"制（wages，即工资制）的产生需要两个条件，一是雇主手里有"可自由支配的""适量的""任何时候都不会有枯竭危险的"资金，二是受雇者能够使用收入来购买生活必需品。前者意味着货币流通（供给）量的充足，后者则指的是商品市场的广泛存在与交换的繁荣。既然如此，充足的货币和繁荣的市场两个条件是何时出现的呢？布洛赫认为，在封建社会的第二阶段（11—13世纪中叶），欧洲出现"经济革命"，随后国内外贸易复兴、市场繁荣，货币数量增加、流通速度加快等，封建社会也随之发生了"根本性的变化"。③ 此时，在英格兰，社会商业化的进

---

① 《马克思恩格斯全集》第29卷，人民出版社1979年版，第183页。
② Christopher Corèdon and Ann Williams, eds., *A Dictionary of Medieval Terms and Phrases*, Cambridge: D. S. Brewer, 2004, p. 266.
③ ［法］马克·布洛赫：《封建社会》第1卷，第134—135、139页。亨利·皮雷纳也认为，从11世纪开始，欧洲与东方的长途贸易复兴，城市成长。［比］亨利·皮雷纳：《中世纪的城市》，陈国樑译，商务印书馆2006年版，第50—67页。

程已经开启，并对经济发展产生一定的推动作用。① 正在这种背景下，"工资"开始出现。

学界对工资问题的研究开始于工业革命时期。18世纪中叶，生活水平显著提高和一股人口增加的新浪潮在大体相同的时间里出现……正是在这个时期，经济学家对工资问题开始进行系统论述。但在西方经济学家眼中，"工资"的历史只是工资决定理论的历史，而非"工资"本身的历史。从19世纪末开始，史学界也开始对工资问题展开讨论，从当前的研究成果可以看出，工资劳动者尚未成为资本主义条件下的雇佣劳动力，当时的"工资"概念也尚不全是"雇主用货币支付给劳动者的劳动报酬"，还包括用实物支付的劳动报酬，它们的数量勉强可以维持工资劳动者及其家庭成员的基本生活。因此，本书所指的"工资"的定义可以简单界定为：包含货币内容的劳动报酬。它的基本内容有两种：实物和货币。在工资支付形式方面，既有计件工资，也有计时工资，甚至已经出现了年薪（据我们所知，仆从的工资是按年度来支付的），但在我们考察的时期内，月薪制还没有出现。

2. 时间跨度。整个中世纪，英格兰一直存在工资劳动者这个数量庞大的群体，他们赚取实物和货币相结合的工资，现存最早的工资记录出现在1208/1209年温彻斯特的庄园卷档（the Pipe Rolls）中，② 此后的记录零星出现，并不连续，直到1270年左右，其他庄园的工资数据开始出现，工资数据逐渐连续起来。于是，本书将研究起点定在1200年。终点方面，英格兰历史上向来有"延长的15世纪"（the long 15th century）之说。各种证据

---

① R. H. Britnell and Bruce M. S. Campbell, eds., *A Commercialising Economy*: *England, 1086 – 1300*, Manchester and New York: Manchester University Press, 1995, pp. 7 – 27.

② D. L. Farmer, "Prices and Wages, 1042 – 1350", in H. E. Hallam, ed., *The Agrarian History of England and Wales*, Vol. 2, p. 717.

表明，1520年之后，英格兰进入一个新时期：从这一年开始，"价格革命"开始，工资水平开始下降。因此，本书将1520年作为考察的终点。

3. 空间范围。在中世纪英格兰，大部分人口居住在乡村。即使按照最乐观估计，即中世纪晚期城市化率达到20%，[①] 乡村人口仍然占据绝对多数。因此，本书所考察的工资劳动者主要指的是无地或缺地的农民，因土地不足以维持生活，才靠赚取工资为生。我们考察的重点是乡村范围内的工资。当然，在必要的时候，城市的工资劳动者及其工资也会得到考察。

二 资料来源

本书使用的主要材料是各类庄园档案，与欧洲大陆国家相比，此类文献在英格兰保存得最为完好。随着12世纪劳役折算的流行，工资劳动和货币工资开始出现，到13世纪中后期，庄园账簿（manorial accounts/compotus）中的工资数据逐渐丰富，而这也成为我们研究中世纪工资问题最重要的材料来源。因此，在13、14世纪，庄园账簿不仅为我们提供了丰富的工资数据，也为我们考察农业经济提供了无可比拟的视角，是本书最为倚重的资料。[②] 此外，庄园法庭卷档（court rolls）、惯例劳役地租簿（rentals）等也包含了一些相关信息，其中有些信息（如工资劳动者因与雇主共同犯罪而被起诉）对本书的研究有很高的价值。[③] 对于上述文

[①] 徐浩：《中世纪西欧工商业研究》，生活·读书·新知三联书店、生活书店出版有限公司2018年版，第13—31页。如果按照保守估计，将至少有90%的人居住在乡村。见［英］诺曼·庞兹《中世纪城市》，刘景华、孙继静译，商务印书馆2015年版，第74—75页。

[②] 国内已经有学者对庄园账簿进行过专门研究，见李云飞《试论13、14世纪英格兰的庄园账簿》，《首都师范大学学报》（社会科学版）2003年第1期；《中古英国庄园制度与乡村社会研究》，第207—227页。

[③] R. H. Hilton, "The Content and Sources of English Agrarian History before 1500", *Agricultural History Review*, Vol. 3, Part I (1955), pp. 3–19.

献，当前我们已经可以见到不少文本，它们涉及英格兰许多地区，内容十分丰富，是本书的重要史料来源。① 此外，还有一些材料散见于各类经济史资料汇编中，② 也为我们提供了不少可资利用的原始文献。

与集中的文献汇编相比，西方学者的微观研究及其附录是大量二手材料的来源。在这些微观研究中，作者往往列出许多文献档案，不同程度地涉及劳动力及其工资问题，是不可多得的研究资料。这些微观研究又可以分为庄园、地产、区域三个层次：（1）关于特定庄园的研究。这类研究的对象较小，分析较为具体，关于工资的数据往往较为详细，并呈现出丰富的多样性。③

---

① 此类文献见：John Amphlett, ed., *Court Rolls of the Manor of Hales*, 3 vols, Oxford: James Parker and Co., 1910; Sidneyt Graves Hamilton, transcribed and edited, *Compotus Rolls of the Priory of Worcester of the XIVth and XVth Centuries*, Oxford: James Parker and Co., 1910; Warren Ortman Ault, *Court Rolls of the Abbey of Ramsey and of the Honor of Clare*, New Haven: Yale University Press, 1928; W. Douglas Simpson, ed., *The Building Accounts of Tattershall Castle*, 1434–1472, Hereford: The Hereford Times Limited, 1960; P. D. A. Harvey, ed., *Manorial Records*, British Records Association, 1984; John S. Thompson, ed., *Hundreds, Manors, Parishes and the Church: A Selection of Early Documents for Bedfordshire*, Rushden: Stanley L. Hunt Ltd, 1990; Mark Page, *The Pipe Roll of the Bishopric of Winchester*, 1301–1302, Winchester: Hampshire County Council, 1996; Robert K. Field, ed., *Court Rolls of Elmley Castle, Worcestershire*, 1347–1564, Worcester: J. W. Arrowsmith Ltd, 2004, 等等。

② 此类汇编见：B. W. Clapp, H. E. S. Fisher and J. Jurica, eds., *Documents in English Economic History: England from 1000–1760*, London: G. Bell, 1977; D. C. Douglas, general editor, *English Historical Documents*, 1327–1485, London: Oxford University Press, 1969; Edwin Brezerre Dewindt, ed., *A Slice of Life: Selected Documents of Medieval English Peasant Experience*, Michigan: Medieval Institute Publications, 1996; Mark Bailey, *The English Manor*, c. 1200–1500, Manchester and New York: Manchester University Press, 2002, 等等。

③ 这样的研究包括：Frances G. Davenport, *The Economic Development of a Norfolk Manor*, 1086–1565, Cambridge: The Cambridge University Press, 1906; K. C. Newton, *The Manor of Writtle: The Development of a Royal Manor in Essex*, c. 1086–c. 1500, London and Chichester: Phillimore, 1970; P. D. A. Harvey, *A Medieval Oxfordshire Village: Cuxham*, 1240 to 1400, London: Oxford University Press, 1965; Marjorie Keniston McIntosh, *Autonomy and Community: The Royal Manor of Havering*, 1200–1500, Cambridge: Cambridge University Press, 2002; David Stone, *Decision-Making in Medieval Agriculture*, London: Oxford University Press, 2005. John Hare, *A Prospering Society: Wiltshire in the Later Middle Ages*, Hatfield: University of Hertfordshire Press, 2011, 等等。

（2）关于教俗领主地产的研究。这些地产尽管分布较为分散，但由于属于同一个领主，有较为统一的管理模式和经济结构，便于集中考察，并可以得出针对性较强的结论。因此，这类研究的数量最大。① （3）关于某一地区经济的研究。此类研究的范围往往相当全面，涉及该地区的农业、工业和商业贸易等情况。尽管不如前两类研究为我们提供直接的材料帮助，但它们往往从更广阔的区域视角来看工资劳动问题，对我们的研究也有很好的借鉴意义。②

黑死病暴发之后，随着领主退出生产领域，传统的庄园档案减少，但频繁颁布的《劳工法令》和各级法庭的执行记录成为我们研究工资问题的重要材料。从1351年到1500年，英格兰议会先后数次颁布涉及工资和劳动力问题的法令，它们都包含在《王国法令

---

① 这样的研究见：Frances Mary Page, *The Estates of Crowland Abbey: A Study in Manorial Organization*, Cambridge: The University Press, 1934; Edward Miller, *The Abbey and Bishopric of Ely: The Social History of an Ecclesiastical Estate from the Tenth Century to the Early Fourteenth Century*, Cambridge: Cambridge University Press, 1951. J. A. Raftis, *The Estates of Ramsey Abbey: A Study in Economic Growth and Organization*, Toronto: Pontifical Institute of Mediaeval Studies, 1957; J. Z. Titow, *English Rural Society 1200 – 1350*, London: George Allen and Unwin, 1969; John Hatcher, *Rural Economy and Society in the Duchy of Cornwall 1300 – 1500*, Cambridge: Cambridge University Press, 1970; Edmund King, *Peterborough Abbey, 1086 – 1310: A Study in the Land Market*, Cambridge: Cambridge University Press, 1973; R. B. Dobson, *Durham Priory 1400 – 1450*, Cambridge: Cambridge University Press, 1973; Ian Kershaw, *Bolton Priory: The Economy of a Northern Monastery, 1286 – 1325*, London: Oxford University Press, 1973; Barbara Harvey, *Westminster Abbey and Its Estates in the Middle Ages*, London: Oxford University Press, 1977; C. Dyer, *Lords and Peasants in a Changing Society: The Estate of the Bishopric of Worcester, 680 – 1540*, Cambridge: Cambridge University Press, 1980; 等等。

② 这样的研究见：R. H. Hilton, *A Medieval Society: The West Midlands at the End of the Thirteenth Century*, Cambridge: Cambridge University Press, 1983; *The Economic Development of Some Leicestershire Estates in the Fourteenth and Fifteenth Century*, London: Oxford University Press, 1947; Jane Whittle, *The Development of Agrarian Capitalism: Land and Labour in Norfolk 1440 – 1580*, London: Oxford University Press, 2000; Mavis E. Mate, *Trade and Economic Developments 1450 – 1550: The Experience of Kent, Surrey and Sussex*, Woodbridge: Boydell Press, 2006. ; Mark Bailey, *Medieval Suffolk: An Economic and Social History, 1200 – 1500*, Woodridge: The Boydell Press, 2010; 等等。

第一章 导论

集》(*Statutes of the Realm*, 1351—1500 年部分) 之中。[①] 有些法令直接规定了各类劳动者的最高工资,让我们得以窥见当时流行的工资标准。各级法庭的档案提供了大量涉及法令执行的信息。普特南认为,劳工法令执行的资料主要包含在囊括从议会、御前会议到地方法庭等六个层次、三种类型(季度法庭、旧法庭和高级法庭)的法庭档案中。[②] 其中,来自各地的治安法庭档案(*Sessions of the Peace*)的记录相当重要。它们在地理上的涵盖范围包括了北部的约克、中部的诺丁汉、林肯、沃里克、考文垂,西南部的威尔特,东部的埃塞克斯、剑桥等具有代表性的郡或城市。[③] 此类法庭案卷中出现的诉讼种类多样,涉及违反劳工法令的案件也在此列。在法令执行过程中,往往会涉及法令规定的工资水平和被告实际得到的工资数额,使我们可以了解到当时当地流行的工资标准。在庄园文献数量日益减少的情况下,这些材料弥足珍贵。在上述档案中,关于劳工案的产生原因、庭审过程及法庭的判决可以清晰地反映出英

[①] John Raithby, ed., *Statutes of the Realm*, London: Dawsons, 1810 – 1825, Vol. 1, pp. 312 – 315, 326 – 327, 350 – 351; Vol. 2, pp. 11, 32, 56 – 57, 63, 137, 157 – 158, 176, 196, 225, 227, 233 – 235, 244, 337, 585, 637。劳工法令的完整内容也可见 C. Given – Wilson, P. Brand, A. Curry, W. M. Ormrod and J. R. S. Phillips, eds., *The Parliament Rolls of Medieval England*, 1275 – 1504, Vols. 2 – 3, London: Boydell Press, 2005。

[②] B. H. Putnam, *The Enforcement of the Statutes of Labourers: During the First Decade after the Black Death*, 1349 – 1359, New York: AMS Press, 1908, Appendix, pp. 3 – 5.

[③] 目前可以看到的此类案卷主要来自林肯、约克、贝德福德、埃塞克斯、沃里克、剑桥等郡。B. H. Putnam, ed., *Yorkshire Sessions of the Peace* 1361 – 1364, Yorkshire Archaeological Society Record Series, 100 (1939); R. Sillem, ed., *Records of Some Sessions of the Peace in Lincolnshire* 1360 – 1375, Lincoln Record Society, 30 (1936); E. G. Kimball, ed., *Rolls of the Warwickshire and Coventry Sessions of the Peace* 1377 – 1397, Dugdale Society, 16 (1939); Mary Margaret Taylor, *Some Sessions of the Peace in Cambridgeshire in the Fourteenth Century*, 1340, 1380 – 83, Cambridge: Bowes & Bowes, 1942; E. C. Furber, ed., *Essex Sessions of the Peace*, 1351, 1377 – 1379, Essex Archaeological Society occasional publications, 3 (1953); E. G. Kimball, ed., *Some Sessions of the Peace in Lincolnshire* 1381 – 1396, 2 vols, Lincoln Record Society, 49, 56 (1953, 1962); E. G. Kimball, ed., *Sessions of the Peace for Bedfordshire*, 1355 – 1359, 1363 – 1364, Bedfordshire Historical Record Society, 48 (1969), 等等。

格兰王室政府对待劳动力问题的态度及其在劳动力市场运转中所承担的角色。

除了庄园文献和劳工法令的相关文献之外，个人遗嘱（wills）、人头税征收记录（the Poll Tax，1377年、1379年、1381年）[①]、验尸官调查记录（the Coroners' Rolls）[②]、1279年百户区调查卷档（the Hundred Rolls）[③]等也是本研究将要使用的材料，对此书中再行论述。

[①] 关于这份文献的最新整理汇编见 Carolyn C. Fenwick, ed., *The Poll Taxes of* 1377, 1379 *and* 1381, 3 vols, London: Oxford University Press, 2005。

[②] Charles Gross, *Select Cases from the Coroners' Rolls*, A. D. 1265 – 1413, Publication of the Selden Society, Vol. IX, 1895.

[③] 此类文献如 E. Stone and Patricia Hyde, eds., *Oxfordshire Hundred Rolls of* 1279, The Oxfordshire Record Society, Banbury: Cheney & Sons Ltd, 1969. Sandra Raban, *A Second Domesday? : The Hundred Rolls of* 1279 – 1280, Oxford: Oxford University Press, 2004。苏联学者科斯敏斯基对百户区卷档有卓越研究，本书将多次引用他的研究成果。

第二章　工资劳动者

第一节　工资劳动者的类型

工资劳动者就是受他人雇佣,靠挣取工资维持全部或部分生计的人。① 按照雇佣类型,工资劳动者可以分为两种:仆从(servants),全职的工资劳动者,包括庄仆和家仆;雇工(labourers),非全职工资劳动者,按天或工作量为他人干活。15世纪晚期规定各阶层服饰的《限奢法令》将"农业仆从,普通雇工和工匠的仆从"置于社会的最底层,说明他们理所当然的是英格兰社会结构的一部分。但需要我们注意的是,仆从和雇工可能没有严格的限制,一个被长期雇佣的雇工可能也被称为"仆从",而一些兼职的仆从有时也被称为"雇工"。② 中世纪的英格兰并没有完全清楚的名词来指代历史学家所理解的"仆从"和"雇工",如果将他们在历史文献中的拉丁语名称的每一次出现都自动地翻译成这里对应的名词是错误的。③

---

① [英]克里斯托弗·戴尔:《转型的时代:中世纪晚期英国的经济和社会》,莫玉梅译,社会科学文献出版社2010年版,第209页。
② 黄春高:《15、16世纪英国农村工资劳动者的历史考察》,第176页。
③ L. R. Poos, *A Rural Society after the Black Death: Essex, 1350-1525*, Cambridge: Cambridge University Press, 1991, p.184.

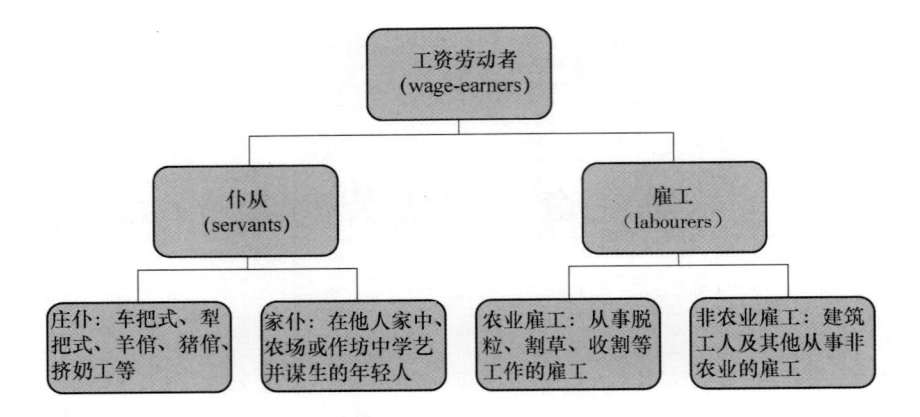

图 2-1 工资劳动者的基本类型

一 仆从

仆从包括两种类型：庄仆，领主自营地上的全职工资劳动者，主要活跃在 12—14 世纪，到 15 世纪末基本消失；家仆，往往是未成年人，与雇主共同生活，出现于中世纪，并一直延续到近代。[①]

（一）庄仆

作为庄园经济中一支重要的劳动力量，庄仆很早就引起了西方学者们的关注。罗杰斯曾经指出，庄园自营地上的工资劳动者有两类：为特殊目的工作的临时雇工和长期受雇的全职庄仆。[②] 此后，许多相关专著和论文均对与庄仆相关的许多问题有所涉及，专门的研究成果却寥寥可数。波斯坦追溯了庄仆的起源，并考察了庄仆在 12、13 世纪的自营地经济中的作用和发展；法莫尔则在前者研究的基础上，以温彻斯特主教和格拉斯顿伯里修院院长的地产为例，

[①] 对于家仆的研究，可参见俞金尧的相关论著《欧洲历史上家庭概念的演变及其特征》，《世界历史》2004 年第 4 期；《近代早期欧洲的"生活周期佣人"研究》，载陈恒、洪庆明主编《世界历史评论——政治认知与历史变迁》，上海人民出版社 2014 年版，第 77—113 页；《西欧的婚姻、家庭和人口史研究》，现代出版社 2014 年版，第 344—386 页。

[②] James E. T. Rogers, *A History of Agriculture and Prices in England*, 1259-1793, Vol. 1, p. 261.

对中世纪晚期的庄仆给予了研究。① 在对领主经济和庄园组织的相关问题研究中,国内学者也已经注意到庄仆的存在,追溯了庄仆的起源,并对其在领主经济中的重要作用给予了重视。② 作为工资劳动者的重要类型,庄仆是领主经济兴衰的重要见证者,其起源、发展及消失的线索值得我们系统梳理。

在中世纪的英格兰,尽管"庄仆"一词最早出现在12世纪的庄园文献中,但其前身可以追溯到《末日审判书》中的奴隶(slaves)。在11世纪末,奴隶的数量仍然很大,接近3万人。③ 不论在之前的功能如何,在这个时期,奴隶是许多地区庄园自营地上永久的农业劳动者。他们的主要任务是犁地,他们与犁具之间的数量之比一般为2∶1(即两个人操作一套犁具)。例如,沃里克郡的160个庄园上都出现了奴隶的身影,在其中55个庄园上,2个奴隶驾驭1套犁具。这些奴隶为领主提供免费的劳动,领主则给他们提供维持基本生存的住宿和衣食。但由于当时奴隶制正在消失,庄园制逐渐发展,领主便不再将奴隶豢养在家中,而是让他们在自营地的边缘上持有小块土地。这些土地被免除了各种役务,如十一税和圣彼得便士(St Peter's Penny)等负担,持有这种土地的人在当时文献中的名称是"农仆"(bovarii,伊安·克绍认为,bovaria也指一个牛倌或犁把式居住的地方,在博尔顿修院,它的另一个名字是oxhouse,即牛棚,尽管农仆可以得到食物作为报酬,但还要和他们照料的牛一起住在里面④)。在1086年,农仆的数量可能还不超过

---

① M. M. Postan, "The Famulus: The Estate Labourer in the Twelfth and Thirteenth Century", *Economic History Review Supplement*, No. 2 (1954), pp. 1 – 47; David Farmer, "The Famuli in the Later Middle Ages", in Richard Britnell and John Hatcher, eds., *Progress and Problem in Medieval England*, Cambridge: Cambridge University Press, 1996, pp. 207 – 236.
② 马克垚:《关于劳役地租的考察》,《世界历史》1984年第1期。
③ H. C. Darby, *Domesday England*, Cambridge: Cambridge University Press, 1977, p. 338.
④ Ian Kershaw, *Bolton Priory: The Economy of a Northern Monastery*, 1286 – 1325, p. 53.

8000人，仅仅出现在伍斯特郡、赫里福德郡、柴郡、什罗普郡和南兰开夏郡等西部地区。到12世纪，在全国大部分的庄园上，农仆已经取代奴隶在自营地劳动中的位置，并与犁具形成与奴隶—犁具同样的比例关系。例如，伊夫夏姆修院（Evesham）在北安普敦郡的拜德比庄园（Badby）上，1086年有4套犁具和8个奴隶，在12世纪初，则有5套犁具和10个农仆；拜德西庄园（Badsey）上，1086年有2套犁具、4个奴隶，在12世纪早期有3套犁具、6个农仆。① 此时，农仆持有的小块土地逐渐从自营地上分割出去，农仆就成了有独立居住、衣食自给的"户主"，而不再被领主视为其家庭的一员。与奴隶相比，农仆的身份趋于自由，他们提供的不再是强制性的免费劳动，而是有偿劳动，其报酬的形式就是持有小块土地、免除各类役务和使用领主的犁队给自己干一天活的权利等。但在当时，农仆还不是纯粹的工资劳动者，而且，其中有些人甚至还是奴隶。1125—1258年在卡斯托的彼得伯勒庄园（Peterborough manor of Castor）上，对8个农仆的额外报酬做出这样的规定："如果他是自由的，就得到1便士；如果是奴隶，就什么都没有……"② 但无论如何，奴隶向农仆的转变，标志着工资劳动者的胚胎开始孕育，自营地上农业劳动力使用和经营管理开始发生根本性的变化，具有重要的经济意义。

实际上，"农仆"就是庄仆的一种原始类型——犁把式（因为要时刻照料犁具和耕牛，他们有时也被称为"牛倌"）。在具体的劳动分工中，他们是牵牛者（fugator，该词意味着它是一个二等的、技术性较差的角色③），在犁地的时候，他们走在左侧牵引挽畜，犁队的后面还有一个驾犁者（tenor）掌握犁铧的方向和深度。

---

① M. M. Postan, "The Famulus: The Estate Labourer in the Twelfth and Thirteenth Century", pp. 8, 10, 12–13.
② H. E. Hallam, ed., *The Agrarian History of England and Wales*, Vol. 2, p. 67.
③ Ben Dodds, "Workers on the Pittington Demesne in the Late Middle Ages", *Archaeologia Aeliana*, Fifth Series, Vol. 28 2000, p. 150.

第二章　工资劳动者

农仆以向领主服长期劳役为条件持有土地，这和当时英格兰分封制建立过程中骑士持有采邑的方式类似，爱德华·米勒（Edward Miller）将这种类型的土地称为"庄园服役持有地"（manorial serjeanty），而持有这种土地的人则被波斯坦称为"服役庄仆"（famuli in base serjeanty 或 service famuli）。起初，服役庄仆是自营地劳动中的绝对主力，以温彻斯特主教的地产为例，直到1208年，主教的24份庄园账簿记载，自营地上雇佣了358人，其中仍有256人（70.1%）是以服役代租的。如邓顿庄园的犁把式、羊倌、牛倌等人每年免除的地租为2先令。① 在需要的时候，庄园领主往往通过将农奴的份地变为"服役持有地"来保证庄仆的供应并以免除役务作为报酬。13世纪上半叶，伊利主教就经常利用这种方式使某个农奴可能在一年或几年时间内成为他的庄仆，这个农奴则会被免除各种地租和劳役，并得到一些其他报酬。米勒认为，任何工资劳动者都可以用这种方式支付报酬，这就使13世纪的庄园账簿中很少见到关于工资的记载，因此，工资劳动者在乡村经济中的重要性被大大低估了。② 与普通的佃农相比，服役庄仆尽管同样持有领主的土地，但他们是领主的全职劳动力，几乎没有时间耕作自己的土地，而佃农在服完劳役之后有充足的时间料理自己的土地，在需要的时候还可以雇人来帮助自己。

服役庄仆的存在毕竟只是从强制劳动向更加自由的工资劳动的一个过渡阶段。随着人口的急剧增加，劳动力日益充裕、实际工资下降，同时，土地的价值则大大提高。因此，领主开始向大多数庄仆定期支付报酬（现金和谷物），而不再是用土地和免除各类役务来换取他们的劳动，"服役庄仆"逐渐转变成"领薪庄仆"（stipen-

---

① M. M. Postan, "The Famulus: The Estate Labourer in the Twelfth and Thirteenth Century", pp. 15 – 18.
② Edward Miller, *The Abbey and Bishopric of Ely: The Social History of an Ecclesiastical Estate from the Tenth to the Early Fourteenth Century*, p. 92.

diary famuli)。① 这种转变发生在 12、13 世纪之交。此后，领薪庄仆取代服役庄仆成为自营地经济依靠的全职劳动者，后者的数量逐渐减少乃至消失。在 13 世纪中后期的康沃尔和克罗兰修院的地产上，因向庄仆支付报酬而免除的地租的价值已经很小。到 14 世纪中后期，服役庄仆只还在温彻斯特主教和格拉斯顿伯里修院院长的地产上存在，但在全部庄仆中的比例一再缩小，从 14 世纪初的 60%，分别下降到 15 世纪初的 36% 和 21%。②

表 2-1　　　　温彻斯特主教的庄园上的庄仆　　　　单位：个

庄仆类型	1305/1306 年		1341/1342 年		1381/1382 年		1420/1421 年	
	A	B	A	B	A	B	A	B
犁把式	217	96	142	105	99.5	113.5	45	71.5
车把式		39.5		47.5		44.5		25
羊倌	33.5	27	30.5	39.5	28	60	9	43
挤奶工		22		29		30.5		18.5
牛倌	13.5	10	9	6	5	16.5	1	8.5
猪倌	10.5	3	11	4	9.5	10	2	3
护林员	3		2		1.5			
总计	277.5	197.5	194.5	231	143.5	275	57	169.5

注：A：服役庄仆；B：领薪庄仆。

一般来讲，13 世纪之后，庄仆都有自己的土地和居所，干活时自己携带饮食，领主不再提供食宿。唯独在收获期间，他们会得到可以带走的食物，尤其是干杂活的挤奶工还要吃住在领主家中。至于庄仆的婚姻状况，没有直接的材料可以说明，但有的庄园账簿

---

① Edward Miller and John Hatcher, *Medieval England*: *Rural Society and Economic Change*, 1086-1348, London and New York: Longman, 1978, pp. 220-221.
② David Farmer, "The Famuli in the Later Middle Ages", pp. 210-211.

表 2-2　　　　　格拉斯顿伯里修院庄园上的庄仆　　　　单位：个

庄仆类型	1305/1306 年		1341/1342 年		1381/1382 年		1420/1421 年	
	A	B	A	B	A	B	A	B
犁把式	41.5	15.5	29	21	17	17	3	31
车把式		6.5		5		2		2
羊倌	7		6	1	1	6		7
挤奶工		2.5		1				1
牛倌		1.5	1					
猪倌	1	2	1	3		1		2
总计	49.5	28	37	31	18	26	3	43

注：A：服役庄仆；B：领薪庄仆。

资料来源：David Farmer, "The Famuli in the Later Middle Ages", in Richard Britnell and John Hatcher, eds., *Progress and Problem in Medieval England*, Cambridge: Cambridge University Press, 1996, pp. 210-211.

中偶尔提到他们的妻子，说明他们已经成家。1293/1294 年和 1294/1295 年威尔特郡的拉杰绍尔（Ludgershall）王室庄园的账簿记载，支付给 1 个铁匠、2 个犁把式、1 个羊倌和"他们的妻子"共 20 便士。在库克汉（Cuxham）的自营地上，1321 年，亨利·勒·德莱弗（Henry le Dryer）得到了一处茅舍和一块 1.5 英亩大小的土地用来维持他和"妻子"的基本生活；1356/1357 年，一个挤奶工嫁给了一个犁把式。因此，大部分庄仆很可能都已经结婚。妻子能操持家务，照顾孩子、饲养牲畜、酿酒、纺织等，这样就能解除他们在自营地上干活的后顾之忧。[①] 据乔治·杜比推测，领主之所以让庄仆们成立家室，是因为他们希望庄仆生育后代，待到后

---

① Joseph Ian Rush, "Commerce and Labor in Medieval England: The Impact of the Market Economy on Workers' Diet and Wages, 1275-1315", Unpublished Ph. D Thesis of University of Oregon, 2001, pp. 91-94.

者长大之后，仍然为自己干活。① 因此，庄仆的子女也成为领主选取庄仆的后备力量。

布瑞特内尔指出，在1300年之前，庄仆的工作实现了专业化，而且正是这种专业化提升了劳动生产率。② 按照从事的劳动类型，庄仆都有特定的工作和职业称谓，如耕地的犁把式（plowmen/ploughmen），负责日常运输的车把式（carters）和照料牲畜的羊倌（shepherds）、牛倌（oxherds/cowherds）、猪倌（swineherds/pigherds），还有庄园上的挤奶工（dairymaids），有的庄园上甚至还有常年雇佣的厨师、木匠、铁匠等。不同类型的庄仆满足了领主经济对于劳动力多样化的需求。（1）犁地几乎都是犁把式的工作。犁地工作是农年的开始，其进行速度、质量好坏关系着接下来的播种，以至于以后的谷物收成状况。鉴于工作的重要性，犁把式的工作并不轻松。当时的庄园管理者对犁把式的要求很高，如他们应该是聪明人，懂得合理播种、维修犁铧，驾驭耕牛而不会伤害它们，建造篱笆和挖掘排水的沟渠，照料挽畜并保证棚圈的安全。因此，犁把式是"技术型"庄仆。③ 尽管惯例佃农也做一些犁地和耙地工作，但比例不大，而且他们犁耙的土地往往只是散布于佃农份地之间的自营地。因此，大多数庄园全年都雇佣一群犁把式来做大量的犁地工作。14世纪末，在温彻斯特主教的15个庄园上，仅有4个庄园出现了佃农做犁地工作，他们的工作量仅占全部犁地工作的8%，而犁把式做了其余的92%。④ 1360年、1361年，埃塞克斯的里特尔庄园（royal manor of Writtle）的大部分犁地工作也是受雇的犁把式

---

① Georges Duby, *Rural Economy and Country Life in the Medieval West*, Columbia: University of South Carolina Press, 1962, p. 221.
② N. J. Britnell, "Specialization of Work in England, 1100 – 1300", *The Economic History Review*, New Series, Vol. 54, No. 1 (Feb., 2001), p. 5.
③ B. W. Clapp, H. E. S. Fisher and J. Jurica, eds., *Documents in English Economic History: England from* 1000 – 1760, pp. 91 – 92.
④ David Farmer, "The Famuli in the Later Middle Ages", p. 212.

来完成的。^①（2）对于领主而言，车把式的重要性不言而喻。他们要做庄园上绝大多数的运输工作，如在收获季节将谷物捆运回庄园的庭院中或粮仓，在平时将剩余的粮食运到市场上出售，或帮助买主将粮食从谷仓运出。车把式要了解马匹的耐力，保证不过度使用马匹，要承受长途跋涉之苦，要将全部精力都投入领主的谷物运输当中。② 因此，在大多数庄园上，车把式总是享有较高水平的工资。（3）在混合农业生产体系中，领主往往拥有大量的羊、猪、牛等牲畜，羊倌、猪倌、牛倌等照料牲畜的庄仆便必不可少。此外，每个庄园也常年雇佣1—2名挤奶工。挤奶工的工作比较繁多，首要任务是挤奶、做奶酪，其次是收获时期的扬壳（winnowing）工作。除此之外，挤奶工的活还包括照顾家禽、用麦芽酿酒以及一些其他的日常工作。挤奶工往往是女性，但有时也会是男性，《亨莱的田庄管理》记载，"有牛奶场的地方，必须有人照顾小牲畜；如果是男劳力，他必须像女工那样凡事都干"③。鉴于工作的技术含量较低，挤奶工的工资总是最低的。

  庄仆通常是专人专职，但除了照料牲畜之外，很少有工作能持续一整年时间，比如运输和犁地的季节性都很强，且受天气影响很大，因此，车把式和犁把式往往有很多时间并无本职工作可做。但领主希望庄仆一年到头每天都有活干，从日出到日落不间断。每当庄仆无事可做的时候，领主就会让他们做自营地上的其他工作。如在收获期间，庄仆几乎都参与收割、脱粒等工作，^④甚至因此需要另

---

① K. C. Newton, *The Manor of Writtle*: *The Development of a Royal Manor in Essex*, 1086 – 1500, p. 62.

② 对于庄园的运输役问题可见沈琦《论中世纪英格兰庄园的运输役》，《史学集刊》2011年第3期。

③ [英]伊·拉蒙德、W. 坎宁安：《亨莱的田庄管理》，高小斯译，商务印书馆1995年版，第66页。

④ David Wayne Routt, *Economy and Society in the Fourteenth Century*: *The Estate of the Abbot of St Edmund's*, *1335 – 1388*, Unpublished Doctoral Dissertation of Ohio State University, 1998, pp. 271 – 273.

外雇人来做庄仆的工作，1321/1322 年，威灵伯勒庄园在不同的时间分别以 3/4 便士和 4 便士的日工资雇佣了 2 个男孩来做三天的犁地工作，因为犁把式去播种大麦和豆类了。①

  庄仆的劳动对领主自营地经济的发展产生了重要影响。12 世纪末 13 世纪初，受物价上涨的影响，领主开始收回出租的自营地，直接进行农业生产。当时许多庄园上都雇佣一些庄仆。如 1252 年，拉姆西修院的布拉夫顿庄园（Broughton）雇佣了 15 名全职的庄仆，还在耶稣升天节（Ascension，复活节后第 40 天，5 月初）到米迦勒节期间使用了另外 15 名（兼职）庄仆；在亨廷顿的庄园上，除了按天和工作量向雇佣劳动者支付报酬之外，还向 8—10 人按年支付工资。② 而且，在大多数情况下，庄仆劳动的价值要远远大于佃农提供的劳役和季节性雇工劳动的价值，这在工资支出额的对比方面体现得最为明显。13 世纪末 14 世纪初，博尔顿修院的自营地每年雇佣的庄仆数量最多曾达到 100—120 名，工资支出平均为 105 镑，是雇工工资的 3 倍多。③ 在牛津的奥克汉，庄仆是自营地生产的核心力量。正常情况下，劳役的价值仅是庄仆劳动价值的 30%—40%，在黑死病暴出之前，即使在劳役很重的情况下，其价值也仅为庄仆劳动价值的 1/2 到 2/3。④ 这些庄仆的高效工作保证了自营地经济的正常运转，毫无疑问，他们是中世纪领主经济得以繁荣的最重要的劳动力基础。

  庄仆大多来自领主的佃农，与土地还有着深刻的联系。庄仆持有的土地数量往往很少，大多在 4—5 英亩以下，有的甚至只能以法德尔（fardel，1/4 英亩）来计算。1396/1397 年佩廷顿的庄园账

---

① Mark Bailey, *The English Manor*, c. 1200 – 1500, p. 124.
② J. A. Raftis, *The Estates of Ramsey Abbey: A Study in Economic Growth and Organization*, p. 199.
③ Ian Kershaw, *Bolton Priory: The Economy of a Northern Monastery*, 1286 – 1325, pp. 49 – 59.
④ P. D. A. Harvey, *A Medieval Oxfordshire Village: Cuxham*, 1240 to 1400, p. 84.

第二章 工资劳动者

簿显示，可以确定身份的两名庄仆仅仅拥有一个菜园和一处茅舍。①因此，有时庄仆也会被称为"靠双手吃饭的茅舍农（cottars）"。尽管如此，与乡村中靠打零工维持生计的小土地持有者相比，庄仆拥有无可比拟的优势。因为庄仆按年接受雇佣，这就使他们既不用担心失业，又可以定期获得可以满足家庭基本生活需求的报酬。除了少量的现金工资之外，一个典型的庄仆每年还可以得到4—4.5夸脱的谷物报酬（每10—12周得到1夸脱谷物，按照当时的物价，其价值达到15—22先令，是现金工资的5—7倍。因此，谷物报酬是庄仆工资中最重要的部分，其在总工资中的比例相当大，在博尔顿修院的地产上达到88%，②在拉姆西修院的地产上是超过75%，③在温彻斯特主教区、克罗兰修院和康沃尔伯爵的地产上，比例在77%—81%④）。按照当时的生活标准，这些谷物报酬被视为一个家庭的基本食物需求量（从这里也可以间接推测出，庄仆基本上都是已婚的）。⑤不仅如此，在农忙时期，参与收获的庄仆还会得到一些额外的报酬。在一些庄园上，庄仆在收获时期吃住在领主家中。13世纪的庄园文献经常提到"共同的餐桌"（common table）和雇来为参与收获的庄仆做饭的女工。⑥博尔顿修院的庄仆可以得到少量货币，保护手掌的手套，并得到丰盛的饮食，参与收获之后的宴饮等。在圣埃德蒙修院的雷德格雷夫（Redgrave）、哈格雷夫（Hargrave）、切温盾（Chevington）等庄园上，庄仆的参与加

---

① Ben Dodds, "Workers on the Pittington Demesne in the Late Middle Ages", p. 157.
② Ian Kershaw, *Bolton Priory: The Economy of a Northern Monastery, 1286 – 1325*, p. 56.
③ J. A. Raftis, *The Estates of Ramsey Abbey: A Study in Economic Growth and Organization*, p. 200.
④ M. M. Postan, "The Famulus: The Estate Labourer in the Twelfth and Thirteenth Century", pp. 27, 45 – 46.
⑤ ［英］亨利·斯坦利·贝内特：《英国庄园生活：1150—1400年农民生活状况研究》，龙秀清、孙立田、赵文君译，上海人民出版社2005年版，第68—69页。
⑥ M. M. Postan, "The Famulus: The Estate Labourer in the Twelfth and Thirteenth Century", pp. 14 – 23.

快了收获的速度，从而获得了领主的奖赏，其形式有时是提供食物，有时是每天几个便士，有时还有几双手套。在坎特伯雷大主教位于肯特的梅奥法姆庄园（Meopham）上，庄仆在收获季节常常可以获得一些便士来购买手套，而到了14世纪初，鲱鱼成了正常的奖励。① 在圣诞节和复活节等节日期间，整块地产上的庄仆甚至还可以得到一些小礼物。如当天值班的庄仆会得到半便士（或1/4便士）或喝到燕麦粥。羊倌有时会得到一些羊毛和一只羊羔，猪倌会得到一头小猪。② 拉姆西修院地产上的庄仆也会在节日期间得到一些"礼物"，如在圣诞节得到半便士，在复活节得到1/4便士。在黑死病暴发之后劳动力短缺的情况下，"礼物"数量还有增加的迹象。③ 可以说，庄仆不仅无须担忧一年到头如何生活，而且口袋里满满的银币使他们成为乡村酒馆的常客。因此，贝内特说："他们（庄仆）不需要我们太多的同情，虽然一个苛刻的领主会把他们支使地得挺苦……但总体说来，除了富裕农民之外，他们的命运比其他农民要好得多。"④ 而大多数从事季节性工作的雇工生存状况甚是糟糕，（黑死病暴发之前）他们的劳动机会有限，付出的劳动很多，得到的却很少，往往陷入债务和困难之中。⑤

　　相对的优势却不能改变这样一种事实，即庄仆的身份并不自由。他们对领主还有较强的依附性，在很大程度上要受到领主的制约。对于庄仆来讲，他们只能受雇于本庄园的领主，没有流动的权

---

① Negel R. Goose, "Wage Labour on a Kentish Manor: Meopham, 1307 – 1375", *Archaeologia Cantania*, No. 92 (1977), p. 207.

② David Wayne Routt, *Economy and Society in the Fourteenth Century: The Estate of the Abbot of St Edonu – nd's*, 1335 – 1388, pp. 263 – 266, 270 – 271.

③ J. A. Raftis, *The Estates of Ramsey Abbey: A Study in Economic Growth and Organization*, p. 201.

④ ［英］亨利·斯坦利·贝内特：《英国庄园生活：1150—1400年农民生活状况研究》，龙秀清、孙立田、赵文君译，第159页。

⑤ E. A. Kosminsky, *Studies in the Agrarian History of England in the Thirteenth Century*, pp. 306 – 308.

利，也只能接受领主提供的工资，没有讨价还价的余地。黑死病暴发之后，在人口大量减少的情况下，领主仍然试图通过加强管理和审计工作来抵制工资的上涨。到 1351 年，议会颁布的《劳工法令》（Statute of Labourers）规定所有类型的庄仆都要按照 1347 年的标准得到工资，并在本庄园按年接受雇佣，① 这无疑体现了领主的利益诉求。起初，领主确实得偿所愿，成功地控制了庄仆工资。但这种做法不仅导致自营地生产难以雇佣到足够数量的胜任的庄仆，而且打击了庄仆的劳动积极性，造成他们的工作效率大大下降。表现最明显的是羊倌的工作。在羔羊出生后的几个月中，羊倌的技能和悉心照料对羔羊的存活率有很大影响，这是衡量羊倌工作效率的重要标准之一。在伊利主教的维斯贝克庄园（Wisbech）上，羔羊的死亡率在 14 世纪三四十年代平均为 2.7%，到 50 年代早期急速增长到 10%，在 1350 年和 1352 年甚至超过 40%。因不满意工资而漫不经心的羊倌对此负主要责任。② 在梅奥法姆庄园上，管理者减少支付给庄仆的谷物报酬，造成劳资关系的紧张，作为回应，庄仆将在圣诞节休息的时间由习惯上的几天延长到三周。③ 毫无疑问，领主为压低庄仆工资付出了沉痛代价。随着劳动力供给不足的状况日益严重，领主不得不做出改变，庄仆命运的转折点随即到来。

14 世纪中后期，劳动力市场供需两端出现极度不平衡。在这种情况下，为了获得充足的自营地生产所需要的劳动力，雇主不得不违反法令向庄仆支付较高的工资。大量的庄园账簿表明，从 14 世纪末到 15 世纪中期，庄仆的工资比黑死病暴发之前翻了一番，收入和生活水平也有很大提高。④ 即便如此，与黑死病暴发之前相

---

① A. R. Myers, ed., *English Historical Documents* 1327 – 1485, pp. 993 – 994.
② David Stone, *Decision – Making in Medieval Agriculture*, pp. 104 – 105.
③ Negel R. Goose, "Wage Labour on a Kentish Manor: Meopham, 1307 – 1375", p. 215.
④ D. L. Farmer, "Prices and Wages, 1350 – 1500", in Edward Miller, ed., *The Agrarian History of England and Wales*, Vol. 3, pp. 480 – 483.

比，庄仆这份职业的吸引力还是越来越小，更多人青睐于短期工作。造成这种结果的原因至少有以下几个方面：第一，工资上涨和购买力增强。正常情况下，每年120天左右的劳动得到的报酬就可以满足一家人的基本生活需求。这样一来，短期工作的优势较为明显。在哈夫林庄园上，一个按天干活的犁把式，每天的工资可以达到1先令。1383年，他仅在收获期间就可以得到16.5先令的收入。而新学院（New College）的庄仆每年的现金工资仅为10—20先令。① 因此，许多庄仆不再接受按年雇佣的长期合同，而是带上自己的工具，变成按天得到工资的临时性雇工。第二，许多庄园为降低劳动成本，减少了庄仆的数量，在生产所需劳动总量变化不大的情况下，导致每个庄仆所承担的劳动量增加了。如14世纪末，温彻斯特主教地产上的每个羊倌照料的羊的数量增加了50只。② 而且，领主试图让庄仆干更多的杂活，以实现对劳动力的充分使用。1349/1350年，在圣埃德蒙修院院长在萨福克的雷德格雷夫庄园上，两个犁把式不仅要干好犁地的活，还要去播种、建篱笆墙，当年这些杂活用去了他们102天的时间。③ 有的地方还规定，现金工资的取得与否有赖于劳动质量的好坏，1356年，库克汉的一名羊倌因没有很好地照顾羊群而失去了应在米迦勒节得到的5先令。④ 再加上中世纪的劳动本来就枯燥而乏味，长期从事一种工作必然使人心生反感。因此，庄仆对那些日工资较高、可选择工作较多和时间较自由的雇工羡慕不已。第三，娱乐活动的增加使乡村居民的日常生活更加丰富。足球、网球、掷骰子等成为年轻人热衷的娱乐活动，啤酒产量的增加使遍布乡村各个角落的酒馆成为工资劳动者流

---

① Marjorie Keniston McIntosh, *Autonomy and Community*: *The Royal Manor of Havering*, 1200 – 1500, pp. 161 – 162.
② David Farmer, "The Famuli in the Later Middle Ages", p. 221.
③ David Wayne Routt, *Economy and Society in the Fourteenth Century*: *The Estate of the Abbot of St Edmund's*, 1335 – 1388, pp. 270 – 271.
④ P. D. A. Harvey, *A Medieval Oxfordshire Village*: *Cuxham*, 1240 to 1400, p. 76.

连忘返的主要场所。许多人往往制定赚钱的目标,赚到家庭生活所需要的钱之后便不再劳动,陷入"主动性失业状态",将时间用在享受休闲娱乐活动上。① 第四,农奴制解体,乡村劳动力的身份更加自由,与雇主的工资谈判能力增强,庄仆也就有了四处流动寻找高工资的可能。因此,庄仆纷纷改行做起了短期工作或者按天计算工资,以求在短时间内获得更多的收入。此外,在人口减少、土地充裕的情况下,人们有机会占据更多的土地,不用再以打工来维持生活。

庄仆的流失不仅造成工资劳动者群体的萎缩,而且也使自营地生产在雇佣劳动力问题上面临更大的困难。作为自营地生产所依靠的重要劳动力之一,以庄仆为代表的农业工人的工资上涨使生产过程中的劳动力成本大大增加。自营地生产的利润逐渐萎缩,因此,许多领主开始缩减自营地的面积、改变自营地生产方式(变耕地为牧场)或干脆将自营地整块出租出去,退出生产领域,庄仆也就逐渐失去了存在的价值。

尽管如此,农业生产对庄仆劳动的需求仍然存在。在一些小地产和农场上,仍然有人被雇佣来犁地、照顾牲畜,只是雇佣时间并不确定。在1381年的埃塞克斯郡的辛克福德(Hinkerford)百户区,人头税记录将庄仆和雇工(laborarij)相提并论,这表明,他们可能已经在从事一些临时性的工作,生计日益不稳定。在其他的记录中,偶尔也会发现,庄仆作为富裕农民的仆从(servants)的意义在使用。② 到15世纪中期,庄仆也许还以某种形式存在着,但到该世纪末,传统的庄仆彻底从历史学家的视野中消失了。③

纵观庄仆的出现、发展和消失的过程,可以看出,它与领主自

---

① C. Dyer, *Standards of Living in the Later Middle Ages: Social Change in England*, 1200–1520, pp. 222–227.

② L. R. Poos, *A Rural Society after the Black Death: Essex*, 1350–1525, p. 236.

③ David Farmer, "The Famuli in the Later Middle Ages", p. 236.

营地经济的兴衰相始终。13世纪初,领薪庄仆出现之时,领主对自营地的政策正逐渐进入直接经营阶段。在这个阶段里,领主对于劳动力多样性的需求造就了庄仆的大量存在,同时,庄仆提供的劳动又促进了自营地经济的繁荣。到了14世纪末15世纪初,随着庄园制的解体和领主将自营地出租出去,这个群体也就失去了存在的土壤。

(二) 家仆

仆从的另一种类型是家仆(living-in servants)。家仆在青春期时就离开父母到另一个家庭、作坊或农场学习谋生的本领,在此后为期10多年或更长的时间里为一系列的雇主干活,为成年后独立生活积累土地、技术或其他谋生资本。对于大多数人来说,家仆期是人生的一个过渡阶段,"没有人生来就是仆从,也很少有人希望作为仆从死去"[①]。因此,他们也被称为"生命周期仆从"(life-cycle servants)。[②] 对这种工资劳动者形态出现的具体时间我们并不清楚,但庄园管理者提供的证据表明,至少在13世纪的普通农民家庭中已经出现家仆的身影。我们注意到,当时很多为领主服劳役的农民有时会得到邻居的建议:"可以带一个、两个人或三个人出现",或"找一个人来做某种工作"。[③] 确实已经有人这样做了,他们带着或派出自己的家仆到庄园自营地上干活,但由于后者年龄小、劳动效率过低而引起庄园管理者的不满。1299年,伍斯特主教的庄园上的一份规定显示,任何标准份地农(yardlander,或码地农,一般持有30英亩土地)都要亲自与自己的"家庭"(famil-

---

[①] Ann S. Kussmaul, *Servants in Husbandry in Early Modern England*, Cambridge: Cambridge University Press, 1981, p. 4.

[②] 杨杰:《从下往上看:英国农业革命》,第45页。

[③] E. A. Kosminsky, *Studies in the Agrarian History of England in the Thirteenth Century*, edited by R. H. Hilton, translated from the Russian by Ruth Kisch, New York: Kelley & Millman, 1956, p. 304.

ia，该词暗含家仆和亲属在内，有时甚至仅指户主的家仆[1]）一起参加"布恩"收割工作（boon reapings），但他的妻子和羊倌除外。[2] 西方学者对1377—1381年的人头税征收记录的研究表明，仆从已经开始被王室政府视为重要的纳税群体。在黑死病暴发之后的英格兰乡村，家仆的数量非常大，几乎每一户农民家庭中都有家仆，对于持有大块土地的农民和那些因为不育、孩子夭折或只有女儿的家庭来讲，雇佣家仆更是必需的。1379年，在约克郡的东雷丁地区的波兰德（Burland）、卡维尔（Carvil）和斯凯尔顿（Skelton）等村，家仆在纳税人中的比例几乎都能达到30%左右。[3] 1381年，在北德比郡的8个村庄里接近一半（46%）的家庭雇佣至少1名家仆，7%的家庭雇佣至少3名家仆。在格洛斯特，许多富裕农民雇佣1—2名家仆，甚至还有两个特别的家庭分别雇佣5名和7名家仆。[4]

由于依附于一户农民家庭，家仆缴纳的人头税额往往低于全额的12便士，这与独立的雇工不同。[5] 家仆还具有与雇工明显不同的其他特点：雇佣期以年（或季度）为单位，工作比较持续；居住在雇主家中，免受生活成本变化的影响。此外，家仆与城市的学徒也截然不同：（1）学徒的父母要为孩子的住宿、学习向师傅支付一笔数量不菲的费用；家仆则无须如此，而且还会得到一小笔工资；（2）师傅和学徒之间有正式的学徒合同，时间往往是几年（如7年）；家仆和雇主之间则是缔结口头协议，时间也较短，一般是1年。

---

[1] David Herlihy, *Medieval Households*, Cambridge, Massachusetts; London: Harvard University Press, 1985, p. 3. 最初，该词指的是依附于领主权的一群农民，见 Georges Duby, *Rural Economy and Country Life in the Medieval West*, p. 220。

[2] R. H. Hilton, *A Medieval Society: The West Midlands at the End of the Thirteenth Century*, p. 165.

[3] Carolyn C. Fenwick, ed., *The Poll Taxes of 1377, 1379, and 1381*, Vol. 3, p. 206.

[4] Edward Miller, *The Agrarian History of England and Wales*, Vol. 3, p. 646.

[5] R. H. Hilton, *The English Peasantry in the Later Middle Ages*, pp. 27 – 28, 34.

在实际操作中，家仆与雇主的契约非常灵活。在南部，契约一般是从米迦勒节（Michaelmas，9月29日）开始，北部从圣马丁节（St. Martin's Day，11月11日）或圣灵降临节（Pentecost）开始，①但也有些家仆的契约期不足一年。1351年颁布的《劳工法令》规定，家仆可以按照其他"正常的期限"（usual terms）受雇。② 1377年沃里克郡（Warwickshire）的季度法庭称，原亚当·沃克（Adam Walk）的家仆爱丽丝，"将不按一年、半年或三个月的期限受雇于任何人"，这表明，半年或季度契约在当时也是被认可和接受的。③主仆双方有时也直接约定雇佣的起止时间。1418年，在哈特菲尔德布洛道克（Hatfield Broadoak），约翰·布克（John Bukke）成为威廉·亚特·瓦特（William Atte Watere）的家仆，时间是从米迦勒节到复活节（春分月圆后第一个星期日）；1403年，在里特尔，尼古拉·艾莱特（Nichola Aylett）是威廉·约翰的家仆，工作时间是从圣彼得受刑节（the Feast of St Peter ad vincula，8月1日，传统秋季和农忙期的开端）到米迦勒节。一个雇主的死亡就代表着一个家仆雇佣期的结束，如果没有明确的协议或合同，家仆也可以从任何一个不满意的工作中退出。因此，并非所有的雇佣期都有固定的时长。1393年里特勒的一份契约包含了这样的规定：如果家仆想要离开，应提前三个月声明。也有些家仆与一个雇主合作的时间很长，如爱丽丝·芬茨和沃尔特·波特的例子。④ 这样的契约模式决定了年轻的家仆是中世纪乡村社会流动的重要群体，他们从一个家

---

① ［英］克里斯托弗·戴尔：《转型的时代：中世纪晚期英国的经济和社会》，莫玉梅译，第21页。当然，从每年主显节（Epiphany，1月6日）、复活节、圣烛节（Candlemas，2月2日）等日期订立契约的例子也是存在的。见 Deborah Youngs, "Servants and Labourers on a Late Medieval Demesne: The Case of Newton, Cheshire, 1498–1520", *The Agricultural History Review*, Vol. 47, Part II, 1999, p. 149。

② John Raithby, ed., *Statutes of the Realm*, Vol. 1, p. 311.

③ Elisabeth G. Kimball, ed., *Rolls of Warwickshire and Coventry Sessions of the Peace 1377–1397*, London: Oxford University Press, 1939, p. 9.

④ L. R. Poos, *A Rural Society after the Black Death: Essex, 1350–1525*, pp. 201–204.

庭到另一个家庭的周期性流动有着内在的逻辑。① 在中世纪晚期劳动力短缺的情况下,这种流动也使他们成为政府关注的重要对象之一。

家仆几乎总是未婚的年轻人。尽管可以发现已婚家仆的存在,但有迹象表明,未婚被同时代的人尤其是雇主视为家仆身份的重要标志。在埃塞克斯现存的人头税记录列出的全部家仆中,仅有三人已婚。② 家仆生涯一般开始很早,14 世纪的劳工法令证明了这一点。1388 年的《剑桥法令》规定,习惯于操作耕犁、赶车或其他农业劳动和工作的家仆在 12 岁之后仍然要从事同样的工作,而不能去从事任何手工业劳动。14、15 世纪,典型的家仆年龄一般在 20 岁左右,③ 但他们的年龄跨度很大,年龄小的仆从甚至还没有能力独立提起诉讼,年龄大的家仆已经到了中年,在埃塞克斯可以确定年龄的 17 名家仆中,最大的已经 39 岁。④ 家仆所要做的主要是协助雇主完成一些农业劳动以及家庭劳动,他们的工作往往因年龄、性别、技能和经验而不同,但总体来讲,随着年龄和经验的增长,他们要从事的工作将会越来越多,越来越重。

作为一种交换劳动形式,家仆的来源非常广泛,他们来自社会的各个阶层,从为领主或富裕邻居打工的茅舍农的子女到贵族绅士的儿女均有,因此,他们并不属于同一个社会阶层。⑤ 在税收记录中,年轻的家仆与自己的主人列在一起,吃住在雇主家中,在家庭

---

① P. J. P. Goldberg, "Migration, Youth and Gender in Later Medieval England", in P. J. P. Goldberg and Felicity Riddy, eds., *Youth in the Middle Ages*, York: York Medieval Press, 2004, pp. 88 – 95.

② L. R. Poos, *A Rural Society after the Black Death: Essex*, 1350 – 1525, pp. 188 – 190.

③ P. J. P. Goldberg, *Marriage, Migration, Servanthood and Life – cycle in Yorkshire Towns of the Later Middle Ages: Some York Cause Paper Evidence*, Cambridge: Cambridge University Press, 1986, pp. 150 – 152.

④ L. R. Poos, *A Rural Society after the Black Death: Essex*, 1350 – 1525, pp. 194 – 195.

⑤ [英]克里斯托弗·戴尔:《转型的时代:中世纪晚期英国的经济和社会》,莫玉梅译,第 213 页。

生活中，家仆和雇主的孩子吃喝相同；公共生活中，他们也被同样看待。因此，在某种程度上，他们就是雇主家庭的成员，有的时候一个人的儿女也被称为他的仆从，如记录中经常出现 A 是 B 的"儿子和仆从"（son and servant）或"女儿和仆从"（daughter and servant）的说法。有些情况下，主仆在劳动中建立了亲密的关系，家仆的雇佣期限自然会很长。在斯普林菲尔德（Springfield），1339年，24 岁的沃尔特·波特（Walter Porter）成了约翰·亨特（John Hunte）的家仆，在此后的 10 年里，他一直跟随亨特，直至后者死去。有的雇主在家仆成年后，向其赠予一块土地；有的雇主甚至将女儿嫁给自己的家仆，让其继承自己的土地和财产。同是 1339 年，布里奇斯托克（Brigstock）的休和爱玛（Hugh and Emma Talbot）立下遗嘱，等他们死后，他们的女仆可以继承一块土地和菜园。[①]在 1339 年的剑桥郡，有一名仆从，看到雇主受到可能导致死亡的人身攻击，挺身而出，将凶手击成重伤（随后死亡）。[②] 在 15 世纪晚期，庄园领主的家仆往往得到很好的照顾，1477/1478 年，家仆理查德·斯普洛特（Richard Sprot）生病时，庄头为其买药，当救治无效死去之后，领主包下了他葬礼的所有开支。[③]

  由于进入了雇主的家庭，家仆的行为总要雇主来负责，尤其是在他们侵犯了林地、草地、果园或其他个人权益的时候，最后总是雇主出来"收拾残局"，这看起来与雇主对其子女的责任是一致的。在中世纪晚期的埃塞克斯的庄园卷档中，普斯发现了一些这样的诉讼。例如，1357 年，在大沃尔夏姆（Great Waltham），约翰·斯博内尔（John Sponere）被处以罚金，因为他的家仆从别人的果园中偷水果。1378 年，在伯德布鲁克（Birdbrook），理查德·普伦

[①] Judith M. Bennett, *Women in the Medieval English Countryside: Gender and Household in Brigstock before the Plague*, New York, Oxford: Oxford University Press, 1987, p. 62.

[②] Charles Gross, *Select Cases from the Coroners' Rolls, A. D. 1265 – 1413*, p. 44.

[③] Mavis E. Mate, *Trade and Economic Developments 1450 – 1550: The Experience of Kent, Surrey and Suseex*, p. 137.

蒂斯（Richard Prentys）因其"女儿和仆从"爱丽丝偷走领主自营地上的几捆谷物而被法庭传唤。不过，表面上的"亲子关系"掩盖了背后的契约关系。更多的证据表明，仆从犯错后需要自行承担法律后果。虽然雇主为家仆出面，实际支付罚金或遭受责罚的可能是家仆本人。即使雇主支付了罚金，家仆很可能还要对雇主做出赔偿。在1276年黑尔索文的庄园上，威廉·耶德里奇（William Yedrich）的男仆威廉·奇思赫斯特（William Chisehurst）与女仆艾米斯·布德（Amice Bude）争吵，后者发出"哭喊"，雇主威廉保证为那个男仆支付罚金，但他可以扣留这两个家仆的"工资"（stipendia）作为其所受损失的补偿。① 1383年，在埃塞克斯的里特尔庄园，一名叫约翰·梅尔福德（John Melford）的裁缝提起诉讼宣称，他将自己的儿子送到约翰·赫特林德（John Hurtlynd）那里做仆从，报酬是5先令，但还差15便士。而被告辩解道，一年间，这个男孩打碎了一个罐子，弄伤了两只羊，所欠的工钱已经用来弥补这些损失了。② 在这两个案件中，涉事雇主的行为清楚地表明，家仆做出的行为是需要自己"埋单"的。家仆损坏了雇主的东西都要以工资冲抵，那么，雇主怎么可能会为仆从损害他人财产的行为负赔偿责任呢？最后，在主仆共同犯罪的案例中，二人往往共同承担责任，而不是由雇主独力承担。1355—1359年的贝德福德郡的季度法庭案卷记载，罗杰伙同其家仆罗伯特及其他一些人攻击约翰，并导致其受伤，罗杰与罗伯特因此分别被处罚2先令；1363—1364年，约翰及其家仆沃尔特也因为攻击他人并导致对方受伤而分别被处以罚金。③

总体来说，在雇主的家庭中，家仆的地位不高，他们时常受到

---

① Rowland Alwyn Wilson, ed., *Court Rolls of the Manor of Hales*, Vol. 3, London: Mitchell Hughes and Clarke, 1933, p. 32.

② L. R. Poos, *A Rural Society after the Black Death: Essex*, 1350 – 1525, pp. 194 – 195.

③ E. G. Kimball, ed., *Sessions of the Peace for Bedfordshire*, 1355 – 1359, 1363 – 1364, pp. 57, 110.

雇主的责罚和侵犯，而不是得到父母般的爱护。1372年，在东萨福克的柯顿（Kirton），威廉·德·斯特拉特（William Strate）回忆说，21年前他是一名家仆，在没有得到主人同意的情况下，支持主人家的一名女家仆，结果被主人打伤。未婚的女性家仆时刻有被男主人和主人的男亲属性侵犯的危险。1363/1364年，在罗彻斯特主教区召开的一系列的宗教法庭上，65个通奸或乱伦的案件中，有17个关于妇女的案子表明，她们都是家仆。① 家仆地位低下的表现还在于，他们往往从事着一些枯燥的工作，工资并不能使他们的生活改善很多，某种程度上只是对他们从事低贱工作的补偿，而且许多雇主还借故拖欠工资。中世纪庄园法庭档案中，也有许多关于这样的诉讼的记录。如在1458年，托马斯·基比（Thomas Gybbe）因拖欠家仆乔安娜2先令的工资和价值2先令的衣物而遭到其父亲盖伊·弗伦斯曼（Guy Frensshman）的起诉。② 15世纪末，柴郡的牛顿地产上，雇主汉弗莱拖欠家仆工资的情况更为严重，尼古拉斯·里斯（Nicholas Lees）被拖欠了上年的工资，爱玛·艾琳（Emma Aleyn）则是被拖欠了两年的工资。当家仆生病或离开，工资就会被扣。这经常引起家仆的不满，甚至导致雇主将家仆提前解雇的后果。当艾伦·波特尔（Allen Porter）向汉弗莱索要自己7周的工资时，后者并不同意，双方争执不下，尽管最终谁赢得了胜利我们不得而知，但汉弗莱以艾伦的工作失误为由而将其提前辞退了。③ 在如此待遇下，许多家仆不堪忍受，在合同期满后，就立即离开，有的甚至在条件允许的情况下选择逃离当前的雇主家庭。④

---

① L. R. Poos, *A Rural Society after the Black Death: Essex, 1350–1525*, pp. 191–192, 200–201, 203.

② R. H. Hilton, *The English Peasantry in the Later Middle Ages*, p. 51.

③ Deborah Youngs, "Servants and Labourers on a Late Medieval Demesne: The Case of Newton, Cheshire, 1498–1520", pp. 155–156.

④ C. Dyer, *Standards of Living in the Middle Ages: Social Change in England c.1200–1520*, p. 233.

综上所述，中世纪的家仆不仅是一种工资劳动形式，也是中世纪社会结构的一个层面，未婚的、流动的年轻人组成了这一特殊的人口群体，这个群体的出现为我们理解中世纪的家庭构建过程和乡村经济的发展具有十分重要的意义。

二 雇工

中世纪英格兰工资劳动者的另一种类型就是"雇工"。1779年，英国的《农场主杂志》（*Farmer's Magazine*）将雇工定义为"一个按照天或周受雇，或按英亩、路德（rod）、杆（pole）等土地面积单位干活的人"①。这个定义指出的农业雇工受雇时间较短、按天或工作量得到工资等特点，是适用于中世纪的农业雇工的。马克·布洛赫也指出，这种雇佣方法较为灵活，适合于临时性劳务，劳力更换也较自由。② 但与近代不拥有生产资料的身份自由的农业工人不同，中世纪的农业雇工基本上是持有小块土地的农民，但土地又不足以满足一户农民家庭的生活所需。因此，他们需要为他人干活挣取工资来维持生计，甚至家庭中的所有成员都要参与进来，尤其是在黑死病暴发之后，劳动力的短缺使妇女和儿童的劳动变得更加重要。尽管小土地持有者仅负担少量的役务，但他们的流动性仍受到限制。他们也能到别处庄园寻找工作，但范围一般不大，基本上就在自己生活的地区。

雇工的历史同样可以追溯到1086年《末日审判书》编纂时期。在这份文献中，有两类人值得注意，那就是保达（bordar）和茅舍农（cottar）。"保达"是一个法语词汇，源于法兰克词汇中的 borda 一词，意为"小木屋"。因此，"保达"指的就是居住在小木屋的地位低下的人。此外，这个词还意味着他居住于定居点的边缘。而

---

① Ann S. Kussmaul, *Servants in Husbandry in Early Modern England*, p. 6.
② ［法］马克·布洛赫：《法国农村史》，余中先、张朋浩、车耳译，商务印书馆1991年版，第81页。

英文词 cottar 指的就是居住在茅草棚的农民。因此，保达的地位和茅舍农非常相似，有些地区的保达在另一种调查册文本中被称为"茅舍农"，说明二者的称谓是可以互换的。如果将二者看成一个整体，那么，在土地调查清册中，他们的数量在 8.2 万人左右，仅次于维兰。而在诺福克、埃塞克斯、汉普、多塞特、伍斯特和康沃尔等郡，他们则是人数最多的群体。[1] 总体来看，他们在各郡人口中的比例在 15%—50%，平均 31.5%。他们一般属于小土地持有者或无地者。在米德塞克斯，茅舍农的土地数量在 1—2.5 英亩以下，甚至一半以上没有土地或仅有一块菜园；[2] 由于持有的土地不多，因此他们对领主的劳役负担很轻，往往是一周一天的劳役（或在收获季节增加到两天），所以他们有足够的时间去从事其他的劳动。为了弥补土地收入的不足，他们需要寻求其他的谋生手段，比如到自营地上做庄仆或雇工，或成为维兰和自由农的雇工，或成为城市的小生产者和工匠。无论如何，"保达"和"茅舍农"为需要劳动力的人提供了一个储备。需要指出的是，外来词"保达"在英国仅仅出现在 12 世纪早期的文献之中，很快就消失了。[3] 因此，此后雇工的来源实际上就是茅舍农。

到 14 世纪晚期，人头税征收记录证实了雇工的大量存在，此时的"雇工"，指的是一个不和雇主住一起，而是住在自己的小屋里的已婚男人。[4] 雇工持有的土地一般在 1/4 维尔格特（7.5—10 英亩）以下，不足以维持自己及其家庭的生活所需，因此需要部分地依赖工资生活，不仅参与自营地上的农业工作、建筑工作和手工

---

[1] R. Lennard, "The Economic Position of the Bordars and Cottars of Domesday Book", *The Economic Journal*, Vol. 61, No. 242 (Jun., 1951), pp. 342–371.

[2] Sally Harvey, "Domesday England", in H. E. Hallam, eds., *The Agrarian History of England and Wales*, Vol. 2, pp. 58, 62.

[3] J. Yang, *Wage Earners in England*, 1500–1550, p. 9.

[4] R. H. Hilton, "Some Social and Economic Evidence in Late Medieval English Tax Returns", in S. Herost, ed., *Spoleezenstwo Gospodarka Kultura*, Warsaw, 1974, p. 121.

劳动，还要为富裕的农民提供短期的雇佣劳动。小土地持有者在中世纪英格兰乡村大量存在，据波斯坦估计，他们在总人口中的比例几乎达到50％以上。① 显然，如果我们无视这个群体（小土地持有者）的存在，就无法完全理解中世纪乡村的日常生活……尽管其数量和重要性因庄园而异，他们都是庄园组织不可或缺的一个组成部分。②

由于持有的土地不多，雇工在收拾完自己的小块土地后，就到自营地上或富裕的邻居那里协助农忙工作。在自营地上，雇工是不可缺少的劳动力之一，这是因为，庄仆并不总是参与收获时期的所有工作；佃农的惯例劳役数量和时间比较固定，而且佃农总是"出工不出力"，劳动效率相当低下。大卫·斯通（David Stone）利用伊利主教的维斯贝克巴顿（Wisbech Barton）庄园黑死病暴发前后的材料证明，在打草和收获谷物方面，惯例佃农的劳动效率明显低于雇工，而后者的工资与折算后的劳役价值相仿或还要更低一些。③ 而且，随着劳动力的过剩和价格下降，领主更愿意将惯例劳役折算成货币，因为"辨别货币的质量比辨别农奴服劳役的勤恳程度更容易"④。庄园自营地的管家们都喜欢雇佣更为廉价、效率更高的雇工，庄园上的收割、打捆、堆垛、脱粒、扬壳、割草和翻晒等工作几乎都是由雇工完成的。领主在使用季节性雇工上的开支每年都不小。1310年，在彼得伯勒修院的比金庄园（Biggin），工资支出总额为接近50镑，其中季节性雇工的工资为20镑3先令6便士，占

---

① M. M. Postan, *The Medieval Economy and Society*, p. 147.
② ［英］亨利·斯坦利·贝内特：《英国庄园生活：1150—1400年农民生活状况研究》，龙秀清、孙立田、赵文君译，第49页。
③ David Stone, "The Productivity of Hired and Customary Labour: Evidence from Wisbech Barton in the Fourteenth Century", *The Economic History Review*, New Series, Vol. 50, No. 4 (Nov., 1997), pp. 640 – 656.
④ ［英］伊·拉蒙德、W. 坎宁安编：《亨莱的田庄管理》，高小斯译，第11页。

工资总额的 40% 以上。① 1286/1287—1324/1325 年，博尔顿修院的自营地生产所使用季节性雇工的成本平均每年达到 37 镑左右，最高达到 50 镑以上。②

　　持有大块土地的农民也需要大量劳动力，在收获和打草这样紧迫，并集中需要劳动力的时期，持有 1 维尔格特左右土地农户的家庭劳动往往不能满足需求，需要雇佣额外的人手帮助干活。此外，没有孩子的维尔格特农、寡妇和劳役负担繁重的佃农随时都会需要帮手。黑死病暴发之后，需求的增加使雇工的报酬有所提高，这对小土地持有者有着巨大的吸引力，有的雇工甚至将自己的土地雇人耕作，而自己去外打工。

　　有些无地或持有土地很少的人，具有某种技术或专门从事某项工作，在打工的过程中日益职业化，如木匠、铁匠、石匠（mason）③、瓦匠（tiler）、茅屋覆顶工（thatcher）、锯木工等。每一个村庄和庄园都需要木匠来修理和制作各种农具，需要铁匠来打造犁铧，需要雇工来为茅屋覆顶，因此，这些工匠已经成为乡村生活不可或缺的一部分，不断地吸收着庄园的剩余人口。④ 由于常年打工，他们的技术比较熟练，往往可以获得较高的工资。这些手工业者和建筑工人形成了中世纪一个特殊的雇工群体，他们是按天得到工资

---

　　① Edmund King, *Peterborough Abbey*, 1086 – 1310: *A Study in the Land Market*, pp. 163 – 164.

　　② Ian Kershaw, *Bolton Priory*: *The Economy of a Northern Monastery*, 1286 – 1325, pp. 49 – 50.

　　③ 对于石匠师傅（Master Mason）在建筑工程中的角色，L. R. 塞尔比认为有四个：设计建筑蓝图、建设中的技术监督、管理工作、与雇主签订包工合同等。见 L. R. Shelby, "The Role of the Master Mason in Mediaeval English Building", *Speculum*, Vol. 39, No. 3 (Jul., 1964), pp. 387 – 403。在埃克塞特，一名来自索尔兹伯里的石匠甚至因承担特殊的审计工作而获得 20 先令的报酬。见 Jean A. Givens, "The Fabric Accounts of Exeter Cathedral as a Record of Medieval Sculptural Practice", *Gesta*, Vol. 30, No. 2 (1991), p. 112。当然，我们这里所说的石匠，主要还是直接参与建设的普通工资劳动者，而且有些人还带着自己的人进行团队作业。

　　④ ［英］亨利·斯坦利·贝内特：《英国庄园生活：1150—1400 年农民生活状况研究》，龙秀清、孙立田、赵文君译，第 50 页。

的劳动者，这与按工作量领薪的农业雇工和按年受雇佣的家仆大不相同。

当然，雇工群体中不仅仅有小土地持有者或无土地者，中等土地持有者有时也会在秋季做一些工资劳动。在埃塞克斯，15世纪80年代农场主卡佩尔的账簿显示，斯蒂芬·利蒂尔（Stephen Lytyl）持有1块宅地和超过14英亩的土地，做了5天半的收获工作；威廉·卡菲尔（William Caffyl）持有的土地数量与利蒂尔相似，他做了6天的收获工作、1天的拉车工作和2天的其他工作。[①] 可以看出，雇工的来源非常广泛，挣取工资已经成为中下层农民增加家庭收入的重要手段之一。

第二节　工资劳动者的基本特征

法国学者罗贝尔·福西耶曾指出，把工资劳动者群体按类别区分是容易的，其原则是：这个群体不仅为自己的利益劳动，同时也为别人劳动，并且是在只为他工作的那个人保证支付报酬的情况下劳动的。[②] 因此，尽管仆从和雇工是不同类型的工资劳动者，但总体而言，他们属于一个群体，有一些共同的特征。

第一，中世纪工资劳动者大部分是农民。在希尔顿对农民的定义中，工资劳动者就是农业活动中的辅助劳动力，属于农民阶级的一部分。之所以与农民称谓有所区别，不在于其境遇的改善，而是"他们找到了不同的谋生手段"[③]。杨杰也认为，他们本质上是农民，只是处于"农业劳动力转移过程中"[④]。在庄园经济体制下，他们或多或少持有一些土地，还有一定的人身依附性。因此，大多

[①] L. R. Poos, *A Rural Society after the Black Death*: *Essex*, 1350–1525, p. 218.
[②] ［法］罗贝尔·福西耶:《中世纪劳动史》，陈青瑶译，上海人民出版社2007年版，第37页。
[③] J. Yang, *Wage Earners in England*, 1500–1550, p. 71.
[④] 杨杰:《从下往上看：英国农业革命》，第45页。

数人还不是现代意义上失去全部生产资料的独立的雇佣劳动力。例如，那些在森林中从事烧炭或炼铁工作的人，虽然也被称为"工资劳动者"，但有时开垦几英亩土地作为收入来源，甚至他们只是在森林中饲养几只牲畜的农民，兼职从事一些非农业工作。① 那些从事采矿业的工人，几乎都是持有数英亩土地不等的农民（cultor），而且他们也更喜欢这样称呼自己。他们在完成春天的耕地和下羊羔工作之后，拿上工具去采矿，到农业收获时归来，竟可以获得15先令到2英镑的现金收入。② 而家仆出身于农民家庭，到另一个农民家庭中学习土地经营技术，仆从期满多数还是从事农业工作，因此，他们也是拥有一定生产资料的农民。

第二，较强的流动性。首先是职业上的流动，中世纪的工资劳动者并没有形成非常专业的分工，一个人可能被称为"脱粒工和渔夫""割草工和木匠""画匠、割草工和茅屋覆顶工"……农业雇工在农忙结束之后，往往选择去做一些技术要求不高的非农业劳动，手工艺人也会在农忙时节放下手中的活计，到地里参与收获工作，在黑死病暴发之后农业工资很高的时候，这种现象非常普遍。在埃塞克斯，1487年，约翰·梅西尔（John Mechyll）做了7天的收获工作，此人明显是个木匠，因为他第二年为他人做木门挣了20便士。③ 即使是仆从，他们服务的雇主和职业也不固定，他们在独立生活之前往往服务于数个雇主或做数种不同的工作。而且，还有的工资劳动者可能身兼雇主与雇工的双层身份。其次是地域上的流动，土地的多少往往与自由成反比，持有的土地越少，劳役负担

---

① Jean Birrell, "Peasant Craftsmen in the Medieval Forest", *The Agriculture History Review*, Vol. 17, Part II (1969), pp. 97 – 99, 103.

② The Ian Blanchard, "The Miner and the Agricultural Community in Late Medieval England", *Agriculture History Review*, Vol. 20, Part II (1972), pp. 95 – 98, 100.

③ L. R. Poos, *A Rural Society after the Black Death: Essex, 1350 – 1525*, p. 218.

越少，自由程度越高。① 工资劳动者因为土地不足以维持生活，必须寻找其他的谋生手段，他们可以四处流动寻找工作或更高的报酬。他们流动的范围一般在本郡之内，以本村或本庄园为中心、半径10—15英里的范围。雇工也跨郡流动，在黑死病暴发之后的米德兰地区，甚至有的农业雇工来自威尔士。② 在流动的时候，他们往往会受到庄园习惯、村庄法律，甚至王室政府立法的限制。1351年《劳工法令》就规定，四处流动的雇工、仆从或手工艺人，如果从一个郡流动到另一个郡，将被关进该郡的监狱中，直到下一届季度法庭召开。③

第三，劳动条件的多样性。首先是他们的雇佣时间非常灵活。一般来讲，农业仆从按年接受工作，雇工的雇佣期则按天、周、季度或按该项工作的时间长度来计算，这可能完全由雇主和雇工双方协商而定。其次是工资形式的多样性。仆从的工资一直都是实物工资与货币工资并存，并以实物工资为主。整个中世纪，提供食物、住处、支付谷物报酬等实物工资形式一直存在，只是到了中世纪中后期，工资劳动者的报酬才开始以货币工资为主。雇工一般得到货币工资，他们的工作方式决定了计时工资和计件工资同时存在。

总之，中世纪工资劳动者的特征将其与现代的无产阶级区别开来，他们的身份并不完全自由，也不完全靠工资维持生计，甚至有时还身兼雇工与雇主双重身份。因此，这是一个复杂的群体。

第三节　工资劳动者的数量

工资劳动者数量是一个非常重要的问题，许多学者根据不同的

---

① ［英］亨利·斯坦利·贝内特：《英国庄园生活：1150—1400年农民生活状况研究》，龙秀清、孙立田、赵文君译，第49页。

② Simon A. C. Penn, and C. Dyer, "Wages and Earnings in Late Medieval England: Evidence from the Enforcement of the Labour Laws", p. 363.

③ A. R. Myers, ed., *English Historical Documents*, 1327 – 1485, p. 994.

资料对这个问题进行了探讨。霍斯金斯曾说,在 16 世纪早期,英国有 2/3 的人口是"工资劳动者及其家属"。这个估计尽管有夸大之嫌,但最新研究表明,1500 年前后依靠工资劳动得到部分或全部生计来源的人口数量已经很大。①

一 以前学者的估算

对于中世纪晚期的工资劳动者的数量,西方学者主要是依据 1377—1381 年的三次人头税征收记录(尤其是最后一次)、1522 年的军事调查(military survey)和 1524/1525 年的世俗协助金征收记录(lay subsidies)进行估算的,最后两份记录虽然已经超出了本书研究的时间范围,但由于时间相差不远,可以作为这个时期末工资劳动者数量的一个佐证。

希尔顿根据 1380/1381 年的征税记录认为,当时英格兰乡村的工资劳动者相当多,在东盎格利亚,这个群体在总人口中的比例达到 50%—70%。而且这次征税中,对工资劳动者的隐瞒比例非常大,有些地区甚至能达到 50%—100%。例如,在格洛斯特的肯普斯福德村(kempsford),第一次调查列出了 30 名仆从,而征税员第二次到来时,另外 39 名仆从被查了出来。② 征税记录隐藏了许多村庄的真实情况,因此记录中的比例肯定不是最大值。③ 戴尔的研究则既有个案描述,又有样本分析。1380/1381 年的征税记录中,在埃塞克斯一个叫彭特洛(Pentlow)的村庄,有 51 个纳税者,其中 29 个是仆从、雇工或他们的妻子,比例达到 57%。整体来说,工资劳动者在各郡占的比例分别为:斯塔福德郡,18%;莱斯特郡,30%;格洛斯特郡,40%;埃塞克斯和萨福克郡,50% 和 63%。

---

① [英] 克里斯托弗·戴尔:《转型的时代:中世纪晚期英国的经济和社会》,莫玉梅译,第 209 页。
② R. H. Hilton, *The English Peasantry in the Later Middle Ages*, pp. 31 – 33.
③ R. H. Hilton, "Some Social and Economic Evidence in Late Medieval English Tax Returns", in S. Herost, ed, *Spoleezenstwo Gospodarka Kultura*, p. 122.

第二章 工资劳动者

这次征收比之前两次有更多的逃税者,其中大多数是工资劳动者,包括 15 岁之下的仆从、已婚女性雇工和偶尔打工的身份不明的工匠和农民,如果加上他们,就全国来看,工资劳动者在总人口中的比例应超过 1/3,东部一些郡甚至超过 2/3。①

西方学者对 16 世纪初期不同地区的情况分别进行了取样调查,普斯(L. R. Poos)认为,1524 年埃塞克斯中心的 3 个百户区的纳税者中,工资劳动者的比例为 43%。② 戴尔则利用东南 6 个郡的证据指出,工资劳动者在各郡的比例并不相同,范围大致在 32%—41%,诺福克有些地方甚至高达 54% 或 59%。根据上述数字,然后加上未计算在内的穷人、年轻仆从和女性,中世纪晚期的工资劳动者在多数郡的比例应该略低于 50%,在从肯特到林肯在内的东部各郡,甚至超过这个数字。③ 同样根据税收记录,梅特考察的南部三郡(萨塞克斯、萨里和肯特)乡村地区的工资劳动者的比例分别为 40.5%、40.6% 和 41.5%,但他认为,如果加上财产价值在 1—2 镑、有 8—10 英亩土地和没有进入纳税名单的穷人,工资劳动者的比例将会更大。④ 西方学者根据官方税收记录所做的估计,可以看出,中世纪晚期工资劳动者的数量非常大,约占总人口的 40%,有些地区甚至高于 50%。

对于 1348/1349 年黑死病暴发之前的情况,没有政府税收记录可以利用,但各地庄园法庭档案和人口统计表显示,当时各地都有一大批无地和缺地的佃农、流浪者,他们都必须靠打工挣工资生存。除了农业工资劳动者以外,克拉潘指出,1350 年前,还有一

---

① C. Dyer, *Standards of Living in the Middle Ages: Social Change in England c. 1200 – 1520*, p. 213.

② L. R. Poos, *A Rural Society after the Black Death: Essex, 1350 – 1525*, p. 30.

③ C. Dyer, *An Age of Transition? Economy and Society in England in the Later Middle Ages*, p. 220.

④ Mavis E. Mate, *Trade and Economic Developments, 1450 – 1550: The Experience of Kent, Surrey and Sussex*, pp. 157 – 158.

批数量惊人的各种各样的产业工人分布在各个村庄中,除了木匠、铁匠、马具匠、茅屋工、车夫外,还有漂洗工、染工、制皂工、制革匠、造针工,以及许多其他工人。① 因此,一般认为,1300 年左右的工资劳动者人数应该也像 1381 年一样多。② 但在没有直接可以使用史料证据的情况下,这个观点是否可以通过其他途径证明呢? 我们认为,按照土地持有数量对 13 世纪工资劳动者数量进行估计不失为一个可行的方法。

二 以土地持有数量为标准的证明

由于中世纪 80%—90% 的人口都是农民,而工资劳动者主要是持有少量土地的农民,其土地不足以维持自己及其家庭成员生活所需,才去打工赚取工资。因此,按照维持一户农民家庭最低生活需求的土地需求量,然后根据农民的土地持有情况,就基本可以估算工资劳动者的最低数量了。

对于 13 世纪维持一户农民生活的最低土地持有量,贝内特曾认为,10—12 英亩仅可维持最低生活标准,低于这个标准的农民只能为富裕农民干活,或成为领主的雇工、羊倌或猪倌,或从事某种买卖来补贴收入。③ 蒂托对维持农民生活最低土地量进行了数学计算,他首先根据单个农民的基本生活需要,计算出个人的最低土地需求量,然后乘以正常家庭的人口数量,结果就是一户农民家庭的最低土地需求量。计算公式为:

$$\frac{(C+S)}{Y} \times F = A, \text{和} A \times H = TA$$

其中:

---

① [英] 约翰·克拉潘:《简明不列颠经济史:从最早时期到 1750 年》,范定九、王祖廉译,上海译文出版社 1957 年版,第 161 页。
② 杨杰:《从下往上看:英国农业革命》,第 46 页。
③ [英] 亨利·斯坦利·贝内特:《英国庄园生活:1150—1400 年农民生活状况研究》,龙秀清、孙立田、赵文君译,第 17、76 页。

C＝谷物地租量；

S＝成人每年消费的最低谷物量；

Y＝平均亩产量；

F＝轮休类型指数（二圃制下是×2，三圃制下是×1.5）；

A＝个人所需要的最低土地数量；

H＝家庭成员数量；

TA＝维持一户农民家庭最低生活的土地量。

蒂托的数据分别为，混合作物亩产量8蒲式耳，租税为产量的50%，每人每年的口粮是1夸脱（8蒲式耳），一户正常的农民家庭人口数为4.5口。他最后的结论为，在二圃制下，单个农民所需最低土地量为3英亩，一户所需为13.5英亩；而三圃制下，数据则变为2.25英亩和10英亩。[1]

很明显，在收入中，蒂托使用的是土地谷物产出，而没有涉及土地附带的其他权利收入，主要是在公共牧场上饲养牲畜获得的收益，这与土地大小有关，根据戴尔的计算，农民的平均牲畜拥有量为：羊，12只；马，1.9匹；牛，2.9头；猪，1.9头。[2] 这会给农民带来一笔不小的收入，甚至可以达到25先令6便士，[3] 尽管小土地持有者可能达不到这个水平，这笔收入却不能忽略。在支出方面，蒂托仅估计到租税和口粮消费，生产性的支出，如预留种子（约为谷物收获量的1/4—1/3），却没有计算在内。此外，农民的穿衣、住房修缮等也是一笔不小的支出，罗杰斯认为，仅衣物消费一项，农民的年支出就达到17先令，按一家4.5口人计，平均每人3先令10便士[4]（相当于6蒲式耳的粮食），蒂托自己也承认，计算中没有衣物消费，估计为每个人2先令6便士，相当于半夸脱

---

[1] J. Z. Titow, *English Rural Society* 1200 – 1350, pp. 80 – 89.

[2] C. Dyer, *Standards of Living in the Middle Ages: Social Change in England c.* 1200 – 1520, p. 129.

[3] 侯建新：《社会转型时期的西欧与中国》，济南出版社2001年版，第73页。

[4] James E. T. Rogers, *A History of Agriculture and Prices in England*, Vol. 1, p. 684.

粮食。① 而且，一个人每年 8 蒲式耳的口粮是相当低的估计。如果将这些数据计算在内进行重新估算的话，蒂托结果的上下限就会再高些，那么，在 13 世纪一户农民维持最低生活标准所需土地应该是 12—15 英亩。

  再来看农民的土地持有情况。13 世纪，小土地持有者的规模非常庞大，这和当时的经济形势有很大的关系：第一，由于人口激增，新的土地不断得到开垦，如荒地、牧场、林地、高地等，领主为了增加地租收入，也支持这种土地开垦，这些新垦地主要是一些小块土地；第二，土地市场的活跃。有些地区的继承制度还是诸子继承制，一个农民积累起来的土地很快就会在下一代变成数块小土地，即使在长子继承制为主的地区，户主可能也会为女儿留下一份土地作嫁妆，或给幼子留下一小块土地维持生计。在小块土地转让和买卖活跃的地方，土地碎化则更为严重。② 许多学者的研究证明了这一点。波斯坦通过对散布在南部、西米德兰、多塞特和萨默塞特等郡 100 个庄园的 7000 余名佃户的考察，研究了农民的土地持有情况，其中，持有土地面积在 1/4 维尔格特（7.5—10 英亩）或以下者约为 45%。根据这个比例，他认为，一半左右的农民家庭持有的土地不足以满足基本的生活。③ 科斯敏斯基利用 1279 年的《百户区调查案卷》中亨廷顿、剑桥、牛津、贝德福德、白金汉和沃里克等郡的 2.2 万名自由人和佃农（佃农占 73%）的资料，向我们展示了当时的土地占有情况。在科斯敏斯基考察的样本中，15 英亩及以下的土地持有者至少有 46%。而持有地在 5 英亩以下的惯例佃农占 29%，自由农则是 47%，在东部地区，这样的小土地持有者数量更是占据绝对的优势。作者还强调，调查中没有提及无土

---

  ① J. Z. Titow, *English Rural Society* 1200 – 1350, p. 83.
  ② Phillipp R. Schofield, *Peasant and Community in the Medieval England*, 1200 – 1500, London: Palgrave Macmillan Press, 2003, pp. 24 – 29.
  ③ M. M. Postan, *The Medieval Economy and Society*, pp. 145 – 147；参见［英］M. M. 波斯坦、H. J. 哈巴库克主编《剑桥欧洲经济史》第 1 卷，王春法等译，第 532 页。

地者，如果考虑到这些人，部分或全部依靠工资为生的人数量更大。① 米勒和哈彻的研究显示，1251 年，伊利主教在埃塞克斯的佃农 30% 持有的土地在 5 英亩以下，而且有迹象表明，在诺福克和萨福克这个比例更大。在林肯郡的沼泽地带，平均土地持有量为 1.5 英亩/人，1279 年，剑桥郡 41% 的维兰和 68% 的自由农持有的土地量在 1/4 维尔格特之下。在北部地区，约克郡和兰开斯特郡 60% 的佃农的土地持有量在 10 英亩以下，半数以上的约克佃农和 1/3 的兰开斯特佃农持有的土地在 5 英亩以下。在诺森伯兰 35% 的佃农的土地少于 10 英亩，30% 的佃农少于 5 英亩。② 在康沃尔持有小块份地的情况也很普遍，许多都少于 10 英亩，在有些庄园上，5 英亩以下的小块土地占主导。③ 马克·贝利也指出，到 1300 年，小土地持有者成为农民的主体，特别是在东部和南部地区。例如，1285 年，坎特伯雷主教在萨塞克斯的佃农有 54% 的持有地低于 5 英亩；而在 1298 年诺福克的施罗汉（Shropham），74% 的佃农的持有地在 5 英亩之下。④ 小土地持有者的数量之多意味着工资劳动者队伍极其庞大，根据上述学者的研究可以推断，在 13 世纪，英格兰各地的工资劳动者比例处于 2/5—1/2，有的地方甚至更高。正如波斯坦所估计的那样，当时乡村可能有 1/2 的人是全职或兼职的工资劳动者，保守估计大概有 100 万人，甚至可能超过 200 万人。⑤ 因此，齐维·拉兹（Zvi Razi）和理查德·史密斯（Richard M. Smith）说，

---

① E. A. Kosminsky, *Studies in the Agrarian History of England in the Thirteenth Century*, p. 228. 参见马克垚《西欧封建经济形态研究》，第 229—230 页。

② Edward Miller and John Hatcher, *Medieval England – Rural Society and Economic Change* 1086 – 1348, London and New York: Longman, 1978, p. 144.

③ John Hatcher, *Rural Economy and Society in the Duchy of Cornwall* 1300 – 1500, p. 222.

④ Mark Bailey, "Peasant Welfare in England, 1290 – 1348", *The Economic History Review*, New Series, Vol. 51, No. 2 (May, 1998), p. 232.

⑤ [英] M. M. 波斯坦、H. J. 哈巴库克主编：《剑桥欧洲经济史》第 1 卷，王春法等译，第 487 页。

1200—1349年，英格兰工资劳动者在乡村人口中的比例比任何一个欧洲邻国都要高。[1]

　　黑死病暴发之后，幸存者有机会得到更多的土地，这将导致潜在的工资劳动者队伍的萎缩。事实上，尽管地区之间有所差别，但小土地持有者的比例依然很大。比如，在亚登地区，小土地持有者仍然占约50%，彻特纳姆地区有1/3是小土地持有者。[2] 在亨廷顿郡，小土地持有者数量有41%，克雷夫的比例则有40%。[3] 在北部边界地区，尽管有人积累起了大量土地成为村庄中的富人，但在13世纪小土地持有的特色一直持续到中世纪晚期。1425年，在约克郡的巴维克、斯科尔斯和罗斯维尔（Barwick‐in‐Elmet, Scholes and Rothwell），持有土地面积在10英亩以下的农民仍然占人口的近一半。在东部地区的有些庄园上，小土地持有者的比例几乎和13世纪一样高。[4] 尽管土地持有的标准不能完全适用于黑死病暴发之后，但如果从这个角度来看，当时的工资劳动者在人口中所占比例依然很大。当然，我们对土地持有状况的考察只能证明潜在的工资劳动者的数量，即使在没有涉及挣工资的妇女、未成年人（在男性劳动充裕时，他们被雇佣的比例不大）的情况下，这个最小值已经不小。

　　通过以上的研究，我们认为，在整个中世纪，全英格兰范围内乡村的工资劳动者在总人口中的比例一直比较稳定，维持在40%左右，有的地区甚至更高，占当地人口的一半以上。

---

[1]　Zvi Razi and R. M. Smith, eds., *Medieval Society and the Manor Court*, Oxford: Oxford University Press, 1996, p. 67.

[2]　R. H. Hilton, *The English Peasantry in the Later Middle Ages*, p. 40.

[3]　C. Dyer, *Standards of Living in the Middle Ages: Social Change in England c. 1200‐1520*, p. 141.

[4]　Edward Miller, ed., *The Agrarian History of England and Wales*, Vol. 3, pp. 591, 600, 616.

三 问题及解释

以上的估算和证明引出了这样一个问题：黑死病暴发之后，人口在一个半世纪里难以恢复，大量的土地无人耕种，幸存者因而有更多的机会占据土地，工资劳动者的绝对数量减少。但与黑死病暴发之前相比，为什么工资劳动者在总人口中所占的比例并没有减少，而是仍然保持了如此大的一个比例呢？究其原因，主要有以下几点：

第一，对自由的向往也是农民选择工资劳动者身份的重要原因。封建关系是中世纪农民无法摆脱的束缚之一。[①] 黑死病暴发之前，由于法律和经济社会地位的低下，农奴背负着沉重的负担。除了地租（包括劳役、实物与货币等形式），农奴因封建剥削关系还要向领主交纳任意税、磨坊捐、迁徙税、婚姻税、土地继承税、死手捐以及各种各样的罚金，据波斯坦估计，这些负担总计达到一户农奴总收入的50%。[②] 扣除生产性支出之外，农奴家庭的可支配收入大大减少，对日常生活影响甚大。尽管有些农奴因持有地较多、收入略有结余，但他们身上戴着农奴制的枷锁，领主可以随时要求他们"尽一个维兰应尽的义务"[③]。更重要的是，农奴一旦持有一块土地，就被束缚在这块土地上，流动受到极大的限制，而且他不能像自由农那样通过诉诸国王法庭来保护自己的合法权益。因此，在条件允许的情况下，农奴不断地通过赎买或逃亡来获得自由。黑死病暴发之后，人口减少对农奴制造成很大冲击，在劳动力供应得不到保证的情况下，劳役地租有恢复和加强的趋势，这使劳动条件刚刚获得改善的农民大为不满，导致

[①] 徐浩:《中世纪英国农村的封建负担及农民生活》，《贵州师范大学学报》（社会科学版）2000年第2期。

[②] M. M. Postan, *The Medieval Economy and Society*, pp. 139-140.

[③] ［英］亨利·斯坦利·贝内特:《英国庄园生活：1150—1400年农民生活状况研究》，龙秀清、孙立田、赵文君译，第48页。

1381年大起义的矛头直指农奴制度本身,提出了废除劳役制的口号。① 农奴对自由的渴望在中世纪晚期逐渐得到实现,对于有些人来说,自由显然比土地更为重要。因此,这些人不愿意接受更多的土地,而是选择四处打工。因此,与黑死病暴发之前被动地充当工资劳动者相比,中世纪晚期,更多的人主动地选择工资劳动者的身份。

第二,高工资具有难以抗拒的吸引力。中世纪晚期,物价的下降和劳动力价格的上涨使工资所能够买到的消费品的数量和质量均得到大大提升,工资劳动者在较短的时间内就可以得到足够维持家庭生活所需的收入。同时,工资劳动者流动性和议价能力的增强使他们有可能争取到较高的工资。一个庄园或村庄对劳动力的吸收能力毕竟有限,工资劳动者要么在庄园领主的自营地上干活,要么为本村的富裕邻居服务。因此,在黑死病暴发之前,大多数人只能接受失业或半失业的状态。黑死病暴发之后,农民受到的各种束缚开始消失,流动能力增强,他们开始能够突破本庄园、村庄的范围,在更大的地域范围内寻找工作。在劳动力普遍短缺的情况下,找到工作并非难事。而且,由于在与领主的讨价还价中处于有利地位,工资往往很高。因此,中世纪晚期的道路上充满了到处流动寻找高薪工作的工资劳动者,而限制流动也成为政府和议会立法要实现的目标之一。在工资较高的情况下,工资劳动者更青睐于短期的合同,在挣够满足生活所需的工资之后,他们也有更多的时间休闲娱乐,而无须长时间埋头于艰辛、枯燥的工作。② 这一切对当时的人无疑有着巨大的吸引力。

第三,在人口减少的情况下,工资劳动者之所以能够保持之

---

① John A. F. Thomson, *The Transformation of Medieval England*, 1370 – 1529, London and New York: Longman Press, 1983, pp. 31 – 35.
② C. Dyer, *Standards of Living in the Middle Ages: Social Change in England c.* 1200 – 1520, pp. 223 – 224.

前的比例，还在于整个社会对劳动力的吸收能力能保持一个很高的水平。在黑死病暴发之前，英格兰农民的土地持有呈现一种平均化的状态，占主体的是持有标准份地（1 维尔格特）或半份地的农民，而大土地持有者的数量很小。黑死病暴发之后，形势发生了很大变化，人口大量减少意味着幸存者和新生者有机会得到更多的土地。土地的吸引力不小，是因为它可以为人们提供经济保障和更高的社会地位。[①] 由于持有 1 维尔格特左右及以上土地的农户家庭劳动往往不能满足需要，需要雇佣额外的人手帮助干活。因此，尽管领主退出直接经营，将土地出租，但大土地持有者的增加，意味着农业部门对雇佣劳动力的需求很大，吸收劳动力的能力很强。

第四，乡村工业和贸易的发展创造了更多的就业岗位。进入 15 世纪，挖炭、制盐、采矿、纺织等乡村工业发展很快，并呈现出繁荣景象，[②] 乡村工业不仅需要大量的雇佣劳动力，而且为这些劳动力提供市场和服务的辅助性人员也需要保持相应数量。如采矿工业的从业及相关人员，往往都保持几百甚至上千人的规模，在 15 世纪早期的维尔克斯沃斯（Wirksworth），是这个时期最大的铅矿区之一，可能有不少于 200 名的矿工。即使在最差的时期，在盛产锡的彭维斯（Penwith）和基里尔（Kirrier）百户区，也有超过 300 名的矿工和其他提供服务的人，如木匠、铁匠等，这些人基本上都是当地的农民，从兼职采矿中赚取收入弥补土地收入不足。[③] 其他的工业和贸易，如森林工业、采石业等，

---

① Bruce M. S. Campbell, "The Land", in Rosemary Horrox and W. M. Ormord, eds., *A Social History of England*, 1200–1500, Cambridge: Cambridge University Press, 2006, p. 221.

② E. M. Carus-Wilson, "Evidences of Industrial Growth on Some Fifteenth-Century Manors", *The Economic History Review*, New Series, Vol. 12, No. 2 (Aug., 1959), pp. 190–205.

③ John Hatcher, "Myths, Miners and Agricultural Communities", *The Agricultural History Review*, Vol. 22, Part I (1974), pp. 50–54.

也是如此。① 与控制严密的城市行会相比，乡村的管理较为松散，为雇佣劳动提供了得天独厚的机遇。因此，中世纪晚期乡村劳动力市场上的竞争更趋激烈，雇主之间互相挖墙脚的事情层出不穷。在埃塞克斯郡的塞登加农（Theydon Garnon）百户区，西蒙·雅克鲍伊（Simon Jakeboy）将约翰·普莱特威尔（John Pretylwell）从托马斯·梅森那里挖到自己处做"牡蛎贩子"，工资是每年26先令8便士，并提供食物和衣服，而普莱特威尔此前是一名犁把式。在塞科斯泰德（Thaxted），由于繁荣的刀叉贸易，农业雇主不得不支付每天6便士外加食物的高工资，否则没人为他们干活。② 因此，在各个生产部门都有所发展的情况下，农村中劳动机会和工作岗位唾手可得，这也吸引了更多的人从事一定时间的工资劳动谋求生计。

　　劳动力的分布和人口密度状况也能反映出需求的变化，当时的工资劳动者主要集中在三种地方：曾遭到遗弃，后被牧场取代的村庄；规模变小的村庄，这些村庄的土地集中到少数人手里；乡村工业发达地区。因此，生产模式的变化改变了劳动力的分布，总体来讲，14—16世纪，西南部的人口密度较高，到16世纪20年代，这种高密度集中逐渐转移到纺织工业较发达的萨默塞特和德文。以农耕为主的东米德兰在1377年人口较多，到16世纪逐渐减少。就单个郡来说，沃里克西北部人口密度增加反映了该地区畜牧业和工业的发展，而1350年之前，该郡西南部以农业为主，人口密度较大。③

---

　　① Jean Birrell, "Peasant Craftsmen in the Medieval Forest", pp. 91 – 107; Douglas Knoop and G. P. Jones, "The English Medieval Quarry", *The Economic History Review*, Vol. 9, No. 1 (Nov., 1938), pp. 17 – 37.

　　② Nora Kenyon, "Labour Conditions in Essex in the Reign of Richard II", *The Economic History Review*, Vol. 4, No. 4 (Apr., 1934), pp. 429 – 451.

　　③ ［英］克里斯托弗·戴尔：《转型的时代：中世纪晚期英国的经济和社会》，莫玉梅译，第224—225、229—230页。

农民对自由的向往、高工资的诱惑，农业、工业和商业贸易等对劳动力吸收能力的增强，所有这些因素在这个时间融合在一起，造就了中世纪晚期的工资劳动者在总人口中的比例并没有降低，而是维持了一个相当稳定的规模。

对工资劳动者的考察让我们对中世纪乡村雇佣关系的性质有了更为深刻的认识。尽管劳动条件、报酬内容和支付方式存在差异，但雇工和庄仆本质上都是"农民"。在庄园经济体制下，他们或多或少持有一些土地，这就意味着他们既没有丧失生产资料，也不可能获得完全的人身自由。同时，他们也不完全靠工资维持生计，甚至有时还身兼雇工与雇主双重身份。更为重要的是，小块土地还是他们维持生活的最后保障。另外，他们的流动和工资水平还要受到劳工法令的制约，而在近代资本主义社会，雇佣劳动者的工作和工资全都是通过市场运行来决定的。从以上的特征可以看出，中世纪乡村工资劳动者和资本主义时代的完全自由的雇佣劳动力不可同日而语。领主使用工资劳动者是为了生产，但"这种交换只涉及多余的产品，并且只是为了多余的产品，为了奢侈品的消费而进行的；因而这实际上是为了把他人劳动用于直接消费或用作使用价值而对这种劳动进行的伪装的购买"。从这个方面来说，对大量工资劳动者的使用也并不意味着自营地生产具备资本主义性质。不过，工资劳动者出现的意义在于，"这种自由劳动者的数量日益增多而且这种关系日益扩张的地方，旧的生产方式，即公社的、家长制的、封建制的生产方式等等，就处于解体之中，并准备了真正雇佣劳动的要素"[①]。

[①] 《马克思恩格斯全集》第46卷（上），人民出版社1979年版，第468页。

第三章 工资变化

对于中世纪英格兰工资问题，最先引起我们关注的是其在三百年间的波动情况。这种波动是不同时期许多因素共同影响的结果。描述工资波动并解释其中的原因是本书的重要内容，我们的研究也正是从这两个问题开始的。

按照工资劳动者的类型，我们对仆从和雇工分别选取一定的代表进行考察。前者主要以材料较为丰富的领薪庄仆工资为主；对于后者，脱粒工（和扬壳工）和木匠的工资数据较为系统。除此之外，我们还将选取收割谷物和打捆者（又可称为"收获工人"，harvesters）、割草工（和翻晒工）、石匠、瓦匠和茅屋覆顶工（及其辅助工）等工种的工资为代表来说明问题。

雇工工资的主要形式是货币，庄仆的工资中则是谷物与货币并存，而且谷物报酬是其中最有价值的部分。黑死病暴发之后，尽管工资出现了货币化的倾向，但提供谷物或管饭的做法依然存在。因此，在考察庄仆的工资长期趋势时，货币工资之外的实物报酬也是需要考虑的因素。本章的考察先从雇工工资开始。

第一节 雇工工资

对于雇工的工资有两种考察方式：名义工资（nominal wage）和实际工资（real wage）。名义工资是工资劳动者为雇主提供劳动所得到的货币报酬；实际工资是货币工资对生活消费品的购买力。实际工资不仅取决于名义工资的高低，还受到物价变动的影响，它又可以通过两种方式来进行评价：一是用货币工资所能够买到的各类生活资料的数量和质量来计算；二是用购买一定量的消费品需要的工资单位数量来衡量。本书采取的是第二种方式。名义工资有自身的发展特点，而且在一定程度上决定了实际工资的变化。因此，要对工资变化作系统考察，必须首先对名义工资变化及其影响因素作深入探讨。

一 名义工资

雇工的名义工资的发展趋势比较清晰（见表3-1），在本书的考察期之初，基本上维持了一定时期的稳定，尤其是农业雇工的工资；从14世纪初开始，名义工资上涨，尤其是农业工资。黑死病暴发之后，上涨速度加快，并在一个半世纪的时间里保持了这种上涨状态，尽管在此期间时有起伏。黑死病暴发前后，名义工资上涨的速度和原因并不相同，因此，本书以黑死病暴发为界，将整个时期分为两个阶段分别进行考察。

表3-1　　　　　各类雇工的工资（1208—1520年）

	脱粒和扬壳	收割和打捆	割草和翻晒	木匠	茅屋覆顶工和辅助工	瓦匠和辅助工	石匠
1208—1220	3.28	3.54	3.06	2.44	2.5	4.5	
1220—1230	3.65	4.37	3.38				
1230—1240	3.53	4.84	3.51	3.27		3.5	
1240—1250	3.59	4.61	3.51	2.5	3.5	5.13	
1250—1260	3.71	4.77	4.12	3.08	2.25	6.71	
1260—1270	3.53	4.67	4.62	2.78	2.85	5.61	
1270—1280	3.72	4.61	3.98	3.17	3.21	5.9	
1280—1290	4	4.81	4.28	2.47	3.53	5.68	

续表

	脱粒和扬壳	收割和打捆	割草和翻晒	木匠	茅屋覆顶工和辅助工	瓦匠和辅助工	石匠
1290—1300	4.55	4.9	4.65	2.8	3.49	5.44	
1300—1310	4.73	5.45	4.97	2.89	3.55	5.17	
1310—1320	4.82	6.65	5.46	3.1	4.06	5.82	
1320—1330	5.27	6.4	5.82	3.12	3.7	5.04	
1330—1340	5.32	6.16	5.56	3.2	3.83	5.38	
1340—1350	5.38	5.87	4.95	3.03	3.6	5.22	
1350—1360	6	7.22	6.32	3.74	4.64	6.05	3.97
1360—1370	6.46	8.17	6.96	4.26	5.51	6.77	4.27
1370—1380	7.56	9.22	7.58	4.2	5.98	7.36	4.6
1380—1390	7.77	9.14	7.6	4.26	6.15	7.5	4.5
1390—1400	7.69	8.73	6.79	4.27	6.28	7.28	4.46
1400—1410	8.59	9.54	7.04	4.69	6.7	7.93	4.8
1410—1420	8.37	9.95	6.85	4.47	6.72	8.06	5.08
1420—1430	8.27	9.21	6.95	4.82	6.92	8.3	5.37
1430—1440	9.16	9.48	6.46	5.11	8.1	7.72	5.24
1440—1450	9.16	10.45	6.35	5.17	8.74	8.23	5.38
1450—1460	9.95	9.93	6.72	5.45	9.41	9.63	5.54
1460—1470	10.59	10	6.58	5.42	9	9.75	5.73
1470—1480	10.92		6.25	5.83	8.92	9.82	5.92
1480—1490		10	6.13	5.71	10	9.17	5.49
1490—1500	9.25			5.25	9.58	9	5.64
1500—1510	11.63			5.75	9.75	10	6
1510—1520	10			6.25	9.25	10	6

计量单位：（1）脱粒和扬壳：便士/3 夸脱；（2）收割和打捆，割草和翻晒：便士/英亩；（3）非农业工资：便士/天。

资料来源：D. L. Farmer, "Prices and Wages, 1042–1350", in H. E. Hallam, ed., *The Agrarian History of England and Wales*, Vol. 2, p. 768; D. L. Farmer, "Prices and Wages, 1350–1500", in Miller Edward, ed., *The Agrarian History of England and Wales*, Vol. 3, p. 471; 1500—1520 年部分来自 James E. T. Rogers, *A History of Agriculture and Prices in England* 1259–1793, Vol. 4, pp. 524–525.

第三章 工资变化

（一）13 世纪的稳定和 14 世纪初的增长

在 13 世纪的大部分时间里，农业雇工的工资基本上是稳定的。在温彻斯特主教的庄园上，给 3 夸脱混合谷物（小麦、大麦和燕麦各 1 夸脱）脱粒和扬壳的工资在 13 世纪 20—70 年代一直保持在 3—3.75 便士，西威孔（West Wycombe）庄园从 13 世纪 50 年代到 14 世纪初将 3.5 便士/3 夸脱混合谷物的脱粒工资保持了 50 余年，伍德海（Woodhay）庄园从 1247/1248 年到 1306/1307 年保持了 60 年不变，艾克辛维尔（Ecchinewell）庄园则从 1225 年到 1306/1307 年将 3 便士/3 夸脱的工资率保持了 80 余年未变。割草工资维持在 3—4.5 便士/英亩，在芬汉（Fenham）庄园，从 1231/1232 年到 1289/90 年从来没有超过 3.5 便士/英亩。收割谷物的工资在 13 世纪一直保持在 4.5 便士/英亩左右（上下波动不超过 0.3 便士/英亩）。非农业工资也是如此。这个时期，木匠的工资时有起伏，更多的时候呈现下降状态。13 世纪 30 年代，温彻斯特庄园的木匠的日工资为 3.25 便士，直到黑死病暴发之后，才再次达到这个数字。[1] 瓦匠及其辅助工人的工资在 13 世纪中叶达到了较高的水平，但此后一直处于不断波动当中，在黑死病暴发之前，再也没有超过这个水平。尽管如此，总体来看，非农业工资的上下浮动并不大，在 13 世纪还是保持了一定程度的稳定。到了 13 世纪末期，尽管物价开始上涨，生活成本升高，但由于此时人口大量增加，劳动力供过于求，工资劳动者处于不利地位，工作机会不稳定，而且领主也不会自愿提高工资水平，庄园惯例无疑对这个时期的工资稳定起了决定性的作用。[2]

---

[1] D. L. Farmer, "Prices and Wages, 1042–1350", in H. E. Hallam, ed., *The Agrarian History of England and Wales*, Vol. 2, pp. 764–769; William Beveridge, "Wages in the Winchester Manors", p. 28.

[2] Edward Miller and John Hatcher, *Medieval England – Rural Society and Economic Change* 1086–1348, p. 50.

从 14 世纪初开始，雇工的名义工资开始打破稳定的局面，出现上涨，并在黑死病暴发之前出现一个小高峰。据罗杰斯估计，1311—1320 年，农业工资上涨了 20% 左右，这与之前五十年的稳定形成鲜明对比。① 在温彻斯特主教的地产上，工资上涨几乎发生在所有的庄园上，给 3 夸脱混合谷物脱粒和扬壳的平均工资从 13 世纪最后十年的 3.5 便士上涨到 1300—1309 年的 3.83 便士，1310—1319 年是 4.05 便士，14 世纪 20 年代是 4.62 便士，30 年代达到 4.92 便士，在 40 年代已经突破 5 便士，整个时期的上涨幅度为 40.3%。在威斯敏斯特修院的地产上，脱粒工资从 13 世纪 90 年代就已经增长到 6.75 便士/3 夸脱，到 1310—1319 年上涨到 8.01 便士/3 夸脱。② 在艾伯里（Ebury）庄园，收割谷物的工资在 1310—1319 年平均达到 6.5 便士/英亩，1316 年和 1317 年甚至是 1 先令/英亩。③ 非农业工资方面，茅屋覆顶工及其辅助工人的工资从 13 世纪晚期开始上涨，并在 14 世纪初达到很高水平（1310—1320 年是 4.06 便士/天），上涨幅度超过了 40%，在非农业工资中上涨最大，或许是因为中世纪的茅屋顶并不结实，受到风吹雨淋和鸟类的侵害比较大，经常需要修缮，对这种雇工的需求比较大。这个时期，相对保守的木匠和瓦匠的工资也有上涨，尽管幅度不超过 10%。这种上涨趋势并没有维持多长时间，而且相比于农业工资而言，非农业雇工的名义工资上涨幅度并不大。

对于其中的原因，我们发现，13 世纪末 14 世纪初的物价上涨（对于这一点，下文还将进行深入探讨）开始发挥效力。生活成本增加后，如果领主还是坚持支付以前的工资，雇工的工资能够购买

---

① James E. T. Rogers, *A History of Agriculture and Prices in England* 1259 – 1793, Vol. 1, p. 269.

② William Beveridge, "Wages in the Winchester Manors", p. 38; "Westminster Wages in the Manorial Era", p. 21.

③ D. L. Farmer, "Prices and Wages, 1042 – 1350", in H. E. Hallam, ed., *The Agrarian History of England and Wales*, Vol. 2, p. 765.

到的产品数量会大大减少,原本不高的生活水平就将面临进一步的下降,甚至无法维持他们自己及其家庭的基本生活,这就将导致劳动积极性大大降低。因此,尽管不情愿,领主还是在条件允许的情况下略微提高名义工资。另外,从13世纪末开始,劳役开始折算,货币地租开始流行,领主开始雇佣更多的工资劳动者来做以前惯例佃农所做的工作。同时,领主开始减少雇工工资中食物或其他实物报酬的数量,增加货币工资的比例并使之逐渐成为工资的主要部分。在减少实物报酬的同时,略微提高货币工资对于领主来说损失不大。因此可以说,名义工资的上涨有时是在失去一些实物报酬的基础上获得的。此外,14世纪第二个十年甚至20年代中期的工资上涨,可以归因于1315—1317年、1319—1321年谷物歉收引起的饥荒造成人口下降。① 在温彻斯特的一些庄园上,死亡率是正常年份的两倍,劳动力出现暂时的供给不足,直到外来劳动力的补充。② 在伍斯特的黑尔索文庄园上,有15%的男人在1315—1317年的饥荒中丧生,③ 埃塞克斯的人口在这次危机中的损失也是如此。④ 从全国范围来看,这次灾难至少造成10%的人口死亡。⑤ 劳动力供给出现短暂的不足,这在一定程度上使领主开始改善雇工的劳动条件来保证劳动力的供应。更为严重的是,这个时期,由于歉收造成物价奇高,生活成本较高,雇工名义工资的上涨也就不难理解了,因此,有的学者甚至提出,这个时期的工资上涨不是人口减少的结

---

① James E. T. Rogers, *A History of Agriculture and Prices in England* 1259 – 1793, Vol. 1, p. 264.
② D. L. Farmer, "Prices and Wages, 1042 – 1350", in H. E. Hallam, ed., *The Agrarian History of England and Wales*, Vol. 2, p. 720.
③ [英]肯尼斯·O. 摩尔根:《牛津英国通史》,王觉非等译,商务印书馆1993年版,第200页。
④ L. R. Poos, "The Rural Population of Essex in the Later Middle Ages", *The Economic History Review*, New Series, Vol. 38, No. 4 (Nov., 1985), pp. 515 – 530.
⑤ Mark Bailey, "Peasant Welfare in England, 1290 – 1348", p. 238.

果，而是高物价的伴生物。①

（二）黑死病暴发之后的高水平

14世纪初的名义工资上涨持续了不到半个世纪，到黑死病暴发之前的十年，几乎所有的工资已经回落到14世纪初的水平上，但黑死病的暴发打破了这种趋势。1348年6月，黑死病到达英格兰，并持续了长达18个月的时间。到14世纪70年代中期之前，再次爆发了三次全国范围的大瘟疫（1361年、1369年和1375年），英格兰人口进一步减少。一般认为，1377年的人口比1348年减少了40%—50%。② 由于工资劳动者多为小土地持有者，他们的生活保障不足、饮食质量低下、营养不良，因此更容易受到瘟疫和饥荒的影响。据戴尔研究，黑死病造成标准份地农的死亡率为29%，而小土地持有者的死亡率为49%。③ 可以肯定的是，工资劳动者的潜在死亡率更高。

劳动力的突然减少使雇主手忙脚乱，他们试图采取提高工资的手段来保持劳动力供应。在温彻斯特主教的一些庄园上，给小麦脱粒的工资从之前的2—2.5便士/夸脱上涨到4便士/夸脱。收割谷物和打捆的工资在14世纪三四十年代是6便士/英亩，瘟疫暴发之后的第一次收获时平均工资是10.5便士/英亩。1350年，奈特布里奇（Knightbridge）割草的工资是12便士/英亩，这是1348年夏天的两倍。非农业工资也是如此，切利顿（Cheriton）庄园在1347/1348年支付给茅屋覆顶工及其助手的工资是3便士/天，一年后，附近的梅尔登（Merdon）庄园不得不支付两倍于此

---

① Mavis E. Mate, "High Prices in Early Fourteenth - Century England: Causes and Consequences", *The Economic History Review*, New Series, Vol. 28, No. 1 (Feb., 1975), p. 15; Ian Kershaw, "The Great Famine and Agrarian Crisis in England 1315 - 1322", *Past and Present*, No. 59 (May, 1973), pp. 3 - 50.

② Richard Smith, "Human Sources", in Grenville Astill and Annie Grant, eds., *The Countryside of Medieval England*, Massachusetts: Blackwell Publishers, 1988, p. 191.

③ C. Dyer, *Lords and Peasants in a Changing Society*, 680 - 1540, p. 238.

的工资。① 据罗杰斯估计，黑死病暴发之后，脱粒工资上涨约为55.5%，② 收割谷物的工资上涨59.5%③。农业工资中，价格较便宜的谷物收获和脱粒的工资上涨最为迅速，这是由于之前的工资较低，比如在许多地区，给燕麦脱粒的工资增长在100%以上。非农业雇工的工资平均增长在40%—60%④，辅助工的工资上涨更大，甚至翻倍。⑤ 1349年敕令和1351年法令的颁布使突然上涨的工资有所回落，14世纪50年代，温彻斯特庄园的脱粒和扬壳工资仅仅比40年代上涨了12%；收获工资上涨23%；割草工资是28%；木匠的日工资上涨23%；茅屋工及其辅助工的工资上涨29%；瓦匠及其辅助工的工资上涨16%。⑥ 60年代瘟疫的再次到来使工资上涨的态势不可逆转。在圣埃德蒙德修院院长的弗恩汉庄园（Fornham），收割一英亩谷物的工资在黑死病暴发之前是4便士，1348/1349年上涨到6便士，1350/1351年接近5便士，1365/1366年几乎到11便士，1366/1367年超过9便士。蒂威特绍尔庄园（Tivetshall），每英亩谷物的收割费用在1352/1353年增长到1先令1便士，在整个50年代从没有低于6便士（1356/1357年）。扬壳工资从2.5夸脱1便士上涨到3便士/夸脱。⑦

---

① D. L. Farmer, "Prices and Wages, 1350-1500", in Edward Miller, ed., *The Agrarian History of England and Wales*, Vol. 3, pp. 468-477.

② 脱粒工工资增长：东部为小麦，32%；大麦，38%；燕麦111%。南部分别为33%、38%和75%；中部分别为40%、69%、111%；西部分别为26%、41%、44%；北部分别为32%、43%和100%。

③ 收割谷物的工资上涨分别为：小麦和大麦，51%；豌豆，44%；黑麦，47%；野豌豆，59%；燕麦，69%。

④ 黑死病暴发之后，非农业工资上涨：茅屋覆顶工，48%；木匠，42%；瓦匠，40%；石匠，60%。

⑤ James E. T. Rogers, *A History of Agriculture and Prices in England* 1259-1793, Vol. 1, pp. 266, 269-270, 278.

⑥ D. L. Farmer, "Crop Yields, Prices and Wages in Medieval England", *Studies in Medieval and Renaissance History*, NS, VI (1983), pp. 132-137.

⑦ David Wayne Routt, *Economy and Society in the Fourteenth Century: The Estate of the Abbot of St Edmund's*, 1335-1388, pp. 295, 312-315.

表 3-2 温彻斯特和威斯敏斯特地产上的工资（1301—1520 年）

	温彻斯特			威斯敏斯特		
	脱粒和扬壳	木匠	瓦匠和辅助工	脱粒和扬壳	木匠	瓦匠和辅助工
1301—1310	3.85	2.82	6.19	6.51		
1311—1320	4.05	3.41	6.44	8.01		
1321—1330	4.62	3.39	5.91	6.68		
1331—1340	4.92	3.18	5.73	7.35		
1341—1350	5.03	2.96	4.7	7.41	3.89	
1351—1360	5.18	3.92	6.25	13.02	6.06	9
1361—1370	6.1	4.29	7.01	12.76	7.94	11.92
1371—1380	7	4.32	6.89	12.23	6	10.5
1381—1390	7.22	4.4	7.54	10.82	6.42	10
1391—1400	7.23	4.13	7.36	10.44	5.68	11.51
1401—1410	7.31	4.64	7.17	11		12.5
1411—1420	7.35	4.51	7.5	12.4	6.22	11.88
1421—1430	7.34	4.52	8.56	10	6.77	12.99
1431—1440	7.3	4.75	8.81	13	7	13.2
1441—1450	7.33	5.18	9.24	13	8.17	13.17
1451—1460	7.25	5.23	9.6		7.57	12.74
1461—1470					8	13
1471—1480					7.45	13
1481—1490					6.63	12.31
1491—1500					6.27	11.5
1501—1510					6.66	12.75
1511—1520					6.64	12.24

计量单位：（1）脱粒和扬壳，便士/3 夸脱；（2）木匠、瓦匠及其辅助工，便士/天。

资料来源：William Beveridge,"Wages in the Winchester Manors", p. 38; William Beveridge,"Westminster Wages in the Manorial Era", p. 28; John Hatcher, *Plague, Population and the English Economy*, 1348 – 1530, London: Mcmillan Press, 1977, p. 49.

第三章 工资变化

经历了黑死病暴发引起的急剧上涨后,到14世纪末,工资上涨趋势有所减缓,甚至略微下降。从全国平均水平来看,这种趋势并不明显,但具体到某份地产,就会清晰地显示出来。在温彻斯特主教的庄园上,非农业工资出现下降,木匠工资从80年代的4.4便士/天下降到4.13便士/天,瓦匠及其辅助工人的工资则先后在70年代和90年代出现两次下降;威斯敏斯特修院院长的地产上几乎所有的工资都出现下降,以脱粒和扬壳工资为例,在50年代上涨到奇高的13便士之后,持续下降,到14世纪最后十年已经达到10.44便士,下降近3便士。其他地产似乎也出现了同样的情况,在伍斯特主教的地产上,汉普顿庄园的收获工在1377年的工资是13便士/英亩,到80年代已经下降到7.5—10.5便士/英亩;比伯里(Bibury)在1376—1381年的收获工资是8.5—10便士/英亩,此后是7.5—9.5/英亩,这个庄园的脱粒工资则从1380—1386年的2.5便士/夸脱,下降到1386—1395年的2便士/夸脱(对于其中原因,下文将有论及)。[①]

进入15世纪之后,雇工工资重新恢复快速上涨的状态。农业工资方面,黑死病暴发之后,给3夸脱混合谷物脱粒和扬壳的工资上升到5.5便士,14世纪50年代,庄园审计员允许庄头支付6便士/3夸脱的工资,70年代上涨到7.5便士,15世纪早期上涨到8便士,到15世纪中期已经超过9便士。记录表明,15世纪60年代的脱粒工资是黑死病暴发之前的两倍。尽管收割谷物和打捆的工资在各个地区之间的增长也有差别,但从黑死病暴发到15世纪初,其上涨还是超过了50%,维持在10便士/英亩左右。农业工资中,割草工资上涨幅度最小,在25%左右,1351年法令甚至将其工资定为5便士/英亩,尽管有的庄园记录了10—12便士/英亩的高工资,但在大多数庄园上到14世纪末达到顶峰之后,在15世纪一直

[①] C. Dyer, *Lords and Peasants in a Changing Society*, 680–1540, p. 142.

维持 6—7 便士/英亩的水平。①

非农业工资方面，1351 年法令规定，高级木匠每天可以得到 4 便士，一般木匠 3 便士/天。到 14 世纪末，除了伦敦地区是 5—6 便士/天（甚至更高）外，其他地区一般在 4 便士/天左右。到 15 世纪，5 便士/天的工资成为常态，有时甚至是 6 便士/天。② 到该世纪初，木匠工资基本上是 5.5 便士/天，这样，黑死病暴发之后的一个半世纪里木匠工资上涨了 75% 左右。茅屋覆顶工及其辅助工人的工资上涨最大，从黑死病之后到 16 世纪初，上涨幅度达 150%。在黑死病暴发之前，他们的工资一般为 4—4.5 便士/天（茅屋覆顶工每天为 3 便士，辅助工人每天 1—1.5 便士），到 14 世纪末已经达到 5 便士/天。到 15 世纪，茅屋覆顶工及其辅助工人正常的工资一般是 6—7 便士/天，有的地区甚至出现了 9 便士、10 便士、11 便士/天的记录。瓦匠及其辅助工人的工资上涨也很快，在温彻斯特主教的庄园上，14 世纪 50 年代的工资标准很少低于 6 便士/天，到 60 年代上涨到 7.5 便士/天，到 1450 年已经是 9—10 便士/天。在肯特的坎特伯雷大主教的庄园上则维持在 8 便士/天。威斯敏斯特的工资最高，在 15 世纪的大部分时间里，13 便士/天是相当正常的数字。这个时期，石匠的工资改善也不小，黑死病暴发之前基本上是 3.25—3.45 便士/天，14 世纪 70 年代才达到 4.5 便士或 5 便士/天，15 世纪早期平均是 5 便士/天，到 70 年代以后，石匠基本上能得到 6 便士/天。③ 1495 年法令规定了建筑工人，如木匠、砖工和瓦匠等人的工资，复活节到米迦勒节期间，没有食物

---

① D. L. Farmer, "Prices and Wages, 1350 – 1500", in Edward Miller, ed., *The Agrarian History of England and Wales*, Vol. 3, pp. 468 – 474.

② 1408—1410 年，一处新炼铁作坊的建造账单显示，木匠的日工资都是 5 便士。Gaillard Thomas Lapsley, "The Account Roll of a Fifteenth – Century Iron Master", *The English Historical Review*, Vol. 14, No. 55 (Jul., 1899), pp. 510 – 512.

③ D. L. Farmer, "Prices and Wages, 1350 – 1500", in Edward Miller, ed., *The Agrarian History of England and Wales*, Vol. 3, pp. 474 – 478.

的，每天 6 便士，如果提供食物，每天 4 便士；米迦勒节到复活节，最高每天 4 便士/天，没有食物，或者每天 3 便士，有食物。这实际上意味着 15 世纪以来工资水平的上涨已经得到了官方的接受和认可。①

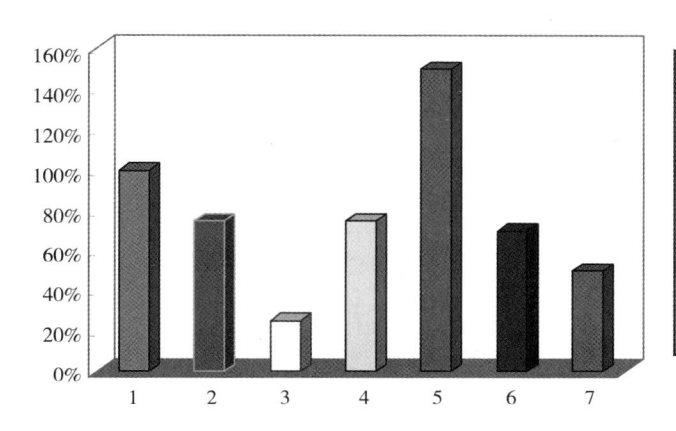

图 3-1　各类雇工工资的增长（1350—1500 年）

对于 14 世纪末到 16 世纪初工资继续上涨的原因，仍然可以先从劳动力供给的角度解释。这段时期，英格兰人口看不到恢复的迹象，对此研究者给出了不同的解释。拉塞尔认为，黑死病致使人口总的损失为 25%，在 1385 年又损失 20%，在 15 世纪中叶进一步下降，最终导致英格兰人口从 500 万人减少到 300 万人。② 约翰·哈彻认为是不断暴发的瘟疫造成的高死亡率。而且，瘟疫造成的儿童死亡率更高，生育人口不足，人口难以增长。③ 而克里斯托弗·

---

① Mavis E. Mate, *Trade and Economic Developments 1450 – 1550: The Experience of Kent, Surrey and Suseex*, p. 142.
② ［英］拉塞尔：《500—1500 年的欧洲人口》，载［意］卡洛·M. 奇波拉主编《欧洲经济史》（第一卷，中世纪时期），徐璇译，商务印书馆 1988 年版，第 28、231—232 页。
③ John Hatcher, *Plague, Population and the English Economy*, 1348 – 1530, pp. 55 – 63.

戴尔更强调是晚婚、避孕、节育等人口学模式改变所造成的出生率过低。① 不论怎样，劳动力短缺的状况依然没有得到改善，工资仍然在上涨。另外，人口减少不能解释所有的问题，尤其是其影响不可能持续一个世纪之久。黑死病暴发之后，人口到1400年已经开始趋于平稳。但我们看到，15世纪的名义工资还在持续上涨，与其说是因为人口的减少，还不如说是各行业对劳动力需求持续增加的结果。工业部门的发展、大土地持有者的增加、因孩子离家导致的家庭劳动力的减少等都创造了大量的工作机会。②

除了劳动力市场的供需状况，这个时期名义工资的上涨还受到其他因素的影响。首先，在劳动力市场上占据有利地位的情况下，雇工的待遇改善是必然趋势，但他们的要求不再是仅仅维持基本的生活水平，而是追求生存条件的更大改善。在中世纪晚期的饮食结构中，谷物的消费减少，质量改善，更多的谷物用来酿造啤酒，肉鱼消费的增加。③ 在穿衣方面，工资劳动者开始穿着时尚的衣服，追求便宜的饰品，如铁扣环、胸针、皮带等饰物正在流行，城市的作坊大量生产尽可能便宜的饰品，目标就是包括工资劳动者在内的消费者市场。在社会上层看来，下层人民穿着和佩戴不合身份的服装和饰品，是一种奢靡之风，影响社会安定。④ 于是，议会通过《限奢法令》进行压制。工资的上涨带来生活水平的提高，而对更高的生活标准的追求需要更高的工资和更多的收入来满足。更何况，有些地方的生活成本还是很高，尤其是在城市的边缘地区。在埃塞克斯，商人们为了得到更高的利润，肆意打破禁令，提高他们产品的价格，如啤酒商将啤酒以4便士/加仑的价格出售，而不是

---

① C. Dyer, *Lords and Peasants in a Changing Society*, 680 – 1540, pp. 218 – 235.
② [英] 克里斯托弗·戴尔：《转型的时代：中世纪晚期英国的经济和社会》，莫玉梅译，第219—220页。
③ C. Dyer, *Everyday Life in Medieval England*, pp. 77 – 100.
④ [美] 詹姆斯·W. 汤普逊：《中世纪晚期欧洲经济社会史》，徐家玲等译，商务印书馆1992年版，第520—521页。

正常的 1 便士/加仑；其他食物、衣物和鞋子的价格也是如此。①

但生活标准的提高并不会自动带来工资的上涨。因为黑死病暴发之后，尽管面临劳动短缺的现实，但领主并不情愿提高雇工的工资，而且试图通过不断颁布并严格执行《劳工法令》和实施各种传统的手段来抑制工资的上涨。面对这样的形势，雇工要想获取较高的工资，就必须与领主进行谈判和斗争。由于物价上涨的速度更快，实际工资水平并没有获得很大改善。而且，工资劳动者的自由依然受到限制，不能去其他地方寻找更高的工资。于是，他们对《劳工法令》和农奴制的抱怨逐渐沸腾起来，最终不得不求助于暴力手段来改善自己的生存状态。在1381年起义的参与者当中，小土地持有者占大多数。而且，有确切的证据表明，他们许多人就是靠打工挣钱的雇工。② 起义的领袖瓦特·泰勒在史密斯菲尔德（Smithfield）宣称："任何人都不为他人工作，除非按照自己的意愿和合理的契约"，斗争矛头直接指向《劳工法令》，并要求得到在工资上自由谈判的权利，起义者们公开要求得到瘟疫带给他们的机会。③ 1381年以后，农奴制逐渐瓦解，工资劳动者身份更加自由，其更青睐于短期的合同，而不是长期的契约。他们经常处于找工作的过程中，社会流动性增强，这也为他们追求高工资创造了有利条件。从《劳工法令》执行的证据来看，非农业工人流动的距离一般少于7英里。收获工人则随着英格兰各地谷物成熟期的差异而四处流动，最远的是从威尔士流动到米德兰地区，伍斯特郡和格洛斯特郡交界的一个人雇佣了他们之中的119人。④ 这种流动和黑死病暴发之前形成鲜明对比，瘟疫暴发之前，雇工们的流动范围不大，往往在本庄园、本村庄或本地区之内，流动是为了摆脱失业的

---

① Nora Kenyon, "Labour Conditions in Essex in the Reign of Richard Ⅱ", pp. 434–437.
② C. Dyer, *Everyday Life in Medieval England*, pp. 196–197.
③ Maurice Keen, *English Society in the Later Middle Ages*, 1348–1500, p. 43.
④ Simon A. C. Penn, and C. Dyer, "Wages and Earnings in Late Medieval England: Evidence from the Enforcement of the Labour Laws", p. 363.

状况。而瘟疫暴发之后的流动范围扩大，雇工流动的目的则是寻找待遇更好的工作。

自由度的增加和流动性的增强是雇工个人力量增强的重要标志。在流动的过程中，雇工也善于利用在劳动力市场上的有利地位与雇主进行讨价还价。在 14 世纪后期，流行于伦敦的小册子称，泥瓦匠们可以"自由地诅咒"，并集体商定了可以接受的最低工资，他们中的任何人都不能接受比这更低的工资。他们还拒绝干活，除了砌石头，尽管他们知道垒一堵墙可以为雇主带来 20 镑的收入，而自己会毫发无伤。① 1374 年 8 月 3 日，林肯郡的约翰·菲希尔（John Fisshere）等十余人被要求按照法定工资为巴德尼修院院长（Abbot of Bardney）和其他雇主干活，但他们不愿接受，并在同一天离开了该镇，去其他地方寻找更高的报酬。② 在埃塞克斯的巴斯塔布尔（Barstable）百户区，10 名雇工要求按天得到工资，否则拒绝工作，因此，1389—1390 年，他们每天得到 2 便士的现金和一顿正餐的报酬。③ 还有迹象表明，中世纪晚期的工资谈判不仅是个人行为，还有集体行为。在触犯《劳工法令》的案例中，一名工人往往劝说同伴离开现在的工作地点，或接受某项工作，显示出乡村劳动力之间的某种集体联系。他们可能不是正式的组织，而是收获工人群体，或住在一起的犁把式。④ 集体谈判有时是雇佣代理人垄断了一部分劳动力供应的结果。这些"掮客们"（enticers and procurers）招募劳动力，然后再将他们雇佣给其他人。14 世纪末，林肯郡的亨利·马蒂（Henry Maddy）和林肯城中的托马斯·西斯

---

① Diana Wood, *Medieval Economic Thought*, Cambridge: Cambridge University Press, 2002, p. 156.

② Rosemary Horrox, trans. and ed., *The Black Death*, Manchester: Manchester University Press, 1994, p. 320.

③ Nora Kenyon, "Labour Conditions in Essex in the Reign of Richard II", p. 432.

④ Simon A. C. Penn, and C. Dyer, "Wages and Earnings in Late Medieval England: Evidence from the Enforcement of the Labour Laws", p. 365.

(Thomas Sees)分别被当地法庭称为劳工的"垄断者"和"手工匠人的包买主"(the chief engrosser of craftsmen)。① 大多数情况下,作为谈判代表,劳工代理人的参与都会抬高当地的劳动力价格。例如,在1378年诺福克郡的弗恩塞特,有个叫罗伯特·阿彻(Robert Archer of Forncett)的人被控带领数名劳工在收获期间离开村庄,造成弗恩塞特出现劳动力供给不足,工资上涨。② 在谈判中,工资劳动者要求得到更高的工资和报酬。如果雇主不能够满足他们的要求,将没有人为他干活。而且来年这位雇主也很有可能因上年留下的坏名声而雇不到劳动力,因此,雇主不得不接受他们开出的条件。实际上,工资谈判只是当时大大小小的社会运动(social movements)的缩影,它们在富含张力的农民社会中不断发生,成为农民逐渐获取自由的途径。③

从上面的分析可以看出,雇工个体力量和流动性的增强,通过谈判形式的主动争取也是中世纪晚期名义工资大大提高的重要原因。正如戴尔指出的那样,"(中世纪晚期)农民状况的改善……可能得益于人口的减少,但也是农民的行动本身要求和保卫的结果"。④

二 实际工资

在我们研究的这个时期,实际工资的发展基本上可以分为三个阶段:黑死病暴发之前(1200—1347年),13世纪中期之后物价

---

① Elisabeth G. Kimball, ed., *Some Sessions of the Peace in Lincolnshire*, 1381–1396, Vol. 2, pp. 150, 221.

② B. H. Putnam, ed., *Proceedings before the Justices of the Peace in the Fourteenth and Fifteenth Centuries, Edward III to Richard III*, London: Spottiswoode, Ballantyne & Co. Ltd., 1938, p. 109.

③ Rodney Hilton, *Bond Men Made Free: Medieval Peasant Movements and the English Rising of* 1381, London and New York: Routledge, 2003, p. 19.

④ [英]克里斯托弗·戴尔:《转型的时代:中世纪晚期英国的经济和社会》,莫玉梅译,第4页。

开始上涨，实际工资下降，尤其是14世纪初，实际工资水平跌入低谷；黑死病暴发之后的四分之一个世纪（1348—1375年），物价上涨速度比工资上涨速度更快。因此，较黑死病暴发之前，实际工资并未上涨，甚至有所下降；从14世纪末到16世纪初（1376—1520年），名义工资的继续上涨伴随着较低的物价，实际工资维持了一个多世纪的高水平。

（一）黑死病暴发之前：1200—1347年

由于实际工资是由名义工资和物价水平共同决定的。因此，在考察了名义工资的长期变动趋势之后，这里还需要考察物价的变化情况。在谷物食物为主要需求的农业社会里，谷物价格决定了其他产品价格的变动。因此，它是我们首先考察的对象。在英格兰价格史上，13世纪是又一次上涨的开始，各种谷物价格上扬。在此后的时间里先后出现几次高峰，分别在13世纪的20年代、50年代、70年代、90年代以及14世纪的第二个十年，尤其是最后一次，上扬幅度之大在中世纪史上是绝无仅有的。

理论上讲，小麦价格决定了谷物市场价格的走向。在小麦丰收的时候，其他谷物的价格也不高，不论它们的收成如何，因为小麦供应充足、价格便宜导致市场对其他谷物的需求减少；小麦歉收、价格昂贵的时候，其他谷物的需求增加，价格也将升高。可以说，小麦收成的好坏决定了其他所有谷物的价格。而其他各类谷物的价格也与小麦价格形成一定的比例关系，大麦和豆类价格往往是小麦的60%—80%，黑麦是70%—90%，燕麦是35%—50%。正如蒂托所注意到的，这种价格比例的稳定性是惊人的。[1]

---

[1] D. L. Farmer, "Prices and Wages, 1042 - 1350", in H. E. Hallam, ed., *The Agrarian History of England and Wales*, Vol. 2, pp. 718, 729, 735 - 736; D. L. Farmer, "Prices and Wages, 1350 - 1500", in Edward Miller, ed., *The Agrarian History of England and Wales*, Vol. 3, pp. 443 - 444; D. L. Farmer, "Some Grain Price Movements in Thirteenth Century England", *The Economic History Review*, New Series, Vol. 10, No. 2 (Aug., 1957), p. 215.

表 3-3　　　　　　　谷物价格（1210—1347 年）

	小麦	黑麦	大麦	燕麦	豆类
1210—1220	3.67	2.82	2.3	1.29	2.24
1220—1230	4.82	3.89	3.02	1.3	3.07
1230—1240	3.81	3.25	2.57	1.1	2.66
1240—1250	4.35	3.8	2.81	1.74	2.99
1250—1260	4.9	4.13	3.28	1.71	3.39
1260—1270	4.38	3.41	3.11	1.98	3.04
1270—1280	6.17	4.98	4.39	2.46	4.31
1280—1290	5.09	3.92	3.5	2.15	3.34
1290—1300	6.46	5.12	4.68	2.39	4.73
1300—1310	5.37	4.18	3.94	2.3	3.68
1310—1320	7.94	6.23	5.67	3.18	5.22
1320—1330	6.9	5.02	4.68	2.76	4.35
1330—1340	5.24	4.22	3.92	2.29	3.79
1340—1347	4.88	3.81	3.57	2.19	3.24

计量单位：先令/夸脱。

资料来源：D. L. Farmer, "Prices and Wages, 1042-1350", in H. E. Hallam, ed., *The Agrarian History of England and Wales*, Vol. 2, p.734.

1200—1320 年，小麦价格处于持续上涨状态，并不断出现高峰。这段时期内小麦价格增长了一倍多，从 13 世纪初的 3.67 先令/夸脱上涨到接近 8 先令/夸脱，此后略有下降。和小麦价格相似，其他谷物大致也经历了同样的发展过程。以大麦价格为例，表 3-3 显示，13 世纪中期它就开始突破 3 先令/夸脱，20 年后超过 4 先令/夸脱，1315—1317 年和 1319—1321 年的粮食歉收使谷物价格达到前所未有的 5.67 先令/夸脱，要知道这个数字是 13 世纪上半期平均价格的 2 倍以上。诺里奇的大麦价格在 1293—1298 年、1306—1311 年、1314—1318 年、1321—1323 年、1330—1333 年和 1346—1350 年的价格都特别高。因此,这是一个高物价的时代。这个时期谷物价格的另一个特点是年平均价格变动较大。1280—1350 年,两年之间的价格变动平均是 26.6%,14 世纪上半叶波动更大,1310—1320 年平均变化高达 58.5%,20 年代是 48.4%,40 年代是 27.3%,远远高于 1380—1450 年的 18% 和 1440—1500 年的 11.5%。如果更进一步分析,谷物价格在每月之间变动都很大,而且地方性差异也较大。这就意味着,依赖市场得到食物的工资劳动者处于一个高昂和变动剧烈的价格体系中。[①]

受谷物价格的影响,在这个时期里,其他产品的价格呈现出与其相同的趋势:从 13 世纪中后期开始上涨,并先后出现几次高峰,尤其是在 1310—1320 年。在我们统计的各种商品价格中,上涨最大的是盐价,幅度达到 110%,其次是谷物、奶酪和牲畜,羊毛则不同,到 14 世纪 30 年代才达到最高点。

表 3-4　黑死病暴发之前各种商品的价格 (1200—1347 年)[5]

	羊毛[1]	奶酪[1]	盐[2]	牲畜[3]	谷物[4]
1200—1210	2.04	8.35		4.49	3.89
1210—1220	1.93	7.27		4.91	2.55
1220—1230	2.07	7.70	1.82	5.40	3.62
1230—1240	2.92	8.54	1.68	6.04	2.73
1240—1250	2.91	8.76	2.12	6.25	3.19
1250—1260	2.76	8.43	2.09	6.09	3.56
1260—1270	3.69	9.26	2.34	6.52	3.28
1270—1280	4.44	9.79	2.83	8.02	4.58

---

① Mark Bailey, "Peasant Welfare in England, 1290-1348", pp. 235, 237-238.

续表

	羊毛[1]	奶酪[1]	盐[2]	牲畜[3]	谷物[4]
1280—1290	4.49	8.95	2.34	7.08	3.72
1290—1300	4.10	9.74	3.31	7.80	4.81
1300—1310	4.83	10.25	2.60	8.49	4.01
1310—1320	4.81	12.32	5.47	10.31	5.82
1320—1330	5.26	11.85	3.48	9.46	4.92
1330—1340	3.57	10.68	3.30	8.04	3.99
1340—1347	3.55	9.59	2.81	7.48	3.64

注：[1] 除非特别说明外，都是卖价；[2] 仅是买价；[3] 牲畜 = 3 头牛 + 1 头母牛 + 1 匹耕马 + 1 匹拉车马 + 4 只羊（2 只母羊和 2 只阉绵羊）；[4] 谷物 = 3 夸脱小麦 + 1 夸脱黑麦 + 2 夸脱大麦 + 2 夸脱燕麦 + 2 夸脱豌豆；[5] 计量单位：羊毛，先令/担；奶酪，先令/韦（wey）；盐和谷物，先令/夸脱。

资料来源：D. L. Farmer, "Prices and Wages, 1042–1350", in H. E. Hallam, ed., *The Agrarian History of England and Wales*, Vol. 2, p.757.

在对名义工资和物价分别进行考察之后，我们将二者进行对比就可以得出实际工资演变的基本趋势。首先，我们考察雇工工资对谷物的购买能力。由于大麦的价格更接近混合谷物的平均价格，而且也是工资劳动者购买的主要食物，因此，这里以对大麦的购买力为标准。

从表 3-4 可以清晰地看出，从 13 世纪 20 年代开始，由于大麦价格超过 30% 的上涨，实际工资开始下降，购买 1 夸脱大麦所需要的脱粒和扬壳工资已经从 8 个单位增加到 10 个。到 13 世纪中期，大麦价格开始加速上涨，而工资的变化不大，因此，实际工资急速下降。在 13 世纪 70 年代，脱粒工需要 14 个单位的劳动量才能够购买到 1 夸脱的大麦，也就是说，他需要给 42 夸脱的混合谷

表3-5　购买1夸脱大麦所需要的工资（1208—1350年）

	大麦价格	脱粒和扬壳	收割和打捆	割草和翻晒	木匠	茅屋覆顶工和辅助工	瓦匠和辅助工
1208—1220	27.5	8	8	9	11	11	6
1220—1230	36.25	10	8	11			
1230—1240	31	9	6	9	9		9
1240—1250	33.75	9	7	10	13	10	7
1250—1260	39.25	11	8	10	13	17	6
1260—1270	37.25	11	8	8	13	11	7
1270—1280	52.5	14	11	13	17	16	9
1280—1290	42	11	9	10	17	12	7
1290—1300	56	12	11	12	20	16	10
1300—1310	46.75	10	9	9	16	13	9
1310—1320	68	14	10	13	22	17	12
1320—1330	56	11	9	10	18	15	11
1330—1340	47	9	8	8	15	12	9
1340—1350	43	8	7	9	14	12	8

计量单位：（1）大麦价格：便士/夸脱；（2）脱粒和扬壳工资：便士/3夸脱；（3）收割和打捆，割草和翻晒工资：便士/英亩；（4）非农业工资：便士/天。

资料来源：D. L. Farmer, "Prices and Wages, 1042-1350", in H. E. Hallam, ed., *The Agrarian History of England and Wales*, Vol. 2, p. 768.

物（小麦、大麦和燕麦各1夸脱）脱粒才能购买到1夸脱的大麦。非农业工人需要更多的劳动时间，木匠需要17天，茅屋覆顶工需要工作16天。此后，工资的缓慢上涨使这种情况略为有所缓解。但13世纪初的歉收和饥荒，造成物价的飞涨，使工资购买力再次跌落到历史最低。农业雇工因为工资上涨幅度较大，情况稍好，仅仅是 13 世纪 70 年代的最低水平。非农业雇工则比较糟糕，他们的名义工资起伏不定，上涨有限，而且被飞涨的物价所抵消。木匠工作 22 天才能够买到 1 夸脱的大麦，瓦匠及其辅助性工人则需要共同工作 12 天才能实现这个目标，如此低的工资购买力在整个中世纪史上是唯一一次。此后，尽管名义工资基本已经停止上涨，但随着物价回落，到黑死病暴发之前，实际工资水平基本上已经恢复到 13 世纪前半期的水平上。

再看雇工工资对其他消费品的购买力。法莫尔将谷物、羊毛、奶酪、盐和牲畜按照一定比例纳入"消费品篮子"，将农业工资和非农业工资分别进行综合，然后计算出了这个时期两种雇工的实际工资水平。结果表明，13 世纪上半叶，实际工资也保持了相对稳定的状态。农业雇工需要 24—26 单位的劳动就可以购买到一"篮子"消费品。随着物价在 13 世纪中后期开始上涨，先后出现的价格高峰造成实际工资的突然下降。70 年代，物价上涨 30%，雇工需要干 36 个单位的劳动才能购买到一"篮子"消费品，90 年代，非农业雇工竟然需要 39 个单位的劳动量。14 世纪初，农业雇工的名义工资已经开始上涨，因此，尽管 1310—1320 年的价格达到更高的水平，农业雇工的实际工资并没有下降到 13 世纪 70 年代的水平之下。非农业雇工的状况却不一样，因为它在黑死病之前几乎并没有上涨，长期处于波动状态。当物价升高，非农业雇工的实际工资不断走低，甚至在 1310 年后的 20 年间跌入前所未有的低谷，42 个单位（天）的工资才能购买到 1 夸脱谷物。到黑死病暴发之前（1330—1347 年），物价开始回落，实际工资开始恢复上涨，甚至超过了 13 世纪初的水平。因此，实际工资至少在黑死病暴发之前一代人的时间里已经看到了改善的迹象。①

---

① Edward Miller and John Hatcher, *Medieval England – Rural Society and Economic Change* 1086 – 1348, p. 52.

表 3-6　　购买"一篮子"消费品所需要的雇工工资[1]

（1208/1209—1340/1347 年）

	消费品价格[1]	所需农业工资[2]	所需非农业工资[3]
1208—1220	19.39	24	
1220—1230	24.89	26	
1230—1240	23.51	24	
1240—1250	25.2	26	27
1250—1260	27.65	26	27
1260—1270	27.38	26	29
1270—1280	36.82	36	36
1280—1290	30.7	28	32
1290—1300	38.32	32	39
1300—1310	34.45	27	35
1310—1320	45.7	32	42
1320—1330	39.74	27	40
1330—1340	33.16	23	32
1340—1347	30.12	22	30

注：[1.] 1 单位（先令）= 4 夸脱大麦 + 2 夸脱豌豆 + 1/10 头牛 + 1/2 头猪 + 1/4 韦奶酪 + 1 担羊毛 + 1/10 夸脱盐；[2.] 1 单位 = 为大麦、小麦、燕麦各 1 夸脱脱粒和扬壳 + 收割和捆绑 1 英亩的谷物 + 割除和晾晒 1 英亩的草；[3.] 1 单位 = 木匠 1 天的工资 + 茅屋覆顶工及其助手 1 天的工资 + 瓦匠及其助手 1 天的工资。

资料来源：D. L. Farmer, "Prices and Wages, 1042 – 1350", in H. E. Hallam, ed., *The Agrarian History of England and Wales*, Vol. 2, p. 778.

从实际工资的影响因素看，物价和名义工资的影响同样重要。黑死病暴发之前，在名义工资变动不大的情况下，实际工资的下降，主要就是物价不断攀升造成的。价格首先是由商品的市场供需状况决定的。这个时期,物价的上涨首要因素是需求的增加,需求的增加来自不断膨胀的人口规模。12、13 世纪,英格兰人口数量不断增加,到 14 世纪初达到一个高峰。1315—1317 年的饥荒暂时打断了这种趋势,但 1320 年以后,增长再次恢复,[1] 直到黑死病造成急剧下降,并在中世纪晚期维持了一种停滞状态。据著名人口史学家拉塞尔估计,1086 年,英格兰人口大约是 110 万,到 1348 年,达到 375 万左右。[2] 学者们普遍认为这两个数字均偏低。克拉潘认为,英格兰人口在土地调查清册编纂时期有 150 万—180 万,[3] 波斯坦则认为,当时英格兰有 200 万—300 万人,而到最高峰时(14 世纪初)在 600 万—800 万。[4] 现在一般认为,11 世纪末,英格兰人口在 175 万—225 万,到黑死病暴发之前达到 500 万—600 万。[5] 按照这个数字,1086—1348 年,英格兰人口增加了 2—3.5 倍。1200 年以后,人口增加更快。人口数量的翻倍,意味着对食物的需求增加,为了满足这种需求,不断进行土地垦殖,有大规模的垦荒,也有对林地、沼泽地等小规模的蚕食。但总体来看,全国耕地数量却没有增加多少。因为,在 11 世纪末,英格兰的耕地面积就已经非常大。蒂托认为,即使是保守估计,英格兰在 1086 年的耕地数量也有 720 万英亩,而 1914 年 6 月 4 日的官方数字是 770 万英亩。[6] 因此,阿萨·勃里格斯说,1914 年的耕地中,有 93% 已经

---

[1] Barbara F. Harvey, "The Population Trend in England between 1300 and 1348", *Transactions of the Royal Historical Society*, Fifth Series, Vol. 16 (1966), pp. 23 – 42.

[2] J. C. Russel, *British Medieval Population*, Albuquerque: The University of New Mexico Press, 1948, pp. 246, 263.

[3] [英] 约翰·克拉潘:《简明不列颠经济史:从最早时期到 1750 年》,范定九、王祖廉译,第 109 页。

[4] M. M. Postan, *The Medieval Economy and Society*, pp. 30 – 34.

[5] Edward Miller and John Hatcher, *Medieval England – Rural Society and Economic Change* 1086 – 1348, p. 29.

[6] J. Z. Titow, *English Rural Society* 1200 – 1350, p. 72.

在1086年开垦出来。① 萨福克郡的土地在1100年左右已经得到充分利用，进行垦殖的空间很小，因此，新增加的土地都是教区附近的零星绿地，而非大面积的边际空地。② 人口增加和垦殖运动的后果是造成原有土地更加碎化，小土地持有者增加。另外，尽管三圃制得到广泛推广，但由于技术进步不大，土地的产出增加不多。收获率方面，小麦在黑死病暴发之前变动不大，而大麦和燕麦则比13世纪上半叶甚至下降了。以温彻斯特主教的地产为例，1209—1270年，大麦和燕麦的种子收获率为4.32和2.63，到1300—1324年，分别下降到3.57和2.21。③ 土地面积增加不多，产出率甚至有所下降。这意味着，在需求不断增加的情况下，食物供给没有增加，食物市场供不应求，物价出现上涨就不难理解了。

对于谷物价格来讲，收获情况是重要的影响因素。收成好的年份，物价就比较稳定，而歉收的时候则会造成物价腾贵，因此，收获质量的好坏是价格突然变化的主要原因。④ 影响收获的因素也很多，恶劣天气就是其中之一。蒂托根据温彻斯特主教庄园上104份可以使用的账簿资料研究认为，1209—1350年，5次歉收是因为天气潮湿，7次歉收是因为天气干燥。⑤ 13世纪70年代和90年代的高价格就是由于歉收引起的，1285—1293年，竟然仅有2次收成正常。⑥ 尤其是90年代伴随着货币数量的剧增，价格升高更为惊人。而1315年和1316年的歉收则是因为那两年雨水过多引起的洪水造

---

① [英] 阿萨·勃里格斯：《英国社会史》，陈书平、刘城、刘幼勤、周俊文译，中国人民大学出版社1991年版，第71页。

② Mark Bailey, *Medieval Suffolk: An Economic and Social History*, 1200–1500, pp. 68, 73.

③ D. L. Farmer, "Grain Yields on the Winchester Manors in the Later Middle Ages", *The Economic History Review*, New Series, Vol. 30, No. 4 (Nov., 1977); p. 560.

④ C. Dyer, *Standards of Living in the Later Middle Ages: Social Change in England*, 1200–1520, p. 212.

⑤ J. Z. Titow, "Evidence of Weather in the Account Rolls of the Bishopric of Winchester, 1209–1350", *The Economic History Review*, 2nd series, Vol. 12, No. 3 (Dec., 1960), pp. 360–407.

⑥ D. L. Farmer, "Crop Yields, Prices and Wages in Medieval England", p. 127.

成的，因此，物价上涨到了前所未有的水平。这两年，小麦的收成分别只是播种量的2.47倍和2.11倍，因此，小麦价格分别上涨到16.92先令/夸脱和16.58先令/夸脱，这是正常情况下的2倍。①随后是1317年、1321年的严重歉收。在飞涨的物价面前，稍微上涨的名义工资显得毫无意义，这就是实际工资在当时突然下降到最低点的原因。就整个时期来讲，人口增长带来对食物需求的增加，但由于各种原因，市场供给却没有及时跟上，而且偶然因素的出现更加剧了供需的不均衡状态，因此，物价上涨和实际工资的下降就是必然发生的事情了。

此外，黑死病暴发之前，英格兰的货币供应充足也是造成物价上涨的重要原因。按照"费雪公式"：MV = PT（M：货币数量；V：货币流通速度；P：商品价格；T：商品交易总量）的理论，V和T不变，物价就随货币供应数量的多少而改变。货币数量增加的时候，物价就会升高；银币数量减少的时候，物价就会降低。不论是长期趋势，还是短期变动，货币因素对价格都有重要的影响。②英格兰的通货数量在12世纪就已经显示出急剧增加的趋势，进入13世纪继续增加，1247年，通货数量达到50万镑，13世纪晚期这种趋势进一步加剧，13世纪七八十年代的货币重铸吸引了大量外币，90年代已经超过100万镑，到14世纪的第一个十年就已经达到150万—200万镑，此后的20年基本上维持了这个水平。③ 不到100年，英格兰货币供应量增长了2—3倍。因此，我们看到，13世纪物价上涨，工资购买力处于不断下降过程中。但到了14世纪30年代，羊毛贸易下降，价格下跌，而且爱德华三世将大量的

---

① D. L. Farmer, "Prices and Wages, 1042 – 1350", in H. E. Hallam, ed., *The Agrarian History of England and Wales*, Vol. 2, p. 720.

② N. J. Mayhew, "Money and Prices in England from Henry II to Edward III", *The Agricultural History Review*, Volume 35, Part II (1987), pp. 121 – 132.

③ Martin Allen, "The Volume of the English Currency, 1158 – 1470", *The Economic History Review*, New Series, Vol. 54, No. 4 (Nov., 2001), pp. 595 – 611.

贸易收入用在国外，而且大量的进口吸干了英格兰的通货积累，银币供应数量逐渐减少。因此，黑死病暴发之前，物价下跌，实际工资也开始逐渐恢复。

（二）"通货膨胀"时期：1348—1375 年

在黑死病暴发之后的四分之一个世纪里，人口大量减少，名义工资因劳动力短缺而开始迅猛增长，但此时物价上涨的速度更快，因此，实际工资并没有延续瘟疫暴发之前 20 年间逐渐恢复上涨的趋势，而是再次出现下降。

首先，还是以工资对大麦的购买力为例。在黑死病暴发之前的 20 年间，随着名义工资的上涨和物价的回落，所有雇工的工资购买力都有所回升，农业雇工的实际工资改善更大。但黑死病暴发之后，雇工的实际工资水平几乎都下降了。农业工资中，以最具代表性的脱粒工资为例，1340—1350 年，8 个单位的工资就能买到 1 夸脱大麦，这已经恢复到了黑死病暴发之前的最高水平。但 14 世纪 50 年代，大麦价格上涨幅度达到 50% 以上，超过了名义工资的上涨。因此，脱粒工要干更多的活才能买到 1 夸脱的大麦。非农业雇工的工资也是如此。黑死病暴发之后，木匠得到 1 夸脱大麦所需要的工作时间就从 14 天增加到 17 天。瓦匠的情况也是如此。在 13 世纪晚期，他们的工资不高，在黑死病暴发之后也没有改善，常常需要 10 天时间才能买到 1 夸脱大麦，直到 14 世纪 80 年代他们才恢复到一个世纪之前的购买力水平。[①]

雇工工资对"一篮子"消费品的购买力也证明了实际工资的下降。14 世纪 30—40 年代，消费品综合价格已经有所下降，实际工资恢复到 13 世纪上半叶的水平，农业雇工的实际工资甚至已经超过了 13 世纪初的水平。黑死病暴发之后的二十余年间，物价再次

---

① D. L. Farmer, "Crop Yields, Prices and Wages in Medieval England", pp. 144 – 148.

表 3-7　购买 1 夸脱大麦所需要的工资（1330—1370 年）

	大麦	脱粒和扬壳	收割和打捆	割草和翻晒	木匠	茅屋覆顶工和辅助工	瓦匠和辅助工
1330—1340	47	9	8	8	15	12	9
1340—1350	43	8	7	9	14	12	8
1350—1360	62.2	10	9	10	17	13	10
1360—1370	69.8	11	9	10	16	13	10

计量单位：（1）大麦价格：便士/夸脱；（2）脱粒和扬壳工资：便士/3 夸脱；（3）收割和打捆、割草和翻晒工资：便士/英亩；（4）非农业工资：便士/天。

资料来源：D. L. Farmer, "Prices and Wages, 1350-1500", in Edward Miller, ed., *The Agrarian History of England and Wales*, Vol. 3, p. 494.

上涨，而且超过了名义工资的上涨速度。因此，实际工资下降，尽管幅度并不大。以 14 世纪 50 年代为例，购买"一篮子"消费品，农业雇工需要 24 个单位的劳动量，增加了 2 个单位。非农业雇工则需要 33 个单位的劳动量，增加了 3 个单位，实际工资下降在 10% 左右。

英格兰南部建筑工人的情况同样如此。按照布朗和霍普金斯的"综合消费品价格指数"和实际购买力指数（1450—1475 年，100），在黑死病暴发之前，物价上涨，实际工资在短暂提高之后，再次出现下降的苗头。1340—1347 年物价指数是 92，1350—1355 年物价指数上升到 127，1356—1360 年为 130，1361—1370 年则维持在 146 的水平，1371—1375 年则是 137，也就是说，物价指数上涨了 50 左右。工资购买力指数在 1330—1340 年是 60，1340—1347 年下降到 54，到了 60 年代一直维持在 58 左右，1371—1375 年略微上升到 61，这意味着，实际工资指数与 14 世纪 30 年代相比并没有上涨，在大部分的时间里反而是下降的。[①]

[①] H. P. Brown and S. V. Hopkins, *A Perspective of Wages and Prices*, p. 28.

表3-8　　购买"一篮子"消费品所需要的雇工工资（1330—1380年）

	消费品价格[1]	所需农业工资[2]	所需非农业工资[3]
1330—1340	33.16	23	32
1340—1350	30.12	22	30
1350—1360	39.84	24	33
1360—1370	44.19	25	32
1370—1380	39.03	19	27

计量单位：[1.] 1单位（先令）= 4夸脱大麦 + 2夸脱豌豆 + 1/10头牛 + 1/2头猪 + 1/4 韦奶酪 + 1担羊毛 + 1/10夸脱盐；[2.] 1单位（便士）= 为大麦、小麦、燕麦各1夸脱脱粒和扬壳 + 收割和捆绑1英亩的谷物 + 割除和晾晒1英亩的草；[3.] 1单位 = 木匠1天的工资 + 茅屋覆顶工及其助手1天的工资 + 瓦匠及其助手1天的工资。

资料来源：D. L. Farmer, "Prices and Wages, 1042 - 1350", in H. E. Hallam, ed., *The Agrarian History of England and Wales*, Vol. 2, p. 778; D. L. Farmer, "Prices and Wages, 1350 - 1500", in Edward Miller, ed., *The Agrarian History of England and Wales*, Vol. 3, p. 491.

造成实际工资不升反降的首要原因是这个时期名义工资的绝对上涨幅度并不大，仅有50%左右，有的地方，工资甚至没有变化。1367/1368年，在圣埃德蒙德修院院长的雷德格雷夫庄园上，一名雇工干了28周的活，共脱粒220夸脱谷物，周工资8便士，他的单位工资略微高于1便士/夸脱，远远低于当时的正常水平。[①] 在人口骤减的情况下，工资没有成倍地增长是不正常的。这很可能是因为受到了劳工立法和领主抑制工资上涨政策的影响。议会是领主阶层的代表，面对劳动力减少和工资上涨的趋势，1349年敕令试图将工资水平恢复到1346/1347年的水平，但反响平平。1351年法令的主要内容明确规定了各项工资的最高限额：仆从应按照四年前

---

① David Wayne Routt, *Economy and Society in the Fourteenth Century: The Estate of the Abbot of St Edmund's*, 1335 - 1388, p. 309.

第三章 工资变化

的报酬接受工作,各类雇工的最高工资如下:割草工资不能超过 5 便士/天或 5 便士/英亩;收割工在 8 月份的第一周不能超过 2 便士/英亩,第二周 3 便士/英亩,如此直到 8 月结束,而且不提供食物;给 1 夸脱小麦或黑麦脱粒的报酬不能超过 2.5 便士,1 夸脱大麦、菜豆、豌豆或燕麦不能超过 1.5 便士;高级木匠每天不得超过 3 便士,其他木匠不超过 2 便士;高级石匠每天不得多于 4 便士,其他石匠 3 便士,他们的仆从 1.5 便士;瓦匠每天不超过 3 便士,他的男孩 1.5 便士;用茅草盖屋顶的人是 3 便士,他们的男孩 1.5 便士;从复活节到米迦勒节,抹墙工和其他工人及其男孩以同样的条件受雇,此后根据法官自由决定的工资率减少;搬运工人的工资也不能超过 1347 年前的水平……所有没有明确规定的其他工人应该在法官面前宣誓,按照(国王即位)20 年以前或更早的工资干活。此外,禁止工资劳动者四处流动、延长雇佣期限(一般以年为单位)也是法令关注的内容。① 法令的目标清晰而直接,就是保护领主和其他雇主的利益,禁止任何人企图利用劳动力短缺的有利时机获益,以此来保持现有的社会等级。② 法令执行的效果不错,到 1354/1355 年,包括农业和非农业等七项工资均低于黑死病暴发之前水平,除伦敦地区外,14 世纪 50 年代的工资都控制在法定的范围内。③ 1359 年以后,工资看起来停止上涨,劳工法官解散,但由于之后的工资再次攀升,法令的颁发并没有停止,而且在六七十年代,法令再次得到严格的执行。一直以来,学者们对于《劳工法令》的效力估计不足,但黑死病暴发之后,工资没有立即上涨,直到 1375 年之后,这表明《劳工法令》及其执行在这段时间内是有效的。④ 在我们看来,王室政府的介入至少没有听任工资水平按照

---

① A. R. Myers, ed., *English Historical Documents*, 1327 – 1485, pp. 993 – 994.
② Maurice Keen, *English Society in the Later Middle Ages*, 1348 – 1500, p. 35.
③ D. L. Farmer, "Prices and Wages, 1350 – 1500", in Edward Miller, ed., *The Agrarian History of England and Wales*, Vol. 3, p. 484.
④ John A. F. Thomson, *The Transformation of Medieval England*, 1370 – 1529, p. 13.

自由竞争的要求去发展。[①]

除了劳工法令以外，庄园领主也在利用自己的审计系统来限制工资的上涨。如果庄头或管家允诺给雇工的工资过高，审计人员将拒绝支付，对于高出的部分，将由庄头自行承担；在收获期间，如果没有雇到需要的工人，庄头或管家将负责补齐粮食产量低于预期的差额。黑死病暴发之后，温彻斯特主教地产的账簿表明当时审计员的活动非常频繁。博查姆（Bircham）的庄头在1352/1353年汇报称，他向脱粒工人支付的工资率是4便士/1夸脱黑麦、3便士/1夸脱大麦和1.5便士/1夸脱燕麦；审计员应允的分别是：2.5便士、1.5便士和1便士。蒙克雷夫（Monkleigh）的庄头在1363/1364年允诺8便士/英亩的割草工资，兑现了6便士。[②]温彻斯特强大的庄园审计系统成功地限制了工资的上涨，维持了一个长期稳定的工资结构，以脱粒和扬壳为主的农业工资并未在黑死病暴发之后立即升高，"就像黑死病从来没有发生过一样"，直到1368年以后；而非农业雇工的工资虽有所上升，但都低于50%。[③]领主支付"合理的工资"的做法也会得到富裕农民、工匠和其他雇主的支持，他们往往担任地方上的陪审员或官吏，其作用不可低估，而且工资劳动者也需要时间来克服对领主的顺从态度。[④]

此外，领主还可以通过其他途径实现他们的权利：坚持对佃农劳动的优先要求权；尽可能地索取各种庄园役务，比如婚姻税、死手捐和磨坊税等。霍姆斯发现，土地阶层在14世纪70年代的收入

[①] B. H. Putnam, *The Enforcement of the Statutes of Labourers: During the First Decade after the Black Death*, 1349–1359, p. 221.

[②] D. L. Farmer, "Prices and Wages, 1350–1500", in Edward Miller, ed., *The Agrarian History of England and Wales*, Vol. 3, p. 488.

[③] William Beveridge, "Wages in the Winchester Manors", pp. 22–43.

[④] C. Dyer, *Standards of Living in the Later Middle Ages: Social Change in England*, 1200–1520, p. 218.

比40年代虽有所下降，但不到10%；1349—1380年，贵族并未受到黑死病的严重影响，他们消费的国民收入比例比以前更大。① 依靠传统的社会地位，领主仍旧享有高比例的国民收入，下层人民难以享受到人口减少带来的实惠。因此，工资水平没有获得应有的提升。

在名义工资受到抑制的情况下，实际工资的不升反降在很大程度上还取决于谷物价格的居高不下，而谷物价格在很大程度上还是受到了收获质量的影响。黑死病暴发之后，粮食生产多少受到了人口减少的影响，出现了短暂的混乱。由于缺乏劳动力，大量的谷物在收获时期无人收割，这个问题在黑死病暴发之后的20年间一直很严重。② 人口减少的影响还不止于此。大量的土地无人耕种，许多村庄被废弃，领主为了克服劳动力短缺的困难，纷纷将耕地变为牧场，这样粮食的产出就大大减少。在货币工资为主的时代，雇工们必然要和城市的人一样使用现金去购买食物，而谷物的市场供给还并没有从瘟疫的影响中恢复。这个时期频繁出现潮湿气候对粮食收获造成了严重影响，小麦至少出现了7次歉收，③ 粮价飙升在所难免。其中，1351年的歉收使价格达到1272年、1295年和1315年三个价格高峰期的水平，1362—1365年连续歉收时期的价格则已经是灾荒期水平，到1370年，歉收最终使价格达到了1316/1317年饥荒时期的顶峰，而1375年的丰收则成为黑死病暴发之后26年来最好的一次，④ 也标志着黑死病暴发之后物价腾贵时期的结束。

---

① G. A. Holmes, *The Estates of the Higher Nobility in Fourteenth - Century England*, Cambridge: Cambridge University Press, 1957, pp. 113 – 121.

② D. L. Farmer, "Prices and Wages, 1350 – 1500", in Edward Miller eds., *The Agrarian History of England and Wales*, Vol. 3, p. 450; "Crop Yields, Prices and Wages in Medieval England", pp. 141 – 144.

③ C. Dyer, *Standards of Living in the Middle Ages: Social Change in England c. 1200 – 1520*, p. 262.

④ A. R. Bridbury, "The Black Death", *The Economic History Review*, New Series, Vol. 26, No. 4 (Nov., 1973), p. 584.

黑死病暴发之后物价的上涨还和货币因素有关。尽管从14世纪初开始，英格兰的通货数量因遇到各种问题而开始减少。但相比之下，人口损失比货币减少的程度更为严重。对于幸存者来讲，英格兰的通货数量并没有减少，反而有所增加，人均货币占有量也增加了。在1300年人口的高峰时期，人均货币占有量是4—7先令，在黑死病暴发之后的1351年已经增加到5—9先令。① 14世纪60年代的瘟疫造成人口进一步减少10%，这使人均货币占有量变得更大。综上所述，在黑死病暴发之后的1/4个世纪，收获不佳和人均货币占有量增加导致物价飞速上涨，其上涨速度超过了工资上涨速度。因此，实际工资才出现了停滞不前甚至下降的局面，这被西方学者称为"通货膨胀"时期。

（三）"黄金时代"：1376—1520年

黑死病暴发之后的"通货膨胀"持续了大概一代人的时间，到14世纪70年代中期即告结束。此后，名义工资和物价开始向相反方向发展，名义工资继续上涨，而物价则开始持续走低。因此，实际工资上涨并保持了一个多世纪的高水平，从这个角度来说，英国工资劳动者进入了真正的"黄金时代"。

在对谷物的购买力方面，从14世纪70年代末开始，雇工们购买1夸脱大麦所需要的劳动量或时间单位越来越少。脱粒和扬壳工人只需要不到10个单位的工作量，茅屋覆顶工和瓦匠也不再需要10天以上的时间，这已经恢复到黑死病暴发之前的最高水平。进入15世纪，工资购买力进一步改善。木匠和石匠购买1夸脱大麦所用的工作时间减少到10天以下。到15世纪中叶，实际工资水平均已经上涨到黑死病暴发之前的2—3倍，脱粒和扬壳、茅屋覆顶工及其辅助工的实际工资水平甚至已经达到了14世纪50年代的3倍以上。按照购买1夸脱小麦和1夸脱大麦来计算，在13世纪晚

---

① Martin Allen, "The Volume of the English Currency, 1158–1470", pp. 595–611.

表 3-9　购买 1 夸脱大麦所需要的工资（1370—1500 年）

	大麦价格	脱粒和扬壳	收割和打捆	割草和翻晒	木匠	茅屋覆顶工和辅助工	瓦匠和辅助工	石匠
1370—1380	56.8	8	6	7	14	9	8	12
1380—1390	42.2	5	5	6	10	7	6	9
1390—1400	49.0	6	6	7	11	8	7	11
1400—1410	50.9	6	5	7	11	8	6	11
1410—1420	46.7	6	5	7	10	7	6	9
1420—1430	42.1	5	5	6	9	6	5	8
1430—1440	46.1	5	5	7	9	6	6	9
1440—1450	32.8	4	3	5	6	4	4	6
1450—1460	35.6	4	4	5	7	4	4	6
1460—1470	40.7	4	4	6	8	5	4	7
1470—1480	36.1	3		6	6	4	4	6
1480—1490	43.2		4	7	8	4	5	8
1490—1500	40				8	4	4	7

计量单位：（1）大麦价格：便士/夸脱；（2）脱粒和扬壳工资：便士/3 夸脱；（3）收割和打捆，割草和翻晒工资：便士/英亩；（4）非农业工资：便士/天。

资料来源：D. L. Farmer, "Prices and Wages, 1350-1500", in Edward Miller, ed., *The Agrarian History of England and Wales*, Vol. 3, p. 494.

期和 14 世纪初，木匠分别工作 40 天和 50 天才能得到如此数量的谷物，到 15 世纪，他只需 20 天或 25 天。茅屋覆顶工及其辅助工人在 13 世纪 70 年代和 14 世纪的第二个十年需要工作 40 天，在 15 世纪初仅需要 20 天，15 世纪中期很少会用到 10 天，工资购买力上涨了 3 倍。在黑死病暴发之前，脱粒和扬壳工需要做 34 单位的劳动，而在 15 世纪早期，他只需要工作 14 个单位就够了。①

表 3-10　购买"一篮子"消费品所需要的雇工工资（1370—1500 年）

	消费品价格[1]	所需农业工资[2]	所需非农业工资[3]
1370—1380	39.03	19	27
1380—1390	30.69	15	21
1390—1400	33.57	17	23
1400—1410	34.77	17	22
1410—1420	33.27	16	21
1420—1430	30.53	15	18
1430—1440	34.52	17	20
1440—1450	26.44	12	14
1450—1460	25.49	11	12
1460—1470	28.02	12	14
1470—1480	26.49		13
1480—1490	32.31		16
1490—1500	26.6		13

计量单位：[1] 1 单位（先令）= 4 夸脱大麦 + 2 夸脱豌豆 + 1/10 头牛 + 1/2 头猪 + 1/4 韦奶酪 + 1 担羊毛 + 1/10 夸脱盐；[2] 1 单位 = 为大麦、小麦、燕麦各 1 夸脱脱粒和扬壳 + 收割和捆绑 1 英亩的谷物 + 割除和晾晒 1 英亩的草；[3] 1 单位 = 木匠 1 天的工资 + 茅屋覆顶工及其助手 1 天的工资 + 瓦匠及其助手 1 天的工资。

资料来源：D. L. Farmer, "Prices and Wages, 1350 – 1500", in Edward Miller, ed., *The Agrarian History of England and Wales*, Vol. 3, p.491.

---

① D. L. Farmer, "Crop Yields, Prices and Wages in Medieval England", pp. 144 – 148.

第三章 工资变化

从雇工工资对综合消费品的购买力看来,在黑死病暴发之后的100年间,农业工资购买力上涨到了原来的2倍,购买同样数量的消费品由14世纪中期的24个单位的劳动量下降到15世纪中期的12个单位。非农业的实际工资水平上涨一直持续到15世纪末,到该世纪中期,仅需要12个单位的劳动量即可购买到同样数量的消费品,与黑死病暴发之后相比,上涨幅度接近200%。与对大麦的购买力一样,这个表格也显示出,15世纪30年代末,因有几次谷物歉收,出现了价格短期上涨和实际工资下降,"一篮子"消费品的价格从30.53先令上涨到34.52先令,涨幅13%左右。农业和非农业工人购买它所需要的工资也分别从15个单位和18个单位增加到17个单位和20个单位。此后,随着危机的结束,实际工资再次呈现出上涨趋势。

表3-11　　　　　英格兰南部的工资及其购买力

	农业工人			建筑工人工资购买力
	货币工资	生活成本	工资购买力	
1450—1459	101	96	105	104
1460—1469	101	101	100	100
1470—1479	101	97	104	103
1480—1489	95	111	86	93
1490—1499	101	97	104	96
1500—1509	101	104	97	88
1510—1519	101	114	89	76

资料来源:H. P. R. Finberg, ed., *The Agrarian History of England and Wales*, Vol. 4, Cambridge: Cambridge University Press, 1967, pp. 864-865.

从英格兰南部的证据看来,15世纪中后期,尽管物价时有起伏,但实际工资仍然保持了较高的水平,除了80年代,由于歉收造成的物价上涨导致购买力暂时下降。到 16 世纪初，物价开始呈现出上涨的趋势，工资购买力随之下降。如 1510—1519 年，农业工资购买力指数已经从 15 世纪中期的 100 下降到 89，建筑工资购买力下降更为严重（指数为 76），这是"价格革命"开始的标志，也是实际工资时隔 200 年后再次下降的信号。

实际工资是名义工资和物价共同作用的结果。14 世纪末和 15 世纪，名义工资继续上涨，而此时物价却在不断下降，举个极端的例子，1360—1440 年，木匠的工资实际上涨 21%，而物价整体下降了 40%，这是工资购买力大大增强的主要原因。① 对于这个时期名义工资的上涨，我们已经进行过论述，那么引起物价持续走低的原因是什么呢？

首先，与黑死病暴发之前相比，中世纪晚期，人口大量减少并停滞了一个世纪之久，这意味着对消费品需求绝对量的减少。尽管工资劳动者的生活标准在提高，但粮食的高产和牲畜数量充足保证了市场供应，这是价格下降、实际工资上涨的首要原因。谷物供给方面，黑死病暴发之后，粮食收获率没有出现严重下降的情况，很快就得到恢复并超过黑死病暴发之前的水平。而且，这个时期，严重的歉收没有再出现，局部性的歉收也已经相当少见，大部分时间里收成良好。至于连续出现丰年的原因，法莫尔指出，在温彻斯特庄园上，这是由于大量的牲畜提供了充足的粪肥、浅播种等因素造成的。② 而蒂托则强调气候因素，14 世纪晚期和 15 世纪，高山冰川不再升高，天气不再潮湿，干旱的夏天容易高产。③ 谷物的丰收与高产保证了食物的市场供应，稳定了市场价格。而且，为耕地提

---

① D. L. Farmer, "Prices and Wages, 1350 – 1500", in Edward Miller, ed., *The Agrarian History of England and Wales*, Vol. 3, pp. 493 – 494.

② D. L. Farmer, "Grain Yields on the Winchester Manors in the Later Middle Ages", *The Economic History Review*, New Series, Vol. 30, No. 4 (Nov., 1977), pp. 555 – 566.

③ J. Titow, "Evidence of Weather in the Account Rolls of the Bishopric of Winchester, 1209 – 1350", pp. 360 – 407.

供粪肥的牲畜数量也非常大,因此,它们的价格也不高。例外的情况是 15 世纪 30 年代的物价上涨和实际工资下降,很明显这是由于当时短暂的恶劣天气造成的谷物歉收。①

其次,中世纪晚期,人口发展基本上处于停滞状态,但货币数量还在进一步减少。在 13 世纪开发的中欧银矿因不能解决更深矿物层的排水问题而大量减产,15 世纪初的胡司战争使银币供应几乎中断,直到 15 世纪 60 年代才有新矿山出现。另外,货币大量消耗于长途对外贸易,尤其是东方奢侈品贸易,而得不到及时补充和回流,这样,供应中断和货币外流使整个欧洲出现了严重的"通货饥荒"(Bullion – Famines)现象。② 当时的英格兰同样感受到银币减少的压力,议会多次请愿要限制货币出口,国王为此颁布多项敕令;政府和社会都在抱怨教皇的税收导致了货币外流;议会和政府还先后颁布多项法令试图控制消费国外奢侈品,并要求商人进口贵金属。③ 其中的原因不仅在于银的供应减少,旷日持久的百年战争需要大量钱财,由此征收的大量税收,几乎掏空了国内的货币积累。而且国王们在战争中花费银币,索取的战利品则是金币,这就造成银币大量流出,而金币的流入导致国内流通极不便利。瘟疫和战争的后果对当时人心理产生很大影响,造成人们疯狂地消费,大量购买国外奢侈消费品,也造成货币外流。④ 此时,英格兰铸币厂产出大大减少,进口外币和铸造金币(1344 年)都无法解决问题。1331 年,英格兰的银币数量在 150 万—200 万镑,1351 年减少到 70 万—90 万镑,而到了 1422 年还有 15 万—20 万镑,仅是 1331 年

---

① D. L. Farmer, "Prices and Wages, 1350 – 1500", in Edward Miller, ed., *The Agrarian History of England and Wales*, Vol. 3, pp. 440, 445.

② Peter Spufford, *Money and Its Use in Medieval England*, Cambridge: Cambridge University Press, 1988, pp. 343 – 348.

③ Harry A. Miskimin, "Monetary Movements and Market Structure – Forces for Contraction in Fourteenth – and Fifteenth – Century England", pp. 470 – 490.

④ John Munro, "Postan, Population, and Prices in Late – Medieval England and Flanders", pp. 20 – 21.

的1%—10%。在人口停滞的情况下，货币流通量的减少必定造成人均占有货币数量的减少，到15世纪初，英格兰人均货币占有量仅有1—2先令，到15世纪70年代才恢复到3—5先令/人，这仍然比1300年的4—7先令/人要低。[1] 由于货币数量与价格成正比，因此，通货数量的不断减少造成的直接后果就是价格的持续走低。

总之，在中世纪晚期，工资上涨，物价下跌，雇工的实际工资水平达到了一个高峰。直到19世纪，英国工人的实际工资才再次达到并超越这个高峰。

第二节 仆从工资

关于庄仆工资的记录主要来源是庄园账簿、法庭档案等，这些材料非常多，而且相当系统，因此，我们可以对庄仆的工资发展趋势做出全面的考察。但由于农民家庭没有记账的习惯，关于家仆工资的材料并不多，而且非常零散，主要是一些地产或个人的记载，根据这些材料，我们试图对家仆的工资变化也做一些基本研究。

一 庄仆

庄仆的工资大体上经历了和雇工的实际工资相同的发展过程。在12—13世纪的很长一段时间里，庄仆的现金工资和谷物报酬维持了一个相对稳定的状态。如在温彻斯特主教的3/4的庄园上，庄仆每年可以得到3—4先令的现金工资，每8—12周得到1夸脱的谷物（每年4.5夸脱到6.5夸脱），包括小麦、大麦等。但到了13世纪末14世纪初，由于人口的增加和物价上涨，领主开始改变支付方式，庄仆的实际工资呈现下降趋势，尽管在各个庄园的表现并不一致。有的庄园是减少谷物报酬，但适当增加现金工资。如在温

---

[1] Martin Allen, "The Volume of the English Currency, 1158–1470", pp. 595–611.

彻斯特南部，大多数庄园开始将车把式和犁把式的谷物报酬从 1 夸脱/8 周，减少到 1 夸脱/10 周（1316/1317 年，再次减少到 1 夸脱/12 周），相当于每年减少了 1 夸脱 2 蒲式耳（价值约合 5 先令），但货币工资从每年的 3 先令变成 4 先令，仅增加 1 先令，工资实际上减少了 4 先令。[①] 有的庄园则是按照不同的季节来支付报酬，避免了全面都支付高额的报酬。如在 1271 年的马尔登庄园上（Maldon），圣诞节时期，羊倌每 8 周得到 1 夸脱谷物，猪倌是每 10 周得到 1 夸脱，到了复活节期间，羊倌和猪倌分别需要 10 周和 12 周才能得到同样数量的谷物。[②] 在有些庄园上，庄仆的谷物报酬减少，却没有相应货币工资的增加。还有的庄园不仅减少谷物报酬，还降低了谷物的质量。在威斯敏斯特修院院长的地产上，庄仆就受到了这样的待遇。1284/1285 年，史蒂夫纳奇庄园（Stevenage）的犁把式、车把式的谷物报酬（以小麦为主）是 1 夸脱/9 周，到 1335/1336 年，他们需要 10 周才可以得到同样数量的谷物，而且质量较差。[③] 在库克汉（Cuxham），1314—1322 年，庄仆的报酬是劣质小麦和豆类的混合，车把式和犁把式每 10 周得到 1 夸脱谷物，牛倌和挤奶工得到同样数量谷物的时间是 14 周。很明显，这是连续歉收和饥荒造成的结果。[④] 对于兼职庄仆来说，季节性的失业则会进一步降低收入和生活水平。不论如何，谷物加货币的工资支付习惯实际上成了领主应付经济变化的手段。

黑死病的暴发对庄仆造成了很大损失，几乎就在瘟疫期间，领主已经开始试图通过改善庄仆的劳动条件来保证自营地上劳动力的

[①] D. L. Farmer, "Prices and Wages, 1042 – 1350", in H. E. Hallam, ed., *The Agrarian History of England and Wales*, Vol. 2, p. 762.

[②] James E. T. Rogers, *A History of Agriculture and Prices in England* 1259 – 1793, Vol. 2, pp. 329 – 330.

[③] D. L. Farmer, "Prices and Wages, 1042 – 1350", in H. E. Hallam, ed., *The Agrarian History of England and Wales*, Vol. 2, p. 763.

[④] James E. T. Rogers, *A History of Agriculture and Prices in England* 1259 – 1793, Vol. 2, p. 288.

供应。在1349/1350年，圣埃德蒙德修院院长不仅提高了庄仆的货币工资，而且将谷物报酬从瘟疫暴发之前的1夸脱/12周提高到1夸脱/10周，甚至在有的庄园提高到每8周1夸脱。① 威斯敏斯特修院院长也采取了同样的策略，他在自己所有庄园上都提高了庄仆的待遇。如在哈德维克（Hardwicke）和德尔赫斯特（Deerhurst）庄园，犁把式的谷物报酬从1夸脱/12周恢复到1夸脱/10周，而且都是上等的谷物。威斯特汉（Westerham）的庄仆在1349/1350年得到的谷物报酬也在增加，成为1夸脱/8周，不再是之前的1夸脱/10周。同一年，特维斯顿（Turweston）庄园，庄仆得到的全是小麦，而不是混合谷物。在克罗兰修院的奥金顿（Oakington）庄园，庄仆获得1夸脱谷物的时间从11周减少为10周。② 然而，如果再做进一步分析，就可以发现，庄仆工资只是表面上有所增加，黑死病暴发之后改善程度并不大，甚至几乎没有改变。有的庄园适当增加货币工资，但在物价居高不下的这个时期，每年仅仅增加少量现金工资对于生活的改善帮助不大。如在辛德克莱（Hinderclay）庄园，谷物报酬依然没有改变，但货币工资每年仅增加了1先令。有的庄园上，虽然增加了谷物报酬，却大幅度减少其中小麦的比例，实际上降低了谷物的价值，这大大抵消了数量的增加。如在拉姆齐修院的庄园上，黑死病之后，谷物报酬中的小麦比例下降，价值较低的豆类比例增加。③ 很明显，还是法令和庄园的审计系统发挥了作用。1351年颁布的《劳工法令》不仅规定庄仆要按照四年之前（1347年）的工资额得到报酬;④ 而且，在执行过程中，季度

---

① David Wayne Routt, "Economy and Society in the Fourteenth Century: The Estate of the Abbot of St Edmund's, 1335 – 1388", p. 266.

② D. L. Farmer, "Prices and Wages, 1042 – 1350", in H. E. Hallam, ed., The Agrarian History of England and Wales, Vol. 2, p. 763. Frances Mary Page, The Estates of Crowland Abbey: A Study in Manorial Organization, pp. 251, 275.

③ D. L. Farmer, "Price and Wages, 1350 – 1500", in Edward Miller, ed., The Agrarian History of England and Wales, Vol. 3, pp. 481 – 482.

④ A. R. Myers, ed., English Historical Documents, 1327 – 1485, p. 993.

第三章　工资变化

法庭和法官们对庄仆也给予了更多的"关照",因为他们是庄园领主最稳定的劳动力来源,他们的流动也遭到限制,不接受法定劳动条件工作并逃离的庄仆将遭到监禁的处罚。从各个庄园的做法来看,尽管有的庄园适当提高了报酬,但无非是用改变支付方式的伎俩来制造工资上涨的假象,结果并非将工资提高到一个新高度。因此,庄仆待遇并没有随着人口的减少而得到大幅改善,这与当时雇工的情况是相同的。

从 14 世纪末开始,庄仆的工资逐步改善。最明显的表现就是现金工资的上涨,在物价走低的时期,这无疑是一个利好消息。在仍然提供谷物报酬的地方,谷物数量和上等谷物(如小麦)的比例在增加。在埃塞克斯,尽管劳工法令规定犁把式的正常现金工资为 7 先令,但在修顿庄园(Hutton),犁把式在 1389 年的工资已经从 5 先令 6 便士(1354/1355 年)上涨到 13 先令 4 便士(外加每 12 周 1 夸脱的谷物)。邓顿(Dunton)庄园的羊倌每年 20 先令的工资也已经远远超出法令规定的 10 先令/年(没有食物)。[①] 达勒姆修院的佩廷顿(Pittington)庄园将车把式和犁把式的现金工资从 1310 年的 5 先令提高到 1379 年的 14 先令和 1410 年的 17 先令或 18 先令。在埃尔顿巴尼斯(Alton Barnes),1399—1400 年,车把式和羊倌的现金工资是 12 先令/年或 10 先令/年,犁把式是 8 先令/年或 7 先令/年,谷物报酬是 1 夸脱谷物(1/4 是小麦)/10 周。到 1430/1431 年,除了 1 夸脱/10 周的混合谷物(一半小麦,一半大麦)外,车把式还可以得到 30 先令/年,犁把式可以得到 23 先令 4 便士/年,羊倌是 16 先令/年。在巴特勒(Battle)主教的一些庄园上,14 世纪末,领主向庄仆提供食物,标准是 2 便士/天,这将使庄仆每年消费的食物价值超过 60 先令(3 镑)。在阿普尔德莱姆(Apuldram),犁把式在 14 世纪 40 年代得到 6 先令和价值 18 先令 7

[①] Nora Kenyon, "Labour Conditions in Essex in the Reign of Richard II", pp. 438–439.

便士的大麦；到 80 年代，达到 8 先令和 23 先令的谷物；15 世纪 20 年代是 13 先令 4 便士和价值 21 先令的谷物；15 世纪 50 年代，已经提高到 16 先令、价值 4 先令的衣物和价值 30 先令的食物。因此，在黑死病暴发之后的一个世纪里，他的收入翻了一倍。[①] 在伍斯特主教的比伯里庄园，14 世纪 80 年代，一个犁把式每年得到 8 先令的现金，谷物报酬虽然仍是 1 夸脱/12 周，但全部是小麦。圣埃德蒙德主教的犁把式，在 14 世纪末的里斯比庄园（Risby）上每年得到 10 先令。在切温盾庄园，1420/1421 年得到 13 先令 4 便士，1438/1439 年是 18 先令。在肯特的奥特福德（Otford）和巴顿（Christ Church Manor of Barton），15 世纪庄仆的现金工资上涨幅度很大。

表 3-12　奥特福德庄园庄仆的现金工资（1391—1444 年）

	车把式	犁把式	羊倌
1391—1392	10s	10s	10s
1410—1411	13s. 4d	10s—13s. 4d	10s
1418—1419	20s	10s—13s. 4d	10s
1427—1428	26s. 8d	16s—20s	13s. 4d
1431—1432	26s. 8d	16s. 8d—20s	16s
1437—1438	26s. 8d	20s—23s. 4d	16s
1443—1444	26s. 8d	16s—18s	16s

表 3-12 和表 3-13 显示，从 14 世纪末和 15 世纪初到 15 世纪 30 年代，在谷物报酬没有变化的前提下，技术型庄仆——车把式

---

① D. L. Farmer, "Price and Wages, 1350–1500", in Edward Miller, ed., *The Agrarian History of England and Wales*, Vol. 3, pp. 481–482.

和犁把式——的现金工资比14世纪末高出2倍多，非技术型的猪倌工资也有所增加。① 从全国范围来看，中世纪晚期庄仆的工资上涨幅度很大，甚至在保守的温彻斯特主教的庄园上，也出现了改善的迹象。尽管谷物报酬没有增加，但15世纪早期，庄仆的现金工资也已经先后提高到5先令/年和8先令/年。②

表3-13 巴顿庄园庄仆的现金工资（1406—1439年）

	犁把式	羊倌	猪倌
1406—1407	11s	11s	11s
1413—1414	15s	11s	11s
1417—1418	15s	14s	12s. 8d
1419—1420	15s	14s	12s. 8d
1422—1423	15s	14s	12s. 8d
1431—1432	20s	20s	14s. 2d
1434—1435	26s. 8d	20s	15s. 8d
1438—1439	26s. 8d	20s	15s. 8d

但需要指出的是，庄仆待遇是否改善因地而异。如在温彻斯特的一些庄园上，领主和管家成功地限制了庄仆的工资，陶顿庄园普通庄仆的现金工资还是2先令6便士，谷物报酬（一半黑麦，一半豌豆）还是1夸脱/12周。③ 而且，工资的提高也有可能意味着劳动量的增加和劳动时间的延长。在许多庄园上，犁把式需要参加更

---

① Edward Miller, ed., *The Agrarian History of England and Wales*, Vol. 3, pp. 690 – 691.
② David Farmer, "The Famuli in the Later Middle Ages", in Richard Britnell and John Hatcher, eds., *Progress and Problem in Medieval England*, pp. 231 – 232, 234 – 235.
③ D. L. Farmer, "Price and Wages, 1350 – 1500", in Edward Miller, ed., *The Agrarian History of England and Wales*, Vol. 3, p. 481.

多耕地以外的活动，羊倌需要照料更多的羊，而且还要做许多其他琐碎的活。此外，每种庄仆报酬的改善程度是不一样的，相比之下，犁把式、车把式等工作比较重要的庄仆待遇改善比较大，以女性为主的挤奶工的待遇提高则较小。无论如何，在即将消失的前夜，庄仆获得了更多的现金工资，在物价较低的情况下，能够购买到更多的食物，他们的劳动条件和生活水平还是大大改善和提高了。

二 家仆

家仆一般居住在雇主家中，不仅不用担心食宿，每年还可以得到一些鞋子、衣物或与其价值相当的其他物品，此外还有少量的现金工资。影响家仆工资的因素主要有三个：一是年龄。年龄决定了经验和能力，因此，处于青春期的家仆和成年人之间的工资有差别，家仆的工资也会随着年龄的增加而提高。14世纪末，普通家仆每年的所得很少超过20先令。约翰·梅尔福德的儿子一年的工资仅为5先令，这也是当时未成年家仆的正常年薪。[1] 二是性别。女性家仆的工资总是比男性低，这也表明她们所从事的工作技术含量不高。三是雇佣年限。我们发现，如果为一个雇主工作的时间很长，有的家仆就会获得工资提高作为鼓励。例如，约翰·艾琳（John Aleyn）是柴郡的牛顿地产主人汉弗莱的一名家仆，在1501/1502年一年得到6先令8便士，在1502/1503年上升到7先令，1503/1504年上涨到8先令，1519年则是13先令4便士。[2]

中世纪晚期，劳动力减少，家仆的工资也水涨船高。家仆工资的增长在不断颁布的《劳工法令》中得到了最好的证明。1351年

---

[1] L. R. Poos, *A Rural Society after the Black Death: Essex*, 1350–1525, p.205.
[2] Deborah Youngs, "Servants and Labourers on a Late Medieval Demesne", p.153.

第三章 工资变化

法令尽管规定各种仆从应该按照1347年前的工资水平接受工作，但没有规定当时的工资率是多少。1388年，《剑桥法令》详细规定了各种成年家仆的工资：羊倌和车把式每年10先令，犁把式是每年7先令，牛倌是每年6先令8便士，猪倌和挤奶工每年6先令，其他仆从按照自己的工作性质和当地的经济水平得到相应的工资。①在更多的人青睐短期高工资的情况下，这种规定明显太低了。1389年，埃塞克斯因违反法令而受到起诉的仆从的工资甚至已经达到每年三四十先令或更高。②到了15世纪，一个普通的农业家仆每年可以得到15先令的现金和价值3先令4便士的衣物，这也获得了法令的认可。1495年的法令对之前的工资进一步提高：犁把式、车把式和羊倌的工资每年最高20先令，并获得肉和饮料和价值5先令的衣物；普通家仆的工资为16先令8便士，外加价值4先令的衣物。证据表明，该法令规定的工资率已经在流行了。1489年，肯特的一个叫理查德的家仆在坎特伯雷的法庭上提起了一件诉讼称，他按照每年20先令现金和价值5先令衣物的条件忠诚地干了8年活，但至今雇主仍欠他一部分工资。在萨塞克斯甚至还出现了更高的工资。巴特勒修院司窖（Cellars of Battle Abbey）的账簿表明，犁把式在1465/1466年和1478/1479年的工资为20先令/年。但在1512/1513年的账簿上，3个农业仆从每人都能得到32先令/年，外加价值6先令的衣物。猪倌的工资也从每年15先令，上升到20先令。1495年法令规定的女性家仆的工资则较低，每年10先令，外加价值4先令的衣物。但实际情况已经超出了这个水平。在巴特勒修院的布兰霍恩庄园（manor of Branhorn），1468/1469年，家中的女仆按法令每年得到10先令，但在1474/1475年上涨到12先令，1484/1485年是13先令4便士。15世纪90年代仍保持在这个

---

① A. R. Myers, ed., *English Historical Documents*, 1327 – 1485, p. 1003.
② L. R. Poos, *A Rural Society after the Black Death: Essex*, 1350 – 1525, p. 205.

水平上。约翰·斯科特爵士给他的女佣报酬范围从 13 先令 4 便士到 16 先令不等。① 在正常的工资待遇之外，雇主也会给家仆提供上等的啤酒、更多的小费和奖赏，甚至关心家仆的家庭生活，这些改善和额外的奖赏使家仆的待遇有可能超过了按天工作的雇工。在这个流行高工资和四处流动寻找短期工作的时代来说，还是有许多人愿意与雇主签订年度合同，正是这些措施在一定程度上保证了劳动力的长期供应。

对于家仆待遇的改善程度和普及范围并不能过分乐观。从当前我们掌握的资料来看，有些地方家仆的工资并不高。在库伯兰（Cumberland）的米罗姆（Millom）地产上，家仆在 1513/1514 年的工资从 8 先令到 1 马克（13 先令 4 便士）不等。在牛顿，家仆的工资在 5—14 先令 4 便士，大多数集中在 7—8 先令。② 女性家仆的工资更低，而且拖欠工资的事情一再发生，而且她们可能还要受到各种侵犯和处罚。因此，家仆的经济地位并不稳定。③

综上来看，在我们考察的这个时期内，除了 13 世纪的稳定和短期波动之外，随着劳动力市场供需、生活成本等经济因素的改变，名义工资基本上保持了一种上涨态势，尤其是在黑死病暴发之后，上涨更为明显。与此同时，按照贝弗里奇的说法，1290—1370 年，名义工资和物价同时和同方向运动，此后二者开始分道扬镳，这就造成了实际工资的不同发展阶段（见图 3-2）。

尽管将仆从和雇工分述，但二者的实际工资发展趋势基本上是相同的。到 13 世纪末 14 世纪初，人口增加、货币供给量充裕和歉收等因素开始产生影响，工资水平开始下降；到 14 世纪的第三个十年达到最低谷，之后虽略有恢复。但黑死病造成的人口减少并没

---

① Mavis E. Mate, *Trade and Economic Developments* 1450 – 1550, pp. 137 – 138.
② Deborah Youngs, "Servants and Labourers on a Late Medieval Demesne", pp. 152 – 153.
③ C. Dyer, *Standards of Living in the Later Middle Ages*: *Social Change in England*, 1200 – 1520, p. 233.

有产生多大改善，瘟疫造成的生产混乱、歉收和人均货币数量的增加使实际工资水平不升反降。从 14 世纪末开始，庄仆和雇工的实际工资达到很高的水平，这种高水平一直持续到 16 世纪早期。①

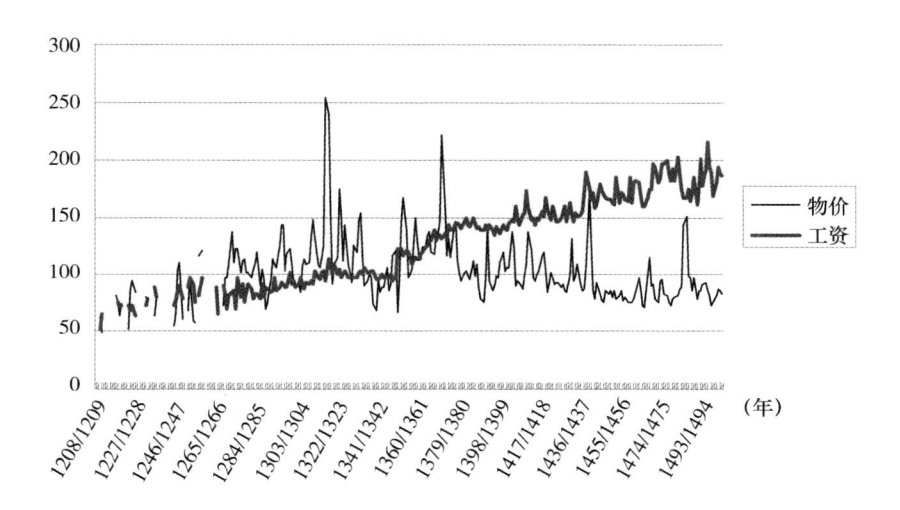

图 3-2　中世纪英格兰的物价和工资趋势（1208—1500 年）

注：1330—1347 年 = 100。

资料来源：D. L. Farmer, "Prices and Wages, 1042 – 1350", in H. E. Hallam, ed., *The Agrarian History of England and Wales*, Vol. 2, pp. 723 – 724; D. L. Farmer, "Prices and Wages, 1350 – 1500", in Edward Miller, ed., *The Agrarian History of England and Wales*, Vol. 3, pp. 520 – 524.

我们看到，工资变化是多种因素共同作用的结果，而且在不同的时期，不同因素发挥的作用也不尽相同。从长期来看，人口的增减、货币数量的供应是主要的决定力量，但从短期来看，商品供

---

① 此时，人均收入也随着经济结构的调整而增长，而且这种增长也适用于整个西北欧地区。Gerald Gunderson, "Real Incomes in the Late Middle Ages: A Test of the Common Case for Diminishing Returns", *Social Science History*, Vol. 2, No. 1 (Autumn, 1977), pp. 90 – 118.

需、物价变动、生活成本变化等因素都对工资水平产生了重要的影响。单纯的人口或货币决定论是无法合理地解释中世纪英格兰工资的长期变化趋势的。

"人口论"不能解释的问题至少有两个：第一，按照波斯坦的观点，英格兰人口在经历1315—1317年和1319—1322年的饥荒之后开始下降，劳动力供给减少，工资开始出现上涨。但我们知道，从13世纪末开始，名义工资（尤其是农业工资）就一直保持上涨状态，从来没有再出现下降的局面。尤其是，名义工资的上涨并非开始于14世纪20年代，而是始于13世纪末，仅靠劳动力的市场供需理论无法做出解释。货币工资的流行、生活成本的提高等因素无疑要考虑在内。第二，理论上讲，人口的大量减少，劳动力短缺，名义工资升高，而对食物的需求就会下降，物价就会走低，实际工资水平升高。但黑死病暴发之后，实际工资并没有因人口减少而增加，反而有所下降。对此，有些学者提出，在黑死病暴发之前，英格兰人口剩余，瘟疫暴发之后，失业者和潜在的失业者很快填补了死者的空位，因此，人口减少的影响并不严重。直到15世纪的瘟疫暴发，劳动力才出现真正的短缺。这种解释也很难令人满意，大量人口减少之后，工资不可能再保持原有的水平。而且，所有的证据都表明，1349年以后的瘟疫破坏力都不可能强过黑死病，J. M. W. 宾指出，15世纪的瘟疫影响范围不大，主要是地方性的暴发，更多地影响了城市，而非农村。[①] 因此，"人口论"在这里再次遇到难题。对于黑死病暴发之后实际工资不升反降，我们需要从影响它的两个方面考虑。一方面，名义工资上涨幅度没有按照市场的要求上涨，如果人口数量直接决定工资，那么，人口减少了一半左右，名义工资至少增

---

① J. M. W. Bean, "Plague, Population and Economic Decline in England in the Later Middle Ages", *The Economic History Review*, New Series, Vol. 15, No. 3 (Dec. 1963), pp. 423 – 437.

长一倍才对，但仅增长50%左右，这无疑受到了国家立法干预和领主抵制的影响；另一方面，物价也没有因需求减少而下降。人均货币占有量的增加、农业生产的短暂混乱和连年的歉收等是造成物价居高不下的主要原因。

"货币论"也有其自身的缺陷。第一，货币论的理论基础在于费雪公式，在该公式中，货币流通速度（V）和商品销售总量（T）是假定不变的，决定物价的因素只是货币数量。但V和T并不是不变的，二者受到社会生产力水平、可支配收入、消费心理等许多因素的影响，货币论者假定二者不变无疑是降低了该公式应用的准确程度。而且，物价主要是由市场供需状况影响的，在农业生产占主导地位的乡村社会，收成的好坏就成为考察中世纪物价变动必须考虑的因素，1315—1317年的歉收造成的物价飞涨就是最明显的例子。第二，货币论认为，名义工资具有"黏性"，决定实际工资变迁的关键在于物价。尽管物价是影响实际工资的重要因素，但在中世纪英格兰，随着劳动力的供需状况、生活成本等因素的变化，名义工资也在发生变化，这是影响实际工资的首要因素。另外，货币论者使用的数据尽管很丰富和连续，但仅限于建筑工人，甚至仅限于英格兰南部地区，但这个地区对建筑工人的需求量大，工资也相对较高。如13世纪剑桥或伦敦的一个雇工每天能得到6便士，而其他地方还不到4便士。而且，建筑工人在整个工资劳动者群体中所占比例很小，在城市仅是1/20，而乡村比例更低。[1] 因此，他们的工资数据的代表性就值得怀疑。再者，建筑工人群体内部也有差别，有些人是独自受雇，日工资就是一天的劳动所得，而有些人（如石匠）则是团队作业，需要自己携带工具、准备建材，因此，他们的工资中往往还包含材料和工具的成本，也包含支付给其雇佣

---

[1] C. Dyer, *Standards of Living in the Middle Ages: Social Change in England c.* 1200 – 1520, p. 220.

的辅助性工人（仆从或学徒）的工资。①

今天，尽管仍有学者坚持单一经济因素决定论，但更多学者将二者结合起来，② 并加入其他的要素展开综合研究，这使我们对中世纪英格兰工资变化及其原因的认识不断加深。

---

① Donald Woodward, "Wage Rates and Living Standards in Pre – Industrial England", pp. 28 – 46. Douglas Knoop and G. P. Jones, "Masons and Apprenticeship in Mediaeval England", *The Economic History Review*, Vol. 3, No. 3 (Apr., 1932), pp. 346 – 366.

② N. J. Mayhew, "Population, Money Supply, and the Velocity of Circulation in England, 1300 – 1700", *The Economic History Review*, New Series, Vol. 48, No. 2 (May, 1995), p. 238.

第四章　工资差别

1200—1520年，英格兰的工资水平经历了巨大的变化，在不同的时期，工资的数量和购买力是不同的。但更加值得我们注意的是，由于各种各样的原因，即使在同一时间点上，不同的工资劳动者得到的工资也是不一样的。因此，工资差别（wage differentials）也是我们重点关注的问题之一。

第一节　工资差别的产生

自"工资"（实物、货币）开始支付的那一天起，差别问题就已经出现。很久以来，许多人都已经注意到这个普遍存在的问题，在工业革命之后，工资差别理论开始慢慢形成。英国古典经济学家亚当·斯密是工资差别最早的理论关注者。在斯密那里，造成工资差别产生的原因主要有两类：职业性质的不同和政府政策的不均等。对于不同性质的职业造成的差别，亚当·斯密又从五个方面进行了论述。一是因使劳动者心理感受不同而不同。职业本身有尊卑、污洁、难易，因此就会引起从业者愉快或不愉快的心情。死刑执行者的工作令人生厌，其工资也相对较高。二是因技术掌握难易程度、投资成本大小不同。三是因从事的工作安定与否、安全性大小而不同。四是因劳动者承担的责任大小而不同。医生、律师必须能够维持与所承担的重大责任相符的社会地位，因此他们的报酬就很高。五是因取得从业资格的可能性大小而不同。在亚当·斯密看来，取得高工资的人或者需要承受较差的心理感受和安全性，或者是取得从业资格较难，或者承担的责任较大，因此，高工资是对从业者的一种补偿。然后，亚当·斯密还解释了政策与工资差别之间的关系，如政府限制同业竞争、限制劳动力自由流动等政策，扭曲了劳动力的供求，造成不合理的工资差别。①

亚当·斯密的研究成功地指出了工资差别产生的部分原因，是此后经济学家和经济史家研究该问题的起点。经济学发展到今天，工资差别理论主要形成三种类型：补偿性工资差别理论（如教育投资与回报）、垄断性工资差别理论（如行业垄断）和歧视性工资差别理论（如性别、种族歧视）。②尽管现代的经济学理论对我们的研究有一定的指导意义，但将它们生搬硬套进中世纪经济史研究中是危险的。而且，我们不仅关注工资差别这一经济现象，更重要的是与之相关联的社会关系变化。此外，本研究关注的对象并不是固定不变的，在三百年间的历史中，各种工资差别处于不断变化之中，尤其是黑死病暴发引起的人口减少造成显著的变化，因此经济理论对我们的适用性就大大降低。

与现代社会一样，在中世纪英格兰的劳动力经济中，工资差别的现象也很明显。这主要是由以下几种因素引起的：第一，行业本身的性质在中世纪同样是造成差别最主要的原因；第二，在同行业内部，由于技术的等级不同，工匠和辅助工人拿到的工资并不相同；第三，经济发展区域的不同造成的工资差别，如伦敦地区的工资远高于其他地区；第四，性别造成的差别，这一点尤为显著，尽管有学者认为黑死病暴发之后，男女同工同酬已经出现，但最新研究表明，这种观点过于乐观了；第五，其他原因造成的差别，如季

---

① ［英］亚当·斯密：《国民财富的性质和原因的研究》（上卷），郭大力、王亚南译，商务印书馆2004年版，第92—107、112—137页。

② 胡学勤：《劳动经济学》，高等教育出版社2007年版，第259—263页。

节，对于建筑工人而言，冬夏的工资是不同的，此外，还有年龄因素。

第二节 工资差别的类型

按照中世纪工资差别产生的原因，我们将其分为六种类型：行业工资差别、技术工资差别、地区工资差别、性别工资差别、年龄工资差别和季节工资差别。下面我们将对这六种类型分别进行探讨。

一 行业工资差别

我们已经注意到，在中世纪英格兰，工资劳动者并没有形成专门的劳动分工，他们在职业上有很大的流动性。尽管如此，在从事不同的工作时，工资水平还是有差异的，这种差异来自工作本身的性质。

首先，尽管各个庄园的做法不同，但一般来讲，在庄仆之中，犁把式、车把式的工资最高，挤奶工的工资最低。13世纪初，在大多数的温彻斯特主教的庄园上，犁把式和车把式每8周可以得到1夸脱谷物，其他庄仆需要10周，挤奶工则需要10—13周。而在利普顿（Rimpton）庄园上，悲惨的挤奶工工作20周才可以得到1夸脱谷物。除了谷物报酬，大多数的庄仆都有3—4先令的现金工资，挤奶工所得则要少得多（约为2先令）。[①] 到黑死病暴发前后，车把式、犁把式的谷物报酬固定在1夸脱/10周，羊倌、猪倌、牛倌是1夸脱/12周，挤奶工则是1夸脱/16周。[②] 这种实物报酬上的

[①] D. L. Farmer, "Prices and Wages, 1042–1350", in H. E. Hallam, ed., *The Agrarian History of England and Wales*, Vol. 2, p. 761.

[②] D. L. Farmer, "Prices and Wages, 1350–1500", in Edward Miller, ed., *The Agrarian History of England and Wales*, Vol. 3, p. 481.

差别直到 14 世纪末仍然没有改变。① 现金工资方面，中世纪晚期，普通庄仆的现金工资增加到 12 先令，而车把式和犁把式往往可以得到 13 先令 4 便士。② 庄仆工资的差别很明显是因为他们所从事的工作对领主的重要程度不同。在领主眼中，犁地工作是农年的开始，这项工作的进行速度、质量好坏关系着接下来的播种，以至于以后的谷物收成；车把式随时准备着在需要的时候为领主干活，在收获季节，从自营地到谷仓再到市场的谷物运输关系着领主经营土地的收入。因此，领主对犁地和运输相当重视。鉴于工作内容及其重要性，犁把式和车把式的高工资就在情理之中了。而且，由于驾车工作要长途跋涉，承受道路颠簸之苦，车把式的时间几乎全部投入领主的运输工作中，根本没有时间拥有自己的土地，③ 谷物报酬和货币工资可能是其生存的全部来源，因此，车把式的工资有时比犁把式还要高。如在 1399/1400 年的埃尔顿巴尼斯（Alton Barnes）庄园，车把式的工资为 10—12 先令，外加每 10 周 1 夸脱的谷物，高于犁把式的 7 先令/年或 8 先令/年和相同的谷物报酬。到 1430/1431 年，车把式的工资已经达到 30 先令，犁把式为 23 先令 4 便士。④ 相对而言，挤奶工往往从事一些诸如挤奶、制奶酪、扬壳、烧粥等一些琐碎的工作，这些在领主眼里微不足道，而且技术含量不高，报酬自然不高。更重要的是，挤奶工往往是女性，尤其是未成年女性，传统观念对妇女劳动的歧视在这里就发挥了作用。还需要指出的是，中世纪的庄园领主往往饲养大量的羊，平均起来，每

---

① David Farmer, "The Famuli in the Later Middle Ages", in Richard Britnell and John Hatcher, eds., *Progress and Problem in Medieval England*, p. 231.

② R. H. Hilton, *The Economic Development of Some Leicestershire Estates in the 14th and 15th Century*, p. 141.

③ David Wayne Routt, *Economy and Society in the Fourteenth Century: The Estate of the Abbot of St Edmund's*, 1335 – 1388, p. 245.

④ D. L. Farmer, "Prices and Wages, 1350 – 1500", in Edward Miller, ed., *The Agrarian History of England and Wales*, Vol. 3, p. 482.

个羊倌要细心照料数百只羊,工作量很大。当时的《管家手册》(Seneschaucy)说,照料公羊的人要照顾400只/年,照料母羊的人要照顾300只/年。① 因此,羊倌的工资也很高,有的地方甚至超过犁把式。我们看到,在埃塞克斯,劳工法令规定当地的犁把式的工资为7先令/年,羊倌的工资则是10先令/年。②

其次,对于农业雇工的工资则需要具体分析。农业工作中,脱粒不是一项紧急的工作,除非为了准备秋天的播种,或者上一年的粮食已经用尽。在古塞奇(Gussage)庄园,脱粒工作一直会持续到第二年2月。③ 而且,惯例佃农和庄仆的参与让该项工作的工资不高。在脱粒工作中,给小麦脱粒的工作是最高的。表4-1显示,在黑死病暴发之前,给小麦脱粒的工资是脱粒大麦工资的1.5倍左右,是脱粒燕麦工资的2—3倍。黑死病暴发之后,脱粒工资均有所上涨,但脱粒小麦工资的优势仍然不可撼动。很明显这是因为小麦的价值较高,是庄园向市场出售的大宗商品,领主较为重视的缘故。

表4-1　　　　　英格兰的脱粒工资（1259—1520年）

	小麦	大麦	燕麦
1259—1270	2.5	1.58	0.76
1271—1280	2.675	1.53	0.95
1281—1290	2.72	1.46	0.96
1291—1300	2.45	1.5	1
1301—1310	2.6	1.675	1.025
1311—1320	2.95	1.725	1.075

---

① David Wayne Routt, *Economy and Society in the Fourteenth Century: The Estate of the Abbot of St Edmund's*, 1335-1388, p. 247.
② Nora Kenyon, "Labour Conditions in Essex in the Reign of Richard II", pp. 429-451.
③ D. L. Farmer, "Prices and Wages, 1350-1500", in Edward Miller, ed., *The Agrarian History of England and Wales*, Vol. 3, p. 468.

续表

	小麦	大麦	燕麦
1321—1330	2.8	1.625	1.045
1331—1340	2.7	1.75	1.584
1341—1350	2.925	1.725	1.25
1351—1360	3.425	2.3	1.475
1361—1370	3.72	2.75	1.97
1371—1380	3.85	2.85	2.3
1381—1390	3.16	2.125	1.72
1391—1400	3.2	2.22	2.2
1401—1410	3.75	2.5	2.125
1411—1420	3.75	2.5	2.25
1421—1430	3.75	2.25	2.125
1431—1440	4.5	2.75	2.5
1441—1450	4.625	2.25	2.25
1451—1460	4.25	2.25	2.25
1461—1470	3.75	2.5	2.25
1471—1480	2.75	2.75	2.5
1481—1490	3	2	2
1491—1500	4.25	2.5	2.5
1501—1510	5.5	3.5	2.625
1511—1520	4.75	2.75	2.5

注：单位：便士/夸脱。

资料来源：James E. T. Rogers, *A History of Agriculture and Prices in England* 1259 - 1793, Vol. 1, p. 320; Vol. 4, p. 525.

与脱粒工作相比，收割工资一般较高。这是因为收割工作的时间较短，为避免突然到来的雨水延误，领主不得不支付较高的工资来刺激工人的积极性。其中，收割小麦和大麦的工资略为高一些，燕麦最低，但三者差距并不大，大多数时间里，往往在 1 便士以内，甚至相同。1261—1400 年的 140 年间，有 25 年三种谷物的收割工资相同。其中，在黑死病暴发之后的半个世纪里，竟然有 21 年是相同的。① 笔者认为，这可能与收割工作使用的工具有关。收割小麦使用的是镰刀（sickles），收割大麦使用的则是长柄大镰刀（Scythes）。长柄大镰刀的刀柄较长，刀刃较宽，通过两只手的摇摆运动增加了收割量，但其长度和重量也对工人的身高和体力提出了更高的要求，因此，长柄大镰刀总是掌握在最强壮的人手里（这也将妇女排除在外）。② 使用长柄大镰刀工作的报酬一般较高，大麦、燕麦就是如此，而且由于它们对于领主的重要性本来也不算低，因此，尽管小麦价值较高，但三者的收割工资相差无几。许多时候，收割大麦的工资往往比收割小麦还要高。比如，在 1389 年的米德尔顿（Middleton），管家给收割大麦开出的工资是 12 便士/英亩，而小麦和燕麦是 9 便士/英亩。在 1398 年的马里斯托（Maristowe），收割小麦、黑麦和大麦（前两者价值较高）的工资是 9 便士/英亩，燕麦仅是 7 便士/英亩。菲林（Feering）的做法是，收割一英亩小麦是 6 便士和一条面包，燕麦是 5 便士加 1 条面包，大麦是 10 便士，没有面包。③ 上述材料表明，谷物之间价值和收割难度造成的工资上的区别。另外，割草是最经常使用长柄大镰刀的工作，因此，该项工作的工资往往也很高。13 世纪早期，温彻斯特庄园的割草工资是 3.5 便士/英亩，但很快高工资就出现了，在蒂福德庄园（Twyford）是 5 便士/英亩，汉

---

① James E. T. Rogers, *A History of Agriculture and Prices in England* 1259 – 1793, Vol. 1, pp. 297 – 320.

② Michael Roberts, "Sickles and Scythes: Women's Work and Men's Work at Harvest Time", *History Workshop*, No. 7 (Spring, 1979), pp. 3 – 28. 德国学者格茨认为，在欧洲，大镰刀的使用出现在中世纪中期。见［德］汉斯－维尔纳·格茨《欧洲中世纪生活：7—13 世纪》，王亚平译，东方出版社 2002 年版，第 163 页。

③ D. L. Farmer, "Prices and Wages, 1350 – 1500", in Edward Miller, ed., *The Agrarian History of England and Wales*, Vol. 3, p. 473.

布莱登庄园（*Hambledon*）是6便士/英亩。[1] 在有的地方，它甚至是所有农业工资中最高的。在14世纪70年代约克的林德西（Lindsey）地区，最高的工资是8便士/天，属于割草工。[2] 但到了14世纪末15世纪初，割草的平均工资维持在6—7便士/英亩，已经远远落后于急速上涨的收割谷物的工资。需要指出的是，长柄大镰刀虽然增加了工作量，但与镰刀相比，割下来的谷物或草散落一地，这样增加了辅助性的收集劳动，难免造成收获损失，这可能也是价值较高的小麦一直使用镰刀进行收割的原因之一。

二 技术工资差别

在中世纪英格兰，因技术产生的工资差别是一个引起广泛关注的问题，但是对于其中的细节，我们只能从某些庄园或机构的建筑账簿中寻找到一些证据，却不能以此系统考察三百余年间的变化及其趋势。因此，由于材料所限，本书重点考察工匠及其辅助工人（helpers，servants，boys）的工资差别及变化情况。

如前所述，在中世纪的英格兰，有一些小土地持有者或无土地者在长期的打工过程中逐渐在某一领域专业化，形成一些职业性的群体，如木匠、铁匠、石匠等。这些人与自己的辅助工人，以及那些偶尔做这些工作的人之间就形成了技术上的工资差别。在劳动中，工匠往往都带有一两名辅助工人，辅助工人有时是他们的仆从，有时是他们的妻子和孩子。在需求大的地方，雇主也会额外雇佣一些临时性的辅助工人。由于技术程度、工作性质和雇主需求不同，工匠和辅助工人在劳动的重要性、劳动时间等方面区别很大。一般来说，工匠的工作更为重要，对于他们的需求也比较频繁。如

---

[1] D. L. Farmer, "Prices and Wages, 1042-1350", in H. E. Hallam, ed., *The Agrarian History of England and Wales*, Vol. 2, p. 776.

[2] Simon A. C. Penn, "Female Wage-Earners in Late Fourteenth-Century England", pp. 10-11.

第四章 工资差别

木匠要经常被雇来制造和维护耕犁等生产工具，茅屋覆顶工也经常做建造和修缮茅屋的工作。在一些大的工程上，工匠要做的都是一些关键性的工作，辅助工人的工作则是一些次要性的体力活。工匠受雇的时间往往较长，常年都能有活干，而辅助工人只能在一年中的某段时间干活，然后处于失业状态，或去其他地方寻找出路。

工匠和辅助工人在工资上的差别很明显，而且二者的工资之比往往比较固定。在正常情况下，工匠带着自己的辅助工人一起干活，雇主将工资支付给工匠，不会规定这些报酬如何分配，但一般来讲，在13世纪和14世纪初，工匠及其辅助工人之间的工资比例为2∶1左右。如茅屋覆顶工和木匠的工资是每天3便士，其帮手的工资是1.5便士/天；石板工（plumber）每天可以得到4便士，其助手就是2便士/天。例如，在埃克塞特主教座堂建设工程中，1299年圣诞节期间第一周，一名普通雇工的工资是每周21—22便士，一名普通工人的工资为每周9—10便士。[1] 到14世纪第二个十年，二者工资的差距有扩大的趋势，这是因为当时恶劣的天气增加了对有技术的建筑工人的需求。此后差别再次缩小，并恢复到原先的水平上。[2] 1351年的《劳工法令》证明了这一点。该法令要恢复的1346/1347年的工资水平如下：高级石匠的工资为4便士/天，其他石匠3便士/天，他们的仆从1.5便士/天；瓦匠是3便士/天，他的男孩（boys）1.5便士/天；茅屋覆顶工每天得到3便士，他的男孩是1.5便士；灰泥工（plaster）与其他工人或男孩情况相同，没有肉和饮料……[3] 当然，也有例外的情况。如在温彻斯特主教的法恩汉（Farnham）庄园上，1260—1289年瓦匠的工资接近其辅助工人的3.5倍。但它在13世纪最后十年迅速下降，并在1340年之前保持2∶1的比例。木匠

---

[1] Jean A. Givens, "The Fabric Accounts of Exeter Cathedral as a Record of Medieval Sculptural Practice", p. 112.

[2] D. L. Farmer, "Prices and Wages, 1042–1350", in H. E. Hallam, ed., *The Agrarian History of England and Wales*, Vol. 2, p. 771.

[3] A. R. Myers, ed., *English Historical Documents*, 1327–1485, p. 994.

的工资相对于辅助工人则呈现不断下降的趋势，到黑死病暴发之前，二者的比例一度达到1.6∶1。① 但从全国的情况来看，黑死病暴发之前工匠与辅助工人之间的工资比例还是相当固定的。

黑死病暴发之后的五年间，尽管工匠和辅助工人的工资均上涨很快，但前者的工资几乎是后者的2.5倍。很明显，瘟疫造成的劳动力短缺中，技术工人的重要性立刻显现，工匠的工资也因此上涨得比辅助工人更快。此后，辅助工人对工匠的工资差距呈现不断缩小之势，工匠的工资虽然也翻了一番，而辅助工人的工资往往增长2—3倍。在威斯敏斯特修道院的地产上，在14世纪初，木匠的工资是辅助工人工资的200%，到14世纪末和15世纪初，已经下降到140%—150%，该百分比此后略微上升，到15世纪末基本维持在165%左右。也就是说，辅助工人每挣20先令，木匠的收入在1300年为40先令，1400年为28先令或30先令，1500年为33先令。② 在温彻斯特主教的地产上，法恩汉庄园的瓦匠与辅助工人之间的工资差距在黑死病暴发之前就开始持续缩小，到1360—1379年，瓦匠的工资仅比其辅助工人高出1/3左右。1380—1410年，瓦匠工资再次上涨，从每天4便士上升到每天4.5便士或5便士，辅助工人的工资则是每天3便士左右。但此后辅助工人的工资又一次上升，到15世纪中期，其工资已经达到瓦匠的3/4或4/5。在惠特尼（Witney）和威孔（Wycombe）庄园上，到15世纪中期，茅屋覆顶工的工资仅是其辅助工人的130%。木匠的日工资从1280—1289年的3.12便士上涨到5.23便士，增加70%，其辅助工人的工资从1.63便士/天增加到4.01便士/天。二者工资的比例，从13世纪末的2∶1下降到170年之后的1.25∶1或1.3∶1。萨瑟克（Southwark）的辅助工人在1282年可以得到工匠工资的1/2，在15

---

① William Beveridge, "Wages in the Winchester Manors", p. 42.
② William Beveridge, "Westminster Wages in the Manorial Era", p. 33.

世纪的第一个十年上升到 5/8。篱笆工（hedgers）和挖坑工（ditchers）得到工匠工资的 3/4。① 也就是说，在本书考察的时段末期，工匠工资仅比辅助工人高出 1/3—1/2，在有些地方，甚至仅高出 1/4。整体看来，工匠和辅助工人之间的工资比例在黑死病暴发之后呈现下降趋势，在劳动力短缺的背景下，技术的优势开始丧失，辅助工人容易获得之前技术工人才能得到的工资。

表 4-2　工匠和辅助工人之间的工资差别（1280—1500 年）

	工匠	辅助工人
1280—1290	283	100
1290—1300	204	100
1300—1310	227	100
1310—1320	243	100
1320—1330	229	100
1330—1340	225	100
1340—1347	210	100
1347—1356	245	100
1356—1360	196	100
1360—1370	190	100
1370—1380	193	100
1380—1390	188	100
1390—1400	184	100
1400—1410	173	100
1410—1420	187	100
1420—1430	173	100

---

① William Beveridge, "Wages in the Winchester Manors", pp. 32, 35.

续表

	工匠	辅助工人
1430—1440	157	100
1440—1450	145	100
1450—1460	149	100
1460—1470	140	100
1470—1480	140	100
1480—1490	144	100
1490—1500	140	100

注：（1）工匠类型包括茅屋覆顶工、石板匠、瓦匠、石匠和管道工；（2）没有在不同地位的辅助工人之间做出区别；（3）从米迦勒节（9月29日）到来年米迦勒节计为一年。（4）1300年之后，工匠和辅助工人的工资才开始同时有规律地出现，对于1280—1300年的数据，主要来自温彻斯特主教的法恩汉庄园上的瓦匠和木匠及其辅助工人的工资平均数。

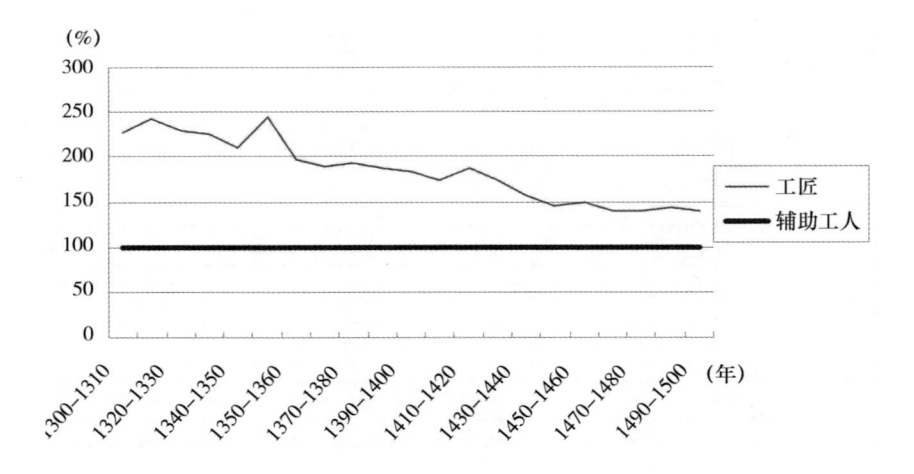

图4-1 工匠和辅助工人之间的工资差别（1300—1500年）

资料来源：D. L. Farmer, "Prices and Wages, 1350–1500", in Edward Miller, ed., *The Agrarian History of England and Wales*, Vol. 3, p. 479; D. L. Farmer, "Prices and Wages, 1042–1350", in H. E. Hallam, ed., *The Agrarian History of England and Wales*, Vol. 2, p. 771.

第四章 工资差别

表 4-2 和图 4-1 清楚地反映出工匠与辅助工人之间的工资差别的演变情况：二者的工资比例，在 13 世纪到 14 世纪中期之前是 2∶1，黑死病暴发之后差距逐渐缩小；到 15 世纪中期之后，工匠工资对辅助工人的倍数下降到 1.5 以下。在英格兰南部建筑工人的工资数据中，工匠与辅助工人的工资比在 15 世纪初定格在 1.5∶1，并一直保持到第一次世界大战之前。[1]

黑死病暴发之后，工匠与辅助工人的工资差距在经历了短暂的扩大之后，迅速缩小，其原因主要有三个方面：第一，在劳动力稀缺时，劳动力剩余和就业不足的情况下造成的低级别工资很容易上升。[2] 黑死病暴发之后，劳动力普遍短缺，辅助工人的价值增加，工资上涨速度更快。举个例子，黑死病暴发之后，茅屋覆顶工的工资上涨 48%，而其辅助工人的工资增长了 125%。[3] 第二，就中世纪而言，工匠与辅助工人之间的技术差别并非不可逾越。在充分就业的形势下，长期劳动使辅助工人变得比以前更有经验，而且也有机会学习到社会所需要的技术。因此，辅助工人的技术和地位在随着时间而改变。15 世纪的辅助工人比 13 世纪的同行更有经验，在他们的帮助下，工匠一天的劳动量比之前在妇女、惯例佃农和庄仆的帮助下完成得更大。[4] 第三，瘟疫造成的大量死亡为幸存者带来了生活条件的改善。在长期的高工资和低价格的影响下，普通雇工也要追求更高的生活水平，如饮食中增加肉和啤酒的比例，穿着更舒适，享受更多的休闲和娱乐等。因此，他们利用有利条件与雇主进行谈判，试图索取更高的工资，雇主为了及时得到充足的劳动力，就不得不满足这些要求，否

---

[1] H. P. Brown and S. V. Hopkins, *A Perspective of Wages and Prices*, p. 8.

[2] M. M. Postan, "Some Economic Evidence of Declining Population in the Later Middle Ages", p. 236.

[3] James E. T. Rogers, *A History of Agriculture and Prices in England* 1259–1793, Vol. 1, p. 274.

[4] D. L. Farmer, "Prices and Wages, 1350–1500", in Edward Miller, ed., *The Agrarian History of England and Wales*, Vol. 3, p. 479.

则雇工就要离开。在有些地方，雇主尽管给出了较高的工资，仍然出现"工荒"现象，这就是劳动力供不应求时期的奇怪现象。因此，生活标准的提高也是影响辅助工人工资上涨的原因之一。

三 地区工资差别

在中世纪英格兰，不同的地区之间，工资水平也不尽相同。罗杰斯搜集了13世纪中晚期和14世纪的工资数据，考察了全国各地区农业工资差别情况。他将全国分为五个地区：东部、西部、南部、北部和中部地区，然后以各地的脱粒工作的最高工资为考察对象，逐年列出了1259—1400年上述五个地区的为小麦、大麦和燕麦脱粒的工资水平，最后计算出了十年平均数和黑死病暴发前后的平均数（见表4-3）。

从罗杰斯的数据中，我们可以发现，在上述五个地区中，东部工资最高，其次是北部地区、南部的泰晤士河下游地区、中部和西部。以最具代表性的小麦为例，1259—1350年，近百年的平均脱粒工资，东部地区是3.125便士/夸脱，北部地区为2.75便士/夸脱，南部地区为2.625便士/夸脱，中部地区为2.5便士/夸脱，西部地区为2.375便士/夸脱。原因看起来很简单，经济发达使工资水平也水涨船高。东部地区是英格兰经济最繁荣的地区，不仅农业经济比较发达，先进的技术和耕作制度最先从这里出现，而且这里的织布业等工业部门发展较快，如盛产羊毛的诺福克地区，工业部门的竞争使工资保持很高的水平，就像现在工业区的农业工人的工资要比纯粹农业区的工资要高。[1] 东部以外的其他四个地区的工资差别不大，有时甚至没有区别。从出现频率最高的数据来看，脱粒1夸脱小麦、大麦和燕麦的工资分别为2.5便士、1.5便士、1便士。东部地区的数据分别是3便士、1.75便士、1.125便士，相比

---

[1] James E. T. Rogers, *Six Centuries of Work and Wages*, pp. 171–172.

之下，东部一直处于领先地位。①

表4-3　　　　　英格兰的脱粒工资（1259—1400年）

	东部			中部			南部			西部			北部		
	小麦	大麦	燕麦	小麦	大麦	燕麦	小麦	大麦	燕麦	小麦	大麦	燕麦	小麦	大麦	燕麦
1259—1270	2.875	1.25	0.75	2.125	1	0.625							2.5	0.917	
1271—1280	3.75	1.5	0.875	2.125	1.625	1	3.125	1.5	1.125	2		1	2.375	1.5	0.75
1281—1290	3	1.5	1	2.875	1.5	1	2.5	1.375	0.875	2.5					
1291—1300	3	1.5	1	2.375	1.5	1	2.625	1.625	1	2.25	1.625	1.125	2	1.25	0.875
1301—1310	3	1.875	1.125	2.25	1.5	1	2.5	1.5	1	2.25	1.5	1	3	2	1
1311—1320	3.5	1.75	1.125	3	2	1.125	2.75	1.875	1.125	2.5	1.5	1	3	1.5	1
1321—1330	3.25	1.75	1.125	2.75	1.625	1	2.625	1.625		2.5	1.5	1	2.875	1.625	1.1
1331—1340	3	1.75	1.125	2.5	1.5	1.25	2.625	1.625	1.125	2.375	1.5	1.25	3	2.375	3.17
1341—1350	3.375	1.875	1.25	2.875	2	1.375	3	1.625	1.125	2.375	1.625	1.25	3	1.5	
1351—1360	3.25	2	1.375	3.5	2.75	1.5	3.5	2	1.5	2.875	2.125	1.5	4	2.625	1.5
1361—1370	4.75	3.75	2.25	3.5	3	1.875	3.625	2	1.75	3	2.25	2			
1371—1380	5	3	3	3.125	2.875	3	4	3.25	2	3.125	2.25	1.5	4		2
1381—1390	3.5	2	1.5	3.125	2.5	2	3	2	1.875	3	2	1.5			
1391—1400			2.5	4	2.5	2.625	3	2	1.875	2.75	1.875	1.5	3	2.5	2.5

注：单位：便士/英亩。

资料来源：James E. T. Rogers, *A History of Agriculture and Prices in England* 1259 – 1793, Vol. 1, p. 320.

从其他农业工种的情况来看，工资差别呈现出更为明显和多样的地域特性。在1339/1340年，割草的工资范围从埃塞克斯的4便

---

① James E. T. Rogers, *A History of Agriculture and Prices in England* 1259 – 1793, Vol. 1, pp. 263, 303 – 320.

士/英亩和牛津的 4.25 便士/英亩到威尔特郡的 5 便士/英亩，萨福克的 5.5 便士/英亩，北汉普顿、肯特、达勒姆的 6 便士/英亩，到伦敦地区的 8 便士/英亩甚至 11 便士/英亩。在更早的时期，谷物收割工资的范围从埃塞克斯的 3 便士/英亩，到上泰晤士地区的 4 便士/英亩，到肯特和剑桥的 6 便士/英亩，再到伦敦的 6.5 便士/英亩。伦敦工资竟然是埃塞克斯的 2 倍有余。从工匠的工资来看，1291—1355 年，伦敦地区一个庄园上的木匠的日工资要比其他地区的平均值高出 1 便士，石板工或瓦匠及其帮手的日工资要比其他地区高出 1.25 便士，茅屋覆顶工及其助手则要高出 0.5 便士。上述数字不仅证明了首都地区的经济优势和特有的吸引力，也证明了各地之间的联系之少和黑死病暴发之前劳动力的流动范围之小：不仅领主权将农民限制在本庄园和本村庄以内，对于农民来说，寻找更高工资的代价也是要计算在内的成本。①

　　黑死病暴发之后的第一个十年，东部地区的工资上涨很慢，小麦的脱粒工资甚至下降，这表明《劳工法令》在这个地区执行的力度较大，效果也比较明显。此后，被压抑的东部地区的工资飞速上涨，显示出比其他地区更大的上涨潜力，并迅速恢复对其他地区的优势。但是，到 14 世纪末，全国工资已经趋向统一，地区工资差别逐渐消失，脱粒 1 夸脱小麦的工资均达到 4 便士左右。② 很明显，黑死病造成的劳动力短缺使全国的工资普遍看涨，为了遏制这种上涨，王室政府试图通过立法恢复黑死病暴发之前的水平。但在经历收效最大的最初十年之后，工资再次恢复上涨，王室和议会也认可了这种上涨，并数次立法对全国的工资水平做出统一规定。全国工资统一背后，实际上是劳动力流动的问题。黑死病暴发之后，庄园

---

① D. L. Farmer, "Prices and Wages, 1042 – 1350", in H. E. Hallam, ed., *The Agrarian History of England and Wales*, Vol. 2, pp. 766, 769.

② James E. T. Rogers, *A History of Agriculture and Prices in England* 1259 – 1793, Vol. 1, pp. 318 – 319.

制度瓦解，农民获得了更大的自由，他们四处流动，寻找高报酬的工作，这种流动实际上造成了更大范围内，甚至全国性的劳动力市场的形成，工资统一也就有了现实性和可能性。

即便如此，地区性工资差别的程度看来还是比我们想象的要高。14世纪初，萨里的犁把式每年的货币工资是5先令2便士，到了肯特就增加到9先令6便士。黑死病暴发之后，尽管庄仆的待遇大大改善，但肯特的工资仍然相对较高，萨塞克斯的工资仍然仅仅是肯特的1/3—1/2。原因在于，萨塞克斯的庄仆首先享有许多权利，比如犁把式可以在周六免费使用领主的耕犁，羊倌们可以在领主的牧场上放牧一些自己的牲畜等，这是肯特所没有的。其次，劳动力供给短缺在肯特表现得尤其尖锐，由于靠近伦敦，经济较为发达，劳动力的竞争尤为激烈，只有提供高工资才能保证庄仆接受年度的劳动合同。最后，在一些劳动力短缺比较严重的萨塞克斯庄园，工资水平几乎和肯特相当，但领主尽可能地压低工资，并获得某种程度的成功。① 看来，由于各地区的特殊性，人口减少、政府立法等都无法消除工资上的差别。

作为首都，伦敦地区的工资始终高于全国平均工资水平，即使在黑死病暴发之后，伦敦仍然比全国平均工资高出50%。这是劳动力流动也无法消除的差距。很明显，伦敦及其附近地区的物价要比全国平均水平高得多，生活成本也较高。另外，行会的严格控制使自由雇工较少，而首都的劳动力需求却非常大，雇主愿意支付高工资来保证自己的劳动力供给。高工资吸引到了大量的技术工匠，这就使伦敦的整体技术水平要高出全国其他地方，这又为首都的高工资奠定了坚实的基础。② 从威斯敏斯特和温彻斯特两份地产记录的对比就可以很清楚地发现，从工资数据可以统计开始，首都地区的优势已经建立。

---

① Edward Miller, ed., *The Agrarian History of England and Wales*, Vol. 3, pp. 690–693.

② James E. T. Rogers, *Six Centuries of Work and Wages*, p. 327.

表4-4　温彻斯特与威斯敏斯特的脱粒和扬壳工资（1250—1459年）

	温彻斯特庄园（A）	威斯敏斯特庄园（B）	B/A（%）
1250—1259	3.3	4.84	147
1260—1269	3.37	5.84	173
1270—1279	3.45	6.62	192
1280—1289	3.62	5.62	155
1290—1299	3.57	6.75	189
1300—1309	3.83	6.51	170
1310—1319	4.05	8.01	198
1320—1329	4.62	6.68	145
1330—1339	4.92	7.35	149
1340—1349	5.03	7.41	147
1350—1359	5.18	13.02	251
1360—1369	6.1	12.76	209
1370—1379	7	12.23	175
1380—1389	7.22	10.82	150
1390—1399	7.23	10.44	144
1400—1409	7.31	11	150
1410—1419	7.25	12.4	179
1420—1429	7.23	10	138
1430—1439	7.23	13	179
1440—1449	7.25	13	179
1450—1459	7.25		

注：(1) 单位：便士/3夸脱；(2) 谷物构成：小麦、大麦、燕麦各1夸脱。

资料来源：William Beveridge, "Westminster Wages in the Manorial Era", pp. 20-22.

通过对两份地产的比较，我们可以发现：第一，靠近伦敦的威斯敏斯特的工资明显高于温彻斯特。扣除度量衡的差别和工资支付习惯（前者是脱粒和扬壳工作分别计算，扬壳工作一般由妇女来做，后者是脱粒和扬壳工资一起支付）的因素，数据较完整的农业工资方面，黑死病暴发之前，前者要高出50%—100%左右。① 第二，高工资地区对危机变化特别敏感。1310—1319年的歉收和饥荒导致威斯敏斯特工资上涨接近1/4，而温彻斯特工资的上涨不到5%；1350—1359年，威斯敏斯特的工资相对增长更大。但就整个14世纪下半叶来说，威斯敏斯特的工资在急剧上涨之后，持续走低；而温彻斯特的工资则稳步升高，一直维持到15世纪。进入15世纪，威斯敏斯特的工资再次显示出上扬趋势，并在15世纪中期达到一个新高度，而温彻斯特则没有变化。② 一方面，这是因为温彻斯特的领主权较为强大，对工资控制得比较成功；另一方面更说明，面对瘟疫、饥荒、歉收等危机，经济较为发达、工资水平较高的威斯敏斯特总是率先发生较为激烈的变化，工资水平较低的地区的反应则较为迟缓。

15世纪晚期，伦敦地区对全国平均工资的领先优势有逐渐缩小的趋势，到15世纪末，伦敦工资仅比全国平均工资高出20%—30%左右。③

如上文所述，中世纪晚期各个地区之间的工资差别都在缩小，这反映出全国性劳动力市场的出现，无疑是黑死病对幸存者和英格兰经济带来的一个有利影响。而地区工资差别，对工资劳动者的生活影响是不同的。如诺福克地区的工资较高，但物价却不高，工资劳动者生活水平就要高一些。伦敦的工资和物价水平都很高，较高工资水平，就不会必然带来较高的生活质量，对于这一点，还有待进一步的分析。

---

① Edward Miller and John Hatcher, *Medieval England – Rural Society and Economic Change* 1086 – 1348, p. 50.
② William Beveridge, "Westminster Wages in the Manorial Era", pp. 20 – 22.
③ D. L. Farmer, "Prices and Wages, 1350 – 1500", in Edward Miller, ed., *The Agrarian History of England and Wales*, Vol. 3, pp. 474 – 475.

表4-5 伦敦和全国其他地区的工资差别（1350—1500年）

（全国指数=100）

	木匠	茅屋覆顶工和辅助工人	瓦匠和辅助工人	石匠	脱粒和扬壳	收割和捆绑	割草工	其他
1350—1360	151	142	166	126	196	180	133	156
1360—1370	139	132	121	117	193	169	132	143
1370—1380	144	155	137	121	164	208	133	152
1380—1390	142	131	119	133	141	211	123	143
1390—1400	123		142	179	125	180	128	146
1400—1410	148		152	167			142	152
1410—1420	179		143	118	155		131	145
1420—1430	154		151		121			142
1430—1440	146		173	143				154
1440—1450	160		164	154				159
1450—1460	147		130	153				143
1460—1470	148		135	143				142
1470—1480	128		132					130
1480—1490	125		136	148				136
1490—1500	126		128					127

四 性别工资差别

性别工资差别不仅是现代社会广泛关注的重要问题，也是中世纪英格兰普遍存在的社会现象。许多西方学者都对这个问题有过论述，研究成果甚为丰富；在国内学界，王向梅博士的论著使我们对中世纪乡村妇女的雇佣劳动状况及其工资待遇有了初步了解。[1] 尽管该书

---

[1] 国内对于妇女劳动的研究可见王向梅《中世纪英国农村妇女研究》，中国社会科学出版社2013年版；王超华《中世纪英国乡村妇女的劳动和工资》，《史林》2012年第2期；徐浩《中世纪西欧工业生产中的妇女群体——纺纱女、酿酒女及其他》，《史学月刊》2013年第3期；等等。

对工资问题有所涉及，并由此对女性劳动状况做出了很有见地的评价，但劳动报酬并非其讨论的重点，对此还有继续探讨的空间。

从现代的观点来看，性别工资差别只是男女同工不同酬的问题，但在中世纪，其产生却是源于当时对待妇女劳动的歧视观念，而这种歧视性的态度则表现在妇女经济生活的各个方面。因此，要对性别工资差别有所了解，就必须首先考察妇女劳动相关的问题，如就业机会是否均等、可选工作是否丰富等。

传统观念认为，妇女的主要活动领域是家庭，生育是妇女的首要任务，妇女劳动的内容也仅涉及诸如纺织、酿酒、饲养家禽和小牲畜之类的家内劳动，这些就是专属于女性的工作。这种劳动内容的分化似乎从青少年时期就已经开始，女孩们学到的只是如何维持家庭生活的技巧。由于家庭的牵扯，妇女在外受雇挣取工资的机会就很少，活动范围也不大。但在家庭土地较少的情况下，她们必须外出从事一定的雇佣劳动是不争的事实。妇女在外受雇所做的工作主要与家庭生活相关，如照料家禽或小牲畜、挤奶、做奶酪、剪羊毛等工作，各种琐事似乎也是妇女的责任范围。13世纪的庄园管理者告诫说，有牛奶场的庄园应雇佣女工，她们不仅饲养小牲畜，而且凡事都干；即使庄园里没有牛奶场，还是雇佣一名女工为好，因为女工比男工便宜，又能管理小牲畜和操持庭院里的各种活计，即看管母猪与小猪，孔雀与小孔雀，以及母鹅与小鹅、阉鸡、公鸡、母鸡、小鸡、鸡蛋等。[①] 在急需劳动力的时期，妇女往往也从事一些辅助性的劳动，如在收获季节捡麦穗和麦秸，帮助男人收割、打捆，并做一些扬壳工作，或在建筑工作中帮助丈夫做一些对技术、体力要求不高的工作。在需要技术和体力的主体性工作中绝对看不到妇女的身影，因为从事"男人的工作"是一种违背自然的事情，上帝

---

① [英]伊·拉蒙德、W. 坎宁安编：《亨莱的田庄管理》，高小斯译，第66、67页。

对此并不喜欢。① 黑死病暴发之前，由于男性工资劳动者的数量过剩，妇女的工作机会更少，而且在一定时间内无事可做。鉴于所从事的工作内容和专业程度的不同，妇女所得到的报酬与男工很难相等。在做同样的工作时，女性雇工的报酬当然也低于男工。一般来讲，女性雇工的工资只有成年男性工资的50%左右。在庄园管理者眼里，女工比男工总是便宜很多，收割和捆绑工作中，两个女工只能算一个男性劳动力。② 在庄园管家按天雇佣的劳动者中，当男工工资为2便士/天时，女工的工资一般为1便士/天，或者3/4便士/天。③ 情况似乎也有例外，在威斯敏斯特修院院长的庄园记录中，贝弗里奇爵士曾多次发现男女同工同酬的现象：1326年，妇女受雇和男人一起堆干草，工资一样；1332年，四名妇女被雇佣三天和男工一起种豆，报酬是每个人1.5便士/天，外加1便士的饮料；14世纪30年代，男女锄地的工资相同。④ 但贝弗里奇爵士在晚年开始反思自己对妇女工资水平的看法，因为"妇女在种植豆类、收割和搜集麦秸和帮助茅屋覆顶工的工作中得到的报酬明显低于男性"。尽管贝弗里奇并没有完成对中世纪妇女工资水平的重新评价工作，但他认为自己早期对妇女工作的判断是需要修正的。更为重要的是，就在当时威斯敏斯特的埃伯里庄园上，男性工资劳动者的日平均工资为2.16便士，妇女的工资平均为1.58便士/天，为男性工资的73%，而不是所谓的"同酬"。⑤ 不论如何，黑死病暴发之前，妇女的工资水平总是明显低于正常成年男性工人。⑥

---

① ［德］汉斯-维尔纳·格茨：《欧洲中世纪生活：7—13世纪》，王亚平译，第171页。

② ［英］伊·拉蒙德、W. 坎宁安编：《亨莱的田庄管理》，高小斯译，第63页。

③ James E. T. Rogers, *Six Centuries of Work and Wages*, p. 170.

④ William Beveridge, "Westminster Wages in the Manorial Era", p. 34.

⑤ Sandy Bardsley, "Women's Work Reconsidered: Gender and Wage Differentiation in Late Medieval England", pp. 7, 25.

⑥ C. Dyer, *Standards of Living in the Later Middle Ages: Social Change in England, 1200–1520*, p. 230.

14 世纪中期之后，英格兰人口大量减少，各地的劳动力短缺都非常严重。更多的女性有机会摆脱家庭的限制，开始承担起更多的原本属于男性的责任，而且也有更多的时间从事工资劳动。此时关于妇女工资的材料开始突破庄园的记录，《劳工法令》执行记录也开始为我们提供更多的证据。

中世纪晚期，妇女的劳动变得重要起来。这首先表现在妇女受雇佣的机会增加，在工资劳动者队伍中的比例变大。由于男性工资劳动者数量的减少，在急需劳动力的时期，雇主们只得选择妇女来完成大量工作。在《劳工法令》执行案卷比较完整的萨默塞特郡，所有的法令触犯者均被列出，共 466 名，其中女性 121 名，比例为 26%，被称为"普通雇工"的人中妇女的比例超过 50%。[①] 在赫里福德郡，妇女在触犯《劳工法令》的人中的比例为 28%。[②] 在约克郡的东雷丁地区，1363/1364 年被指控接受过高收获工资的全部雇工共有 114 名，女性为 68 名，比例为 59.6%；而 47 名谷物收割工中，女性为 41 名，比例高达 87.2%。[③] 1380/1381 年的人头税征收记录中，埃塞克斯的彭特洛的 25 名登记在册的"仆从和雇工"（7 对是夫妻，11 名是单身，其中 3 人是妇女）中，有 10 人是女性，比例为 40%。[④] 这都说明，妇女的雇佣劳动在经济生活中发挥了更为积极的作用。其次，妇女可以选择的工作类型增加。除了酿酒、纺织、扬壳等传统的工作之外，妇女开始受雇于一些以前只有男性才能做的工作，如收割谷物。在 1355/1356 年的赫里福德郡，受到

[①] Simon A. C. Penn, "Female Wage – Earners in Late Fourteenth – Century England", p. 6.

[②] Simon A. C. Penn and C. Dyer, "Wages and Earnings in Late Medieval England", p. 361.

[③] Sandy Bardsley, "Women's Work Reconsidered: Gender and Wage Differentiation in Late Medieval England", p. 12.

[④] C. Dyer, *Standards of Living in the Later Middle Ages: Social Change in England, 1200 – 1520*, p. 212.

起诉的9名谷物收割工都是妇女。① 1389年，牛津郡一名已婚妇女乔安·艾德维克（Joan Edwaker）从一辆由两匹马拉的车上坠下而亡，从事后验尸官的调查当中，我们知道她正在从事"男人的工作"。② 在1400年左右的莱斯特郡奥斯顿庄园上，农村妇女和男人一样从事多种体力劳动，如除草、割草、运输谷物、驱赶耕牛、为修路敲碎石头等。③ 同时，妇女为了寻找更好的工作机会和更高的工资，开始突破本庄园或本村庄的范围去外面找活干，流动范围扩大。对于14世纪晚期女性工资劳动者的流动，彭恩通过大量证据证实，女性离开2英里或更远地方去寻找工作是正常现象。一般来说，她们往往在秋收季节离开本村去附近的村庄干活，工期不长，按天工作，并于晚上回家。如果干活的地方离家很远，则会得到基本的食宿。④ 妇女的离开有时会造成悲惨的后果，许多地方的验尸官的记录表明，妇女的离开使孩子们无人看管，最终酿成悲剧。⑤

最重要的是，与黑死病暴发之前相比，妇女的工资水平获得很大提高，男女工资差别确实在缩小。女性的工资增长很快，在黑死病暴发之前，通常为每天1便士，黑死病暴发之后，升至每天2便士，甚至3便士，工资的增长率为100%—200%。⑥ 有的妇女作为丈夫的帮手受雇，和丈夫的工资差距在黑死病暴发之后大大缩小。到15世纪，二者的工资比例为1.5∶1左右，在有些地区，丈夫的工资仅比妻子高出20%—30%。在更多的时候，妇女独立为雇主干

---

① Simon A. C. Penn, "Female Wage – Earners in Late Fourteenth – Century England", p. 7.

② C. Dyer, *Making a Living in the Middle Ages*, p. 280.

③ R. H. Hilton, *The Economic Development of Some Leicestershire Estates in the 14th and 15th Century*, pp. 145 – 146.

④ Simon A. C. Penn, "Female Wage – Earners in Late Fourteenth – Century England", p. 13.

⑤ C. Dyer, *Standards of Living in the Later Middle Ages: Social Change in England, 1200 – 1520*, p. 229.

⑥ James E. T. Rogers, *A History of Agriculture and Prices in England* 1259 – 1793, Vol. 1, p. 266.

活，而不是和丈夫一起，她们的工资很高，有的甚至和男工工资相等。1363年5月23日，在约克郡的波克林顿（Pocklington）召开的法庭上，曾得到过高工资的数名收割工受到起诉。其中仅有的2名男性工人在秋收季节每天得到4便士和额外的食物。有21名妇女在秋收期间从事收割工作，每天得到3便士外加食物。还有9名妇女和男人一样每天得到4便士和食物。在以实物工资为主的威尔特郡，习惯做法是将成捆的谷物作报酬，出现了许多令人咋舌的高工资。1364年，尼古拉斯·丹尼和妻子克里斯提娜受到审判，是因为他们在秋天干了6天的收割工作，得到了16捆谷物。每天接近3捆谷物的报酬在当时已经远远超出了法定的范围。但有一名被控诉的妇女同样得到16捆谷物，仅干了3天活。据说还有一名妇女得到了20捆谷物，只干了6天活。① 毫无疑问，黑死病暴发之后，随着劳动力的短缺，工资的上涨和食品、土地价格的下跌，实际收入和物质生活标准的提高，女性也享受到了更大的劳动条件改善。② 她们在单身时能够养活自己，婚后也能为家庭收入做出重要贡献。上述证据表明，黑死病暴发之后，女性劳动条件大幅提升，不仅在她们可以获得的工作数量方面，而且在她们获得的（相对）报酬方面都有提升。③

从整个群体来看，妇女工资的改善有多大呢？由于先天生理条件的限制和对妇女劳动的习惯性歧视，女性工资劳动者的劳动和工资并没有达到"黄金时代"的程度。妇女的劳动范围依然有限，劳动领域的分工仍然很明显，有些工作还是为男性所垄断。使用长柄大镰刀收割、放牧牛羊等牲畜、木匠、石匠等工作几乎都是男人来

---

① Simon A. C. Penn, "Female Wage-Earners in Late Fourteenth-Century England", p. 9.

② John Hatcher, "Women's Work Reconsidered: Gender and Wage Differentiation in Late Medieval England", *Past and Present*, No. 173 (Nov., 2001), pp. 191-198.

③ ［荷］扬·卢滕·范赞登：《通往工业革命的漫长道路：全球视野下的欧洲经济，1000—1800年》，隋福民译，浙江大学出版社2016年版，第140—141页。

做的。以收割工作为例,长柄大镰刀的使用增加了体力和身高的要求,此类工作几乎看不到妇女的身影。《劳工法令》的执行记录也表明,割草工和"暴徒"几乎总是男性。① 而且,除了少数收获时期的工作之外,与男性工人相比较,妇女的工作地位总是很低,报酬不高。② 约克郡东雷丁地区的《劳工法令》执行记录为我们提供了很好的佐证。

表4-6 约克郡东雷丁地区被诉得到过高工资的个人(1363—1364年)

	女性		男性		总计	
	数量(人)	平均日工资(便士)	数量(人)	平均日工资(便士)	数量(人)	平均日工资(便士)
割草工(1)	—	—	16	6.88	16	6.88
割草工(2)	—	—	2	6.50	2	6.50
谷物收割工	41	3.44	6	4.17	47	3.53
工作不明	27	4.44	22	4.55	49	4.49
总计	68	3.84	46	5.39	114	4.46
比例	59.6%	—	40.4%	—	100	—

表4-6至少说明三个问题:第一,在收获工作中存在性别分工,妇女只能从事工资较低的工作,如谷物收割,可以获得较高工资的割草工作为男性垄断。第二,男女在做同样的收割工作时,妇女工资低于男性。男性收割工的平均日工资为4.17便士,女性为3.44便士,为男工的82%。第三,总体来看,女性的平均日工资不足4便

---

① Michael Roberts, "Sickles and Scythes: Women's Work and Men's Work at Harvest Time", pp. 3 – 28.

② Cordella Beattie, "The Problem of Women's Work Identities in Post Black Death England", in P. J. P. Goldberg and W. M. Ormrod, eds., *The Problem of Labour in Fourteenth – Century England*, York: York Medieval Press, 2000, p. 30.

士，男性工资接近 5.5 便士/天，妇女工资是男性工资的 71% 左右。每天 1.5 便士是一个不小的差距，按当时的物价来看，男性日工资可以买 3 条面包或 1 桶啤酒，妇女只能买 2 条面包。①

　　几乎所有的证据都表明，黑死病暴发之后，尽管妇女工资水平有很大改善，但同男性相比仍存在差距，同工同酬自然无从谈起。仆从的工资，在 1391/1392 年的牛津，女性仆从的年平均工资为 4 先令 10 便士，远远低于男性仆从的 13 先令 2 便士。② 15 世纪的情况也是如此，女性的工资还是低于男性，这似乎还是社会普遍认同的观点，在《劳工法令》中也有体现。1388 年，《剑桥法令》规定，车把式和犁把式每年的工资为 10 先令，女性仆从和挤奶工每年得到 6 先令。③ 1445 年法令将普通农业仆从的工资定为每年 15 先令，女性仆从每年仅可以得到 10 先令。④ 1495 年法令规定：犁把式、车把式和羊倌的工资不能超过 20 先令/年，外加每日的肉、饮料和价值 5 先令的衣物，普通仆从的工资为 16 先令 8 便士和价值 4 先令的衣物；而女性仆从的年工资为 10 先令，外加 4 先令的衣物。尽管在有些地方女性仆从的年工资已经有所提高，但还是低于一个普通男性仆从。雇工方面，在 15 世纪晚期萨塞克斯的查尔文顿（Chalvington）庄园，农业雇工的工资一般为，男性每天 4 便士，女性每天 3 便士。⑤ 在埃塞克斯，波特哈尔地产（Porter Hall）的管理账簿（1483/84 年）显示，女性工资明显低于男性，在农忙季节差距不很明显，但在平时，男女工资的比例一般维持在 2∶1。⑥ 因此，可以看出，黑死病之后，

---

① Sandy Bardsley, "Women's Work Reconsidered: Gender and Wage Differentiation in Late Medieval England", pp. 11 – 15.
② Mavis E. Mate, *Daughters, Wives, and Widows after the Black Death: Women in Sussex, 1350 – 1535*, Woodridge: The Boydell Press, 1998, p. 46.
③ A. R. Myers, ed., *English Historical Documents, 1327 – 1485*, p. 1003.
④ Sandy Bardsley, "Women's Work Reconsidered: Gender and Wage Differentiation in Late Medieval England", p. 27.
⑤ Mavis E. Mate, *Trade and Economic Developments, 1450 – 1550*, pp. 137 – 141.
⑥ L. R. Poos, *A Rural Society after the Black Death: Essex, 1350 – 1525*, p. 217.

妇女的工资水平仍没有达到和男性相同的高度。

　　学术界曾经一度认为,中世纪晚期,由于男性劳动力的减少,妇女的劳动条件大大改善,基于性别原因造成的工资差别已经消失。但由于新材料的出现和对史料的重新考察,现在看来,这样的看法是过于乐观了,以前学者的估计都有可以商量的余地。尽管罗杰斯一再强调,妇女的工资在黑死病暴发之后翻倍,在可以比较的工作上男女的工资相等,但他没有举出任何例子,相反,有些数据却与同工同酬大相径庭。例如,1467年,两个受雇的女孩的日工资为2便士,餐费2便士,尽管一般男性雇工的餐费与此相同(1先令/周,每周工作6天),但每天的现金工资却是餐费的2—3倍。① 希尔顿虽然以格洛斯特郡的两个庄园为例得出了男女同工同酬的印象,但他对此判断非常谨慎,因为庄园支付的账单是工资总额。他还指出,"这种幸运的情况并不适用于任何形式的女性工资劳动者"。他以庄仆为例对此进行了说明,在伍斯特主教地产上的挤奶工所得的报酬明显少于男性庄仆。1366/1367年,挤奶工的工资为5先令/年,少于犁把式、车夫和羊倌的6先令/年。② 尽管在约克郡出现了男女在做相同的工作时工资相同的情况,如上文提到的收割工资几乎没有对妇女劳动的歧视。看上去好像在收获工作上,并不存在工资差别,但由于那些和男工得到同样工资的女性工人更容易受到起诉,大部分妇女在做同样的工作时比男人的工资要低。而且在有些地方,妇女不能从事割草工作,这就意味着他们得不到该地区最高的工资。在14世纪70年代林肯郡的林德西(Lindsey)地区,妇女在秋天受雇为谷物收割工,每天得到4便士和一顿午饭,而那个地区的最高工资达到每天8便士和一顿午饭,属于割草工人,他们是男人。③

---

① James E. T. Rogers, *Six Centuries of Work and Wages*, p. 329.
② R. H. Hilton, *The English Peasantry in the Later Middle Ages*, pp. 102 – 103.
③ Simon A. C. Penn, "Female Wage – Earners in Late Fourteenth – Century England", pp. 10 – 11.

另外，以前的学者们之所以会产生男女同工同酬的结论还因为：一是收获工作总是许多人一起进行，庄园账簿记录的工资支出是群体工资，因此，并不能确定是否存在差别，学者们将工资总额进行平均计算容易造成对工资差别的忽视；二是工资记录对与妇女一起工作的男性雇工的年龄、身体条件并没有说明，但在许多情况下他们并非正常成年男性。当时许多庄园记录证明，老年人、儿童和残疾人等都会参加一定程度的农业劳动，由于生理因素造成的工作效率较低，他们的工资自然不高，往往被称为"二等劳动力"。妇女往往就是与这些人一起干活，并与他们的工资相同，在不考察其中劳动者成分的情况下，无疑就会得出男女同工同酬的结论。当时劳工立法对各种工资最高限额的规定，也说明了妇女与处于工资最底层的男性得到相同的工资。[1]

从上面的论述来看，在本书考察的时间内，与男性劳动者相比，不论是在城市还是在乡村，妇女一直从事着地位低、技术含量低、报酬也低的工作。[2] 在一个变迁的时代，妇女的劳动状况并不会因为黑死病暴发之后的人口减少而最终得到改善，也就是说，妇女工资水平低下的原因并不在于劳动力的过剩。同样可以肯定的是，生理因素绝不是问题的关键，造成劳动问题上的性别歧视的原因，在于对妇女身份和地位的歧视。朱迪斯·本内特认为，这是一种文化因素所导致的，是数个世纪以来西方文化中的"厌女症"（misogyny）作祟的结果。[3] 它表现为，在一个男人主导的世界中，

---

[1] Sandy Bardsley, "Women's Work Reconsidered: Gender and Wage Differentiation in Late Medieval England", pp. 25 – 27.

[2] 城市中有技术的妇女无法组织自己的行会，并处处受到男性行会的控制。在伦敦，丝绸女只能宣称自己是"独立商人"（sole merchant），才能适用本行业的习俗。Maryanne Kowaleski and Judith M. Bennett, "Crafts, Gilds, and Women in the Middle Ages: Fifty Years after Marian K. Dale", *Signs*, Vol. 14, No. 2, Marian K. Dale, "Working Together in the Middle Ages: Perspectives on Women's Communities" (Winter, 1989), pp. 480, 494.

[3] Judith M. Bennett, "Misogyny, Popular Culture, and Women's Work", *History Workshop*, No. 31 (Spring, 1991), pp. 166 – 188.

妇女应该从属于丈夫或父亲，这种观念反映在当时的家庭结构、经济、政治、法律、社会等各个方面。① 尽管妇女参与更多的经济活动，但这并没有赋予她们更多的权利，在公共生活中，性别的界限仍然稳定而明显。② 因此，在整个中世纪，妇女的劳动难以得到与男性一样的认同，性别之间的工资差别看来已经为整个社会所接受。从当时的情况来看，男女同工同酬还有一段相当长的道路要走。

五 年龄工资差别

在中世纪乡村，年龄也是造成工资差别的重要因素之一。未成年人参加劳动是一种普遍现象，由于当时的劳动基本上是一种家庭劳动，因此，所有的家庭成员都要在能力允许的范围内参加劳动。儿童在很小的时候就会参与拾穗等劳动，进入仆从期后就要学习驾驭耕犁或赶车，并开始从事一些季节性的农业劳动。仆从期一般很早就已经开始，这在法律规定中有所体现。1388年的《剑桥法令》规定，任何从事赶犁、驾车，或其他活动的未满12周岁的儿童仍然要从事农业劳动。佃农为了能在自己的土地上多干些活，当向领主服劳役的时候，往往派出自己的孩子或仆从。1381年，在埃塞克斯的里特尔法庭上，一个领主抱怨自己的佃农在服劳役的时候不是按惯例派来一个成年人，而是派来一个"干活很卖力"的男孩和一个14岁男孩。③ 尽管领主并不情愿接受儿童的劳动，但未成年人参与农业劳动却已经成为事实。由于年龄小、经验不足，儿童参与

---

① Judith M. Bennett, *Ale, Beer, and Brewsters: Women's Work in a Changing World, 1300 – 1600*, pp. 145 – 158.

② Judith M. Bennett, *Women in the Medieval English Countryside: Gender and Household in Brigstock Before the Plague*, pp. 189 – 195. Judith M. Bennett, *A Medieval Life: Cecilia Penifader of Brigstock, c. 1295 – 1344*, Boston: McGraw – Hill College, 1999, pp. 115 – 125.

③ C. Dyer, *Standards of Living in the Later Middle Ages: Social Change in England, 1200 – 1520*, p. 230.

第四章 工资差别

劳动往往造成悲惨的后果。芭芭拉·哈纳沃尔特（Barbara Hanawalt）通过研究发现，在7—13岁的儿童意外死亡案例中，有13%是因为从事农业劳动。① 无论如何，在中世纪英格兰，未成年人已经是工资劳动队伍中很重要的一部分，在黑死病暴发之后成年劳动力短缺的时期，他们的参与更加广泛，劳动的价值也更大。

未成年人因体力、技术、经验等方面的差距，工资往往与成年同行无法相提并论。家仆的报酬刚开始的时候往往很低，但随着年龄和经验的增加，报酬也会相应增长。埃塞克斯的爱丽丝·芬茨（Alice Fynch）在1410—1414年做约翰·威莱尔（John Whelere）的家仆，这四年得到的工资分别为12便士、4先令、5先令和6先令8便士。② 尽管我们并不知道芬茨生于何年何月，但工资说明了她随着年龄增长工作经验和技巧不断积累的过程。尽管1388年《剑桥法令》没有提到14岁以下仆从的年工资，但女性仆从（挤奶工）的工资则规定为每年6先令，芬茨最后一年的工资已经超过这个数字。③ 在波特哈尔地产上，仆从的工资差别很大，从每年3先令3便士到22先令5便士不等，年龄无疑是形成这种差别的重要原因。④ 1445年法令第一次将未满14岁的仆从的工资定为每年6先令，14岁以上普通男性农业仆从的工资为每年15先令，这远远低于成年车把式和羊倌的20先令。该法令还规定了收获时期各工种的最高工资，在这个工资等级中，它将儿童列为"农忙时期的其他雇工"，他们的劳动被认定"价值不大""应该拿低工资"。⑤ 很明显，在立法者的眼里，仆从因年龄的不同应该分为若干等级，儿

---

① Barbara A. Hanawalt, *The Ties That Bound: Peasant Families in Medieval England*, Oxford and New York: Oxford University Press, 1986, pp. 159, 273.
② L. R. Poos, *A Rural Society after the Black Death: Essex, 1350 – 1525*, p. 205.
③ A. R. Myers, ed., *English Historical Documents, 1327 – 1485*, p. 1003.
④ L. R. Poos, *A Rural Society after the Black Death: Essex, 1350 – 1525*, p. 215.
⑤ Sandy Bardsley, "Women's Work Reconsidered: Gender and Wage Differentiation in Late Medieval England", p. 27.

童雇工的工资也与成年人相去甚远,这种工资差距似乎是社会普遍认可和接受的现象。在实际操作过程中,这种差距相当常见。在1316年10月卡纳封城堡的建设中,大部分人的工资为每周10便士,只有一个人的工资为每周3便士,据称,这个人可能是一个负责磨砺工具的男孩。[①] 罗杰斯认为,在黑死病暴发之前,儿童的工资一般是成年男工工资的1/4。他指出,按天计算报酬的工作,男人的日工资为2便士,妇女为1便士/天,儿童往往是0.5便士/天,他还将这种工资水平运用到对家庭收入的估算当中。黑死病暴发之后,尽管儿童的工资在上涨,但除了在少数情况下,这种差距略小之外,儿童的工资远远低于成年人,年龄造成的工资差距是相当明显的。

六 季节工资差别

由于季节变迁的原因造成的工资差距在建筑行业中体现得最为明显。建筑业受气候影响比较大。在冬季,天气寒冷,工程很难继续,除了保持几个技术工人进行维护之外,几乎没有其他工人干活,有时甚至停工。其他时间则比较适合建筑工作,尤其是夏季。实际上,之所以产生工资上的不同,是因为在不同的季节,工作日的时长是不同的。在夏季,日长夜短,允许劳动的时间也较长,冬天日短夜长,工作日往往也较短。

首先,尽管1352年约克敏斯特(York Minster)的账簿的冬季工资率适用时间是从米迦勒节到复活节,但从1275—1296年伦敦地区的规定和柴郡的瓦勒皇家修院的账簿、1414/1415年埃德伯里(Adderbury)的做法来看,适用夏季工资率的时间一般是从复活节到米迦勒节,冬季一般则从11月初开始,到来年2月结束,其中包括11月、12月、1月三个月。伦敦也是如此,1280年,全年被

[①] Douglas Knoop and G. P. Jones, "The English Medieval Quarry", p. 31.

第四章 工资差别

分成四个季度，米迦勒节（9月29日）到圣马丁节（11月11日）、圣马丁节到圣烛节（2月2日）、圣烛节到复活节、复活节到米迦勒节，其中圣马丁节到圣烛节适用冬季工资标准，其他时间的工资要更高一些。① 其次，不论冬夏，每天的工作都是从日出到日落，因为在中世纪的西欧，劳动时间的计量单位就是日。② 14世纪晚期的《石匠条令》（the Masons' Ordinances）规定，冬天的工作时间是从天亮到天黑，其中有1小时的吃饭时间和15分钟的喝水时间。夏季的时间往往是从日出到日落前30分钟，其中1小时的吃饭时间，30分钟的睡觉时间和30分钟的喝水时间，每天的平均工作时间，在冬天是8.75小时，在夏天是12.25小时。③ 1495年的《劳工法令》规定，工人在夏天每天至少工作12个小时，从3月中旬到9月中旬，所有英格兰的"工匠和雇工"要从早上5点工作到下午7：30，其间留有30分钟吃早饭，30分钟休息，1小时吃午饭。冬天要从日出工作到黄昏，具体时间没有规定。④ 在那个时期，这样的工作日时长规定是否能得到遵守令人怀疑，因为该法令的前言记载，工匠和雇工浪费了一天的大部分时间，上工的时间玩耍，然后很早就离开，在吃早饭、午饭和晚饭的时候长坐不起，午后睡觉时间也很长。⑤

由于工作日的长短不同，冬夏的工资有很大差别。1278年夏天，在瓦勒皇家修院建造新城堡的工地上，雇工的周工资从8便士到10便士不等，木匠、锯木工和铁匠的工资是20—24便士/周，

---

① L. F. Salzman, *Building in England, Down to* 1540, Oxford: Clarendon Press, 1967, p. 69.
② ［法］雅克·勒高夫：《试谈另一个中世纪：西方的时间、劳动和文化》，周莽译，商务印书馆2014年版，第79页。
③ Douglas Knoop and G. P. Jones, *The Medieval Mason*, pp. 116–117.
④ John Munro, "Before and After the Black Death: Money, Prices, and Wages in Fourteenth-Century England", http://www.chass.utoronto.ca/ecipa/wpa.html, 2004-12-15, p. 18.
⑤ Douglas Knoop and G. P. Jones, *The Medieval Mason*, p. 117.

石匠的工资高达36便士/周。① 从当时的习惯来看，石匠在冬季每周的工资相当于夏季周工资减少1/6（相当于1天的工资），也就是说，石匠在冬天每周是30便士。② 这是黑死病暴发之前典型的工资水平。黑死病暴发之后，建筑工人的工资明显有所增长，1351年的法令虽然将夏季工资定为全年的一致工资，但许多地区冬夏工资的区别依然存在。1362年，在伊斯利普（Islip），茅屋覆顶工冬天的日工资是3便士，到第二年4月上升到4便士。埃克塞特主教区在15世纪二三十年代的冬天支付给木匠的日工资比夏天少1便士。③ 1435年，埃德蒙德的修院院长雇人建造新城堡，在冬天支付给泥瓦匠工资是3先令/周，夏天是3先令4便士/周。④ 在15世纪的有些地方，季节工资差别一度消失。在伦敦桥（London Bridge），1404—1418年，石匠全年的周工资都是3先令9便士。在伊顿公学（Eton College），1442—1454年，全年都是每周3先令的工资标准。但很明显，这种做法并没有坚持很长时间，伦敦桥在1442年之后的一段时间，夏天的工资是8.5便士/天，冬天的工资是7.5便士/天。到15世纪下半叶，夏天的日工资是8便士，冬天的日工资是7.5便士。⑤ 1483年10月，科比穆克鲁（Kirby Muxloe）的一名自由石匠支付给他的学徒日工资，夏天是5便士，冬天是4便士。⑥ 看来，季节工资差别很难消除。

除了上述因素之外，还有不少原因会造成工资上的差别，如各

---

① C. Dyer, *Standards of Living in the Later Middle Ages: Social Change in England, 1200 – 1520*, p. 225.
② Douglas Knoop and G. P. Jones, *The Medieval Mason*, p. 118.
③ D. L. Farmer, "Prices and Wages, 1350 – 1500", in Edward Miller, ed., *The Agrarian History of England and Wales*, Vol. 3, p. 479.
④ James E. T. Rogers, *A History of Agriculture and Prices in England 1259 – 1793*, Vol. 4, p. 503.
⑤ Douglas Knoop and G. P. Jones, *The Medieval Mason*, p. 118.
⑥ Douglas Knoop and G. P. Jones, "Masons and Apprenticeship in Mediaeval England", p. 360.

地不同的工资支付习惯、度量衡的差别以及一些偶然因素等，但由于我们掌握的材料并不系统，这里不再进行考察。

由上文的分析可以看出，工资差别是中世纪英格兰普遍存在的现象，而其中有些差别正是当时的特色，是我们在关注工资长期变化的同时绝对不能忽略的现象。对于工资差别的产生、表现形式、影响等问题值得进一步研究。

有些工资差别是无法消除的现象，因为它源于一种必要性。正如亚当·斯密所说，较高的工资实际上是对工资劳动者的某种特殊性的补偿。在不同的行业之间，劳动内容、强度和重要性的区别自然要在工资上体现出来。如耕地、运输和照顾羊群对领主来说异常重要，因此，犁把式、车把式和羊倌的工资相对于其他庄仆要高；用长柄大镰刀割草对身高和体力的要求较高，工作更为辛苦，因此，这项工作的工资相对于其他农业工资高一些。从技术层面来看，建筑工匠要比辅助工人的工资高，是因为工匠的技术来自长期从事固定工作的经验积累，或者花费金钱和时间成本的学习，而且他们完成的是建筑工程中最关键的部分，只有高工资才能保证工匠的劳动积极性，才能鼓励技术的学习，促进劳动效率的提升。再如季节工资，与冬季相比，夏季白天较长，工作时间也较长，工作量自然较大，而且劳动效率较高，因此，夏季工资比冬季工资要高。此外，由于经济发展水平、劳动力供应、流动不畅导致信息的不对称及其他特殊情况，各个地区之间的工资差别也就在情理之中了。

另外，有些工资差别又是可以消除的，因为它源于一定的社会因素，这一点在性别方面表现得尤为明显。女性工资较低不仅是由于生理方面的限制，更是源于当时的社会观念对妇女的歧视。仅就当时的情况来说，在一个由男性主导的世界中，女性是附属性的，她们的劳动应该是家庭性的，偶尔从事的雇佣劳动也应该如此，她们不能从事"男人的劳动"，即使在从事与男性相同的劳动中，妇女也只能处于次要的地位，得到较低的工资。① 可以这样认为，只要消除对妇女地位及其劳动的歧视，那么，在女性力所能及的范围内，就能与男性从事同样的工作，也能得到相等的报酬，但这一点在中世纪是无法实现的。

此外，工资差别不仅是影响中世纪劳动条件和工资水平的因素的体现，而且也会对工资劳动者的生活产生重要的影响。由于工资差别的存在，在相同的时间点，不同的地区、不同的行业、不同的性别和年龄的工资劳动者的生活水平是不一样的。而且，由于工作方式、计酬方式和经济状况的不同，工资对于不同工资劳动者的意义是不一样的。谷物报酬和少许货币工资可能就是仆从维持自己及其家庭成员生活的全部来源。雇工的收入则是多元化的，工资只是其中的一部分。有些雇工，尤其是建筑工匠，不仅持有少量土地，本身也是雇主，他要从收入中支付其辅助工人或仆从的工资，还要扣除工具和材料的成本，因此，他们得到的工资并不代表其全部的可支配收入。这些因素造成了工资劳动者生活状态的差别，关于这个问题，我们在下文中还要进行深入的探讨。

---

① Judith M. Bennett, *Ale, Beer, and Brewsters: Women's Work in a Changing World, 1300 – 1600*, pp. 145 – 158.

第五章　工资收入与生活水平

工资购买力、工资差别最终对工资劳动者的生活水平产生影响，但这并非全部。工资收入也是不容忽视的影响因素。本章试图在对工资收入做定量分析的基础上，对工资劳动者的实际生活水平进行考察，尽可能系统而全面地展现工资劳动者的生存状态。

第一节　工资收入

工资收入（wage earnings）是指工资劳动者在单位时间内（一年）为雇主提供劳动所得到的报酬的总和，包括实物（谷物、饮食、衣物等）和货币两部分，它是衡量工资劳动者生活状况的重要标准之一。从其含义可以看出，名义工资水平和单位时间内的打工时间是其变化的决定因素。因此，要计算工资收入，我们还需要对劳动时间及其影响因素进行探讨。

一　劳动时间与工资收入

对于仆从而言，只要找到工作，雇佣期往往就是一年，对其影响更大的可能只是工作机会。但对于雇工而言，影响劳动时间的因素有很多，如宗教节日、工作模式和机会、劳动心理等，它们对工资收入产生的影响都需要深入分析。

1. 持有土地面积大小。无土地者自然不受这个因素影响，但大多工资劳动者是小土地持有者。在持有土地的情况下,他们就要花费一定时间在自己的土地上面,尤其是在8月、9月期间需要全力收获,而这个时间也正是庄园领主和大土地持有者急需大量劳动力的时候,这就不可避免地造成与外出打工时间上的冲突。可能由于持有的土地较少,并不需要多少时间就能干完自己地里的活,但收拾自己的土地必然对打工时间造成影响,工资收入也就相应减少。

2. 宗教节日。西方学者通过研究发现,中世纪不能干活的宗教节日有很多。教会将不能开工的节日分为三种:任何工作都不能做的节日;只准耕地的节日;妇女不能做家务活的节日。全部的节日加起来就有40—50天,再加上周日,这样全年不能工作的天数达到90—100天。① 有些地方的建筑工作似乎没有被宗教节日所打断。1290年,一个石匠带着仆从在瓦勒顿工作了一年,共312天。1354年,三个木匠干了10周的活,其中两人每周工作6天(在第六周,一人工作了5天,另外两人工作了2天),10周内不可能没有一次宗教节日。同年,牛津郡的一名石匠为建造女王学院工作了270天。② 但从大量的自营地劳动的记录来看,这些活动是遵守节日规定的。如果有人无视规定将受到惩罚,当时的小册子《财主与穷人》(*Dives and Pauper*)的作者告诫说,尽管有些次要的节日可以做一些重要的工作,但"星期日和重要的宗教节日需要格外谨慎地遵守"。1403年的一项法令重申,禁止雇工在宗教节日或节日后礼拜的午后受雇于他人。③ 很明显,如此多的节日和假日必定对工资劳动者的劳动时间

---

① C. Dyer, *Standards of Living in the Later Middle Ages: Social Change in England, 1200 – 1520*, p. 222.

② James E. T. Rogers, *A History of Agriculture and Prices in England 1259 – 1793*, Vol. 1, p. 256.

③ [英]亨利·斯坦利·贝内特:《英国庄园生活:1150—1400年农民生活状况研究》,龙秀清、孙立田、赵文君译,第94—95页。而且,在节日里,城乡往往都会有各式各样的庆祝活动,那是暴饮暴食、尽情休闲的时刻,人们很难会轻易放弃这样的狂欢机会,尤其是对年轻男女而言,节日甚至是难得的求偶时刻。George Caspar Homans, *English Villagers of the Thirteenth Century*, Harper Torchbooks, New York: Evanston and London, 1975, pp. 353 – 381.

和收入产生影响,尤其是领取日工资的雇工。

3. 工作性质。中世纪的劳动季节性很强。在农业活动中,耕地、播种、收割、打草等工作都需要在固定的时间完成,6月是割草季节,8月初到9月底则是收获期。但当农业集中需要劳动力的时候,为领主服劳役和耕作自己的土地将限制雇工的打工时间,这在黑死病暴发之前尤为严重。非农业工作的季节性也很强,采矿需要在夏季进行,因为其他季节洪水影响较大,伐木集中在冬季,鞋匠则在秋季最忙,打鱼最好的时间是在春季,[①] 建筑工作受季节变化影响不大,但也会在严寒的冬季停工1—2个月。这样一来,许多雇工可能就会在自己从事的工作季结束之后,失业一段时间。当然,这些活动前后都有一定的时间间隔,雇工有可能从一个工作转向另一个工作。因此,我们看到在收获时节,工匠变成了收割工或脱粒工,收获结束后,农业工人又成了建筑工人。

4. 工作机会。黑死病暴发前后,英格兰人口经历了一个由剧增到骤减的过程,劳动力的市场供需随之发生了很大变化,这就造成了中世纪雇工的工作机会也大大不同。在黑死病暴发之前,尤其是13世纪末和14世纪初,人口剧增,劳动力过剩,许多雇工要遭受着长时间的失业之苦。许多工作,如农业收获、建造和修缮房屋等工作往往只会持续几周的时间,雇工在完成该项工作后不得不另行寻找工作,但工作机会并不多。工作不稳定、受雇时间短都大大影响了雇工的工资收入。黑死病暴发之后,人口大量减少,劳动力短缺,大土地持有者的增加和工农业的发展使雇工的工作机会大大增加,全年的劳动时间也能得到充分保证。因此,13世纪和15世纪工资劳动者之间的区别,除了工资高低以外,不是前者缺少可选

---

① C. Dyer, *Standards of Living in the Later Middle Ages: Social Change in England, 1200 - 1520*, p. 223.

择的持续的工作机会,而是根本没有机会。① 同时,也不能对黑死病暴发之后的状况过于乐观。农业劳作的时期固定,农业雇工们能有活干的时间也就 2—3 个月,农忙之后,他们需要再工作一些时间才能养活一家,尽管工资很高、工作机会很多,但四处流动和进行工资谈判不仅耗费时间,而且冒着很大的风险,如谈判失败,一段时期内将没有工作和收入,甚至被当成流民遭到牢狱之灾。即使找到满意的工作,许多地方的工期都不长。14 世纪晚期,因违反《劳工法令》被处罚的人都参与了 2—20 天的临时工作。② 许多建筑工人可能为一个雇主工作三五天,甚至夏天也仅能工作几周而已,③ 而每周仅仅工作 3 天左右。如在 16 世纪初萨塞克斯的布罗德沃特(Broadwater),一名木匠被雇佣 10 周,每周工作 3—4.5 天。④ 等一项工作结束,雇工不得不再次去往其他地方寻找工作。雇工可能满足于为不同的雇主干活和保持一定的独立性,但这样做减少了工作时间,工资收入就会多少受到影响。

5. 劳动心理。黑死病暴发之前,在劳动机会不多的情况下,人们无疑更渴望得到长期的工作,保证劳动时间,以获取更多的收入来维持生计。黑死病暴发之后,在工作机会大大增加的情况下,受到高工资的诱惑,工资劳动者青睐于短期工作,不再满足于长期合同,许多人"做了大半辈子的犁把式,为了更高的工资而选择成为一名短期雇工"⑤。一项工作结束,他们马上开始进入下一项工作,这并不难,如果雇主不能满足要求,他们就四处流动寻找满意的工作。因此,各个地区遍布找工作的人,他们就是政府眼中的"流浪

---

① C. Dyer, *Standards of Living in the Later Middle Ages: Social Change in England*, 1200 – 1520, p. 228.

② C. Dyer, *Standards of Living in the Later Middle Ages: Social Change in England*, 1200 – 1520, p. 223.

③ Mavis E. Mate, *Trade and Economic Developments* 1450 – 1550, p. 137.

④ C. Dyer, "Work and Leisure", in Romsemary Horrox and W. Mark Ormrod, eds., *A Social History of England*, 1200 – 1500, pp. 286 – 287.

⑤ Nora Kenyon, "Labour Conditions in Essex in the Reign of Richard II", p. 431.

汉"。正如 1376 年议会抱怨道，许多肢体健全的人宁愿流浪当乞丐也不愿意干活，他们是贪婪的穷人。① 在流动和谈判的过程中，大量的时间被耗费。同时，中世纪的工作辛苦而乏味，而且每天从日出干到日落。在建筑行业中，每天吃午饭和休息的时间被限制在 1 小时 15 分钟到 2 小时，长时间工作使雇工很反感，一有时间，他们就尽情娱乐，只是黑死病暴发之前工资较低、工作机会和收入不足限制了休闲时间。但在 14 世纪末和 15 世纪，劳动条件改善之后，有些雇工开始制定赚钱的目标，如果想赚钱缴纳货币地租或购买面包、啤酒和肉，收获季节数周的工作就能帮助他们实现愿望，得偿所愿之后就会停止工作，将时间耗费在自己喜欢的事情上。② 一个名叫约翰·霍金（John Hogyn）的雇工在 1371 年拒绝工作，整天睡觉，并将晚上的时间花在小酒馆里。由于劳动时间减少，我们不应该认为工资的上涨必然导致收入膨胀。例如，14 世纪晚期一个每天挣 4 便士的雇工理论上每年的工资收入超过 4 镑。实际上，他认为 3 镑就可以满足需要，得到 3 镑后就不再干活。当他的工资上涨到每天 6 便士的时候，他可能会将年收入增加到 3 镑 10 便士，并在其余的 6 周里给自己放假。③ 据说，15 世纪的一名矿工，每年想要挣到的现金收入是 21 先令，用来交租和购买消费品，这决定了他们的工作时间和强度。④ 当然，也还有很多人渴望追求收入的最大化，他们并不是时人眼中贪婪而又懒惰的"挥霍者"（wasters）。他们也会追求饮

---

① Derek Pearsall, "Piers Plowman and the Problem of Labour", in James Bothwell, P. J. P. Goldberg and W. M. Ormrod, eds., *The Problem of Laboure in Fourteenth - Century England*, pp. 124 – 126.

② John Hatcher, "Labour, Leisure and Economic Thought before the Nineteenth Century", *Past and Present*, No. 160 (Aug., 1998), pp. 64 – 115.

③ C. Dyer, *Standards of Living in the Later Middle Ages: Social Change in England, 1200 – 1520*, pp. 224 – 225.

④ Ian Blanchard, "Labour Productivity and Work Psychology in the English Mining Industry, 1400 – 1600", *The Economic History Review*, New Series, Vol. 31, No. 1 (Feb., 1978), pp. 4 – 7.

食数量和质量的改善、更时尚的衣服和更舒适的住所,追求更高的生活标准,甚至还参与集体活动,为社区做贡献。他们选择让自己的收入最大化,而不是沉迷于休闲娱乐。[①] 这些追求收入最大化的雇工和那些热衷于休闲的人的劳动时间是不一致的,因此,工资收入方面必然显示出很大的差别。

6. 工种和技术程度。石匠、木匠等工匠的工作时间更长,工作更稳定,收入也较高,而辅助性工作,如砍树、搬砖、挖沟等技术程度较低,工作时间较短,再加上工资不高,非技术工人的收入自然也就较低。在瓦勒顿,木匠可以从1月30日工作到12月24日,但挖沟的工人只能从3月30日才有活干,前者的收入可以达到4镑以上,后者的收入只有1.5镑左右。[②]

此外,季节变迁(如建筑行业的工资水平在夏季高于冬季,工人的收入就会有差别[③])、天气变化等都是需要考虑的因素。以上这些因素,在不同的时间、地点,对于不同类型的工资劳动者影响不尽相同,在对工资收入进行计算时,需要区别对待、具体分析。

二 工资收入的量化

在对影响工资收入的因素进行考察之后,我们尝试对不同类型的工资劳动者的工资收入情况做定量分析,这样就可以对这个群体的收入状况及其在三百年间的变化得出比较直观的认识。

(一) 学界对于该问题的研究及其不足

对于工资劳动者的工资收入的计算,学术界往往是以自营地上的全职庄仆和建筑工人为样本来进行的。

[①] C. Dyer, "Work Ethics in the Fourteenth Century", in James Bothwell, P. J. P. Goldberg, and W. M. Ormrod, eds., *The Problem of Labour in Fourteenth - Century England*, pp. 21 - 40.

[②] C. Dyer, *Standards of Living in the Later Middle Ages: Social Change in England, 1200 - 1520*, pp. 225 - 226.

[③] L. F. Salzman, *Building in England, Down to* 1540, pp. 68 - 70.

第五章 工资收入与生活水平

罗杰斯曾对庄仆的家庭工资收入做过估计。他说，第一等的农业仆从是车把式和犁把式，他们在黑死病暴发之前每年可以得到现金工资 7 先令 6 便士。他们每 9 周得到 1 夸脱的混合谷物（一年共得到 5 夸脱 5 蒲式耳左右），按照 4 先令 4 便士/夸脱的价格，他的谷物报酬价值就是 1 镑 4 先令 8 便士。在收获时期，他还会得到价值 3 先令的谷物。如果他的妻子和孩子都工作 100 天，将分别得到 8 先令 4 便士（1 便士/天）和 4 先令 2 便士（0.5 便士/天）。那么，一家人的总收入就是 2 镑 7 先令 10 便士。黑死病暴发之后，这位庄仆的现金工资会涨到 13 先令 4 便士，妻子和孩子的收入达到 1 镑 5 先令，加上谷物报酬的价值（数量不变，价格变为 6 先令 6 便士/夸脱，这个价格明显太高了，大多数情况下，小麦价格在 6 先令以下[①]），全家的总收入就是 3 镑 15 先令（相当于一个持有 20 英亩土地的小业主的年收入）。可能还有一个家庭成员做牛倌、猪倌和羊倌，将会使家庭收入更多。按照当时的生活成本来看，这些庄仆的地位相当有利，可以从中积累起财富。[②] 很明显，这是一个全家依靠打工为生的家庭。罗杰斯的估算向我们展示了一个高级庄仆的家庭收入的良好状况，但估算中使用的数据至少有三点值得商榷。首先，黑死病暴发前后庄仆的现金工资缺乏变化。在黑死病暴发之前，一个庄仆得到的现金工资往往是 3—4 先令，黑死病暴发之后开始上涨，才开始逐渐超过 7 先令 6 便士这个数字，而在有些地方，如温彻斯特，由于强大的审计系统，直到 14 世纪最后十年，现金工资仍然保持一个相当低的水平。[③] 中世纪晚期，庄仆的现金工资增长较大，10 先令已经是法令能够接受的水平。平均来看，

[①] D. L. Farmer, "Prices and Wages, 1350 – 1500", in Edward Miller, ed., *The Agrarian History of England and Wales*, Vol. 3, p. 444.

[②] James E. T. Rogers, *A History of Agriculture and Prices in England* 1259 – 1793, Vol. 1, pp. 289 – 290, 689.

[③] David Farmer, "The Famuli in the Later Middle Ages", in Richard Britnel land John Hatcher, eds., *Progress and Problem in Medieval England*, p. 230.

大多数庄仆的现金工资已经能够达到 13 先令 4 便士。其次，黑死病暴发前后女性和儿童的劳动时间问题。黑死病暴发之前，在劳动机会有限和劳动力过剩的情况下，男性的工作时间难以保证，女性和儿童更是如此。对于女性来讲，由于受到社会观念的影响，她们的主要活动都在家庭中，尽管也从事一些脱粒、制奶酪等工作，但时间并不长，将 100 天的工作时间视为一般情况无疑是过于乐观了。最后，尽管庄仆经常参与收获，但奖励往往是质量较好的饮食，小费并不多。而且，庄仆提供的劳动量比例不大，3 先令可能是参与帮忙的全部庄仆的奖赏。① 按照上述理由，如果我们重新估算的话，黑死病暴发之前，车把式或犁把式的家庭年收入要比罗杰斯的估计低出不少，无法达到 2 镑。15 世纪初，这些高级庄仆全年的家庭总收入增加，和罗杰斯的估算相差不多。

车把式和犁把式每年的谷物报酬是 5.5—6.5 夸脱，每人每年消费的口粮为 1 夸脱左右，一个五口之家每年需要的口粮就是 5 夸脱。这意味着，车把式或犁把式的谷物报酬不仅能够满足家庭基本生活需要，而且还略有剩余。② 在庄仆当中，这些车把式和犁把式的待遇是最好的，即使在劳动力过剩、物价高涨的困难时期，稳定的工作和充足的谷物报酬也足以保证全家人的生活。家庭成员赚取的现金收入就可以用于日常生活的其他方面，或储存起来。因此，他们的家庭有可能积累起一定的财富。黑死病暴发之后，把式们的待遇无疑会更好，谷物报酬基本上变成了小麦，这些小麦足以提供每天 1.5—1.75 磅高质量的面包，可以满足三个成年劳动力的能量需求。③ 现金工资也在上涨，增加到原来的 3—5 倍，在物价下降的情况下，这些高级庄仆们吃到营养更为丰富的食物，买到更多、质

---

① David Wayne Routt, *Economy and Society in the Fourteenth Century: The Estate of the Abbot of St Edmund's*, 1335 – 1388, pp. 270 – 271.

② [英] 亨利·斯坦利·贝内特：《英国庄园生活：1150—1400 年农民生活状况研究》，龙秀清、孙立田、赵文君译，第 68—69 页。

③ Ben Dodds, "Workers on the Pittington Demesne in the Late Middle Ages", p. 155.

第五章 工资收入与生活水平

量更高的消费品。对于其他大多数普通庄仆来讲，一般每 12 周可以得到 1 夸脱谷物，按照这个标准，普通庄仆每年就可以获得 4.5 夸脱（36 蒲式耳）左右的谷物报酬。在正常情况下，这基本上可以满足最基本的口粮需求，日常饮食主要以大麦面包等食物为主而无须土地产出或妻子打工。[1] 他挣取的 3 先令现金工资和妻子孩子外出打工得到的工资将会达到 10 先令左右，部分或全部可能被用来购买一些小麦、麦芽、肉、奶酪等食物和其他日常消费品，如衣物和鞋子等。这是黑死病暴发之前的情况。14 世纪末和 15 世纪，普通庄仆的待遇改善，谷物报酬有所增加，质量提高，基本上都是小麦，全家的食物需求得到充分满足。同时，全家人的现金工资收入提高很大，总数可以达到 2 镑左右，生活水平自然将大大提高。

可以看出，庄仆生活最大的保障来自谷物报酬，受市场和物价波动的影响相对较小，尽管偶尔也会遇到歉收或灾荒，但有了谷物报酬，即使在最困难的时期，庄仆的基本生活标准也是有保证的。在有些情况下，生活质量甚至更高。1376 年，威斯敏斯特的审计人员发现，金斯本庄园（Kinsbourne）庄仆的谷物报酬质量比预留给领主的还要好。[2] 因此，可以说，庄仆是工资劳动者中的"贵族"，除了富裕农民，他们的命运比其他农民好得多，他们不用担心一年到头如何生活。那些要求工资全部是现金的庄仆，在物价较低的情况下，衣食不再是问题，而且还能积累起一定的财富，口袋里满满的银币使他们成为乡村酒馆的常客。[3] 许多人渴望得到仆从的工作，但这样的机会不多，整年工作的庄仆只占工资劳动者很小的一部分。而且，庄仆的状况也因地而异。如在领主比较强势的地方，庄仆的

---

[1] C. Dyer, *Standards of Living in the Later Middle Ages: Social Change in England, 1200 - 1520*, p. 133.

[2] Bruce M. S. Campell, "The Land", in Romsemary Horrox and W. M. Ormrod, eds., *A Society History of England, 1200 - 1500*, p. 220.

[3] ［英］亨利·斯坦利·贝内特：《英国庄园生活：1150—1400 年农民生活状况研究》，龙秀清、孙立田、赵文君译，第 157—159 页。

待遇较低。在约克的塞尔比（Selby）修院的一个庄园上，领主在佃农的孩子中挑选庄仆，支付的工资仅比市场价格的一半略高，他由此而获利22先令10便士。① 更何况在黑死病暴发之前经济较差的大环境下，有的庄仆的受雇时间也不长。在1315/1316年的巴克兰，由于年景不好，一名仆从只被雇佣了5周，另一个是14周。② 对于多数工资劳动者来说，情况更为糟糕，付出的劳动很多，得到的却很少，他们往往陷入债务和困难之中。③ 黑死病暴发之后，由于工资劳动者对于短期合同的青睐，雇工成为比仆从更为重要的劳动力来源。在15世纪中叶领主退出自营地经营之后，庄仆就从历史上消失了，庄仆在存在时间上也没有贯穿我们研究的整个时期。由此可见，庄仆无法代表工资劳动者群体的整体状况。

相对于庄仆来说，雇工的收入方式完全不同，因为他们主要得到计时工资或计件工资，工作机会和劳动时间随着劳动力市场供需的变化而改变，他们工作和收入缺乏稳定性。罗杰斯也曾对雇工的年工资收入和生活做出过估计，他的估计处处洋溢着乐观的情绪。他指出，如果我们按一年300个工作日来算，黑死病暴发之前，一个木匠的年收入将达到3镑18先令1.5便士（3.125便士/天），黑死病之后（1400年之前），可以达到5镑15先令7便士（4.6便士/天），如果按最高工资来算，则分别就是5镑3先令1.5便士（4.12便士/天）和9镑6先令10便士（7.47便士/天）。黑死病暴发前后，石匠的平均工资收入分别是4镑7先令6便士（3.5便士/天）和7镑0先令7.5便士（5.875便士/天）。瓦匠的工资收

---

① R. H. Hilton, "Review: [untitled]", The Famulus, the Estate Labeurer in the Twelfth and Thirteenth Centuries. By Professor M. M. Postan (Cambridge University Press for Economic History Society, 1954), *The English Historical Review*, Vol. 69, No. 273 (Oct., 1954), pp. 623–625.

② [英]克里斯托弗·戴尔：《转型的时代：中世纪晚期英国的经济和社会》，莫玉梅译，第96页。

③ E. A. Kosminsky, *Studies in the Agrarian History of England in the Thirteenth Century*, pp. 306–308.

入分别是 5 镑（4 便士/天）和 6 镑 13 先令 4.5 便士（5.67 便士/天）。很明显，这些工匠可以买到的生活必需品将相当丰富。同时，他又指出，中世纪晚期，尽管雇工并非每年都能工作 300 天，但是建筑工作持续进行，劳动力的需求持续不断，工作机会比较稳定，收入由此得到保证。① 从罗杰斯的计算来看，黑死病暴发后，雇工的年平均收入可以达到 7 镑（5.5 便士/天），这和一个持有 20 英亩土地的农民的年收入相差无几。②

我们对罗杰斯的数据最大的质疑来自他对建筑工人劳动时间的估计。从各种证据来看，14 世纪下半叶的工资无疑是上涨了。由于劳动力短缺，建筑工人工作机会能够得到保证，但每年的工作时间很难有 300 天之多，有人认为，雇工每年可以打工的时间理论上为 260 天左右。③ 但这个数字还是偏高，因为在建筑工作中，除了宗教节日、周日，严寒和恶劣天气造成的正常停工，雇工偶尔生病或受伤都会影响劳动时间，也许 240 天已经是一个不低的时间估计。照此计算，罗杰斯的所有数据都要降低 20%。对于一个没有技术的辅助工人来讲，黑死病暴发前后，他的收入分别是 1 镑 15 先令和 5 镑 10 先令左右。

此后，还有人对建筑工人的工资收入做出估计。如戴尔以柴郡和莱斯特郡的两处建筑工程为例，按照工资支付记录分别计算了 13 世纪和 15 世纪的建筑工匠及其辅助工人的工资收入，并对他们的生活水平做出了分析。④ 学者们之所以选择乡村建筑工人作为样本，是因为他们领取日工资，条件允许的时间都可以作为打工天数，这样，

---

① James E. T. Rogers, *A History of Agriculture and Prices in England* 1259 – 1793, Vol. 1, p. 689.
② James E. T. Rogers, *A History of Agriculture and Prices in England* 1259 – 1793, Vol. 4, pp. 755 – 756.
③ Mark Bailey, "Peasant Welfare in England, 1290 – 1348", p. 231.
④ C. Dyer, *Standards of Living in the Later Middle Ages: Social Change in England*, 1200 – 1520, pp. 224 – 228.

全年的收入自然就可以轻松计算出来。但是，很明显，建筑工人同样不能代表工资劳动者群体。原因很简单，首先，也是最重要的一点，建筑工人只是乡村工资劳动者的一小部分。据估计，其比例占整个工资劳动者群体的 5% 左右。① 其次，每年超过 8 个月的劳动时间、年收入超过 3 镑，在黑死病暴发之前，能够享有这样的劳动条件的工人更是不多，这需要技术和长期的经验积累。更多的人是农忙结束之后做一些辅助性的非农业工作，不需要多少技术和经验，工资相当低。最后，在黑死病暴发之前，劳动力过剩，每年干活的时间很难保证。此外，这些建筑工人往往也有一小块土地，② 学者们虽然也承认这一点，但在估算的过程中，却没有人将耕作自己土地的时间扣除，由此给我们留下的印象是，这些建筑工人就是无土地者，当然这种情况并非不存在，但更多的工资劳动者是持有小块土地的农民。因此，建筑工人的代表性也是不足的。

（二）以农业雇工为对象的估算

在中世纪英格兰，工资劳动者基本上都是持有小块土地的农民，因土地收入不足而挣取工资维持家庭生活，在打工的过程中，主要从事的也是农业劳动，这些农业雇工才是乡村工资劳动者群体中的主力。因此，鉴于庄仆和乡村工匠代表性不足，我们选取这些更具代表性的农业雇工来进行考察。对于估算的方法，我们仍然使用"工资收入 = 名义工资 × 打工时间"这个公式。许多学者认为对中世纪的打工时间的估计是一个难题，正如波斯坦所说，由于对于乡村工资劳动者受雇机会的不完整性和不持续性认识不足，这就削弱了使用日工资乘以典型劳动时间（250 天或其他代表一年工作日的总数）来计算工资收入的准确性。③ 在提出批评的同时，学者们

---

① C. Dyer, *Standards of Living in the Later Middle Ages: Social Change in England, 1200－1520*, pp. 213, 220.
② D. Knoop and G. P. Jones, *The Medieval Mason*, p. 214.
③ M. M. Postan, *The Medieval Economy and Society*, pp. 149－150；［英］M. M. 波斯坦、H. J. 哈巴库克主编：《剑桥欧洲经济史》第 1 卷，王春法等译，第 534 页。

第五章 工资收入与生活水平

却没有提出建设性的意见，到现在为止，这个公式仍不失为一个评价工资劳动者收入和生活标准的可行方法。估算农业雇工的打工收入是一项困难的工作，因为他们劳动的季节性强，大多数人只是在收获期间才被雇佣，庄园账簿等材料的记录只能代表 8 月、9 月的工资，对于其他时间的工资却不可知，这些材料难以让人满意。①而且，农业雇工得到的是计件工资，要想知道他们的工资收入，必须知道他们在整个收获季节干了多少活，但目前并没有系统的数据可供使用。鉴于这种情况，我们只能选择将计件工资转化为日工资，然后按照他们工作的天数来计算一年的工资收入。

为了进行计算，我们需要进行以下三个步骤的工作：第一，样本的选取。从事农业生产的雇工种类繁多，最常见、工资数据较为系统的有三类：收割工、割草工和脱粒（扬壳）工。脱粒（扬壳）工资出现得最早也最为详细，各种谷物均有记录，也可以知道每天的脱粒（扬壳）工作量。中世纪最常见的规定是每天脱粒 2 蒲式耳（1/4 夸脱）小麦或 1 夸脱燕麦。但工人们不可能专门为一种谷物脱粒，我们既不知道一个工人平均要在每一种谷物上干多长时间，也不知道混合谷物的脱粒工资中，各种谷物所占的比例，因此，估算脱粒（扬壳）的日工资难度很大。使用长柄大镰刀的割草工作技术含量高，对体力和身高要求高，因此，割草工资很高。黑死病暴发之前，割草工资为 5 便士/英亩左右，这个工资水平也得到 1351 年法令的证明。对于割草工的效率，贝内特认为，他们使用大镰刀每天能收割 1 英亩②；大卫·斯通通过对伊利主教维斯拜克巴顿庄园（Wisbech Barton）的账簿记录（1341—1389 年）的研究证明，在农业工作中，雇工的工作效率很高，他们每天平均割草面积是 1

---

① L. R. Poos, *A Rural Society after the Black Death: Essex*, 1350–1525, p. 209.
② [英] 亨利·斯坦利·贝内特：《英国庄园生活：1150—1400 年农民生活状况研究》，龙秀清、孙立田、赵文君译，第 62、82 页。

英亩左右，① 和贝内特的估计相同。按照每英亩割草工资 5 便士计算，割草工每天就可以得到 5 便士。这个数字要高于任何乡村工匠的日工资。很明显，对于生活难以为继的大多数雇工来说，这个数字太高了。因此，我们选取收割工资作为农业工资考察，比较起来，从 8 月初到 9 月底的收获时期是各项农业活动持续时间最长的。第二，收割工的平均日工资。《亨莱的田庄管理》告诉我们，收获时，四人收割、一人打捆，每天收割 2 英亩，平均每人每天收割 0.4 英亩，② 按照收割 1 英亩谷物的平均工资 5 便士计算，那么一名收割谷物的工人的平均日工资为 2 便士，这和当时一名非技术建筑工人的工资相仿。第三，劳动时间。雇工基本上都是小土地持有者，他们持有的土地一般在 1/4 维尔格特以下，在东部一些土地碎化严重的地区，3—5 英亩是常态，有的人甚至仅有宅地及附近的一处菜园或果园。我们认为，农业雇工持有的土地数量平均在 5 英亩左右。据戴尔估计，在中世纪，耕作 1 英亩土地需要一个劳动力每年劳动 14 天，一名小土地持有者每年就需要在自己的土地上劳作 70 天，一年中除了周日、宗教节日和糟糕的天气之外，实际上可以干活的天数约为 250 天，③ 这意味着，外出打工的时间只剩下 180 天。鉴于黑死病暴发之前的劳动力供需状况，我们认为，当时一名农业雇工每年可以打工的时间有 120 天已经不少，④ 他的工资收入就是 1 镑。中世纪晚期，农业工资增长一倍，达到 4 便士/

---

① David Stone , "The Productivity of Hired and Customary Labour: Evidence from Wisbech Barton in the Fourteenth Century", pp. 640 – 656.
② [英] 伊·拉蒙德、W. 坎宁安编：《亨莱的田庄管理》，高小斯译，第 63 页。
③ C. Dyer, " Work Ethics in the Fourteenth Century ", in James Bothwell, P. J. P. Goldberg and Ormrod eds. , *The Problem of Laboure in Fourteenth – Century England*, York: York Medieval Press, 2000, p. 30. 关于不同地区对每英亩土地投入天数的估算见 Eona Carakacili, "English Agrarian Labour Productivity Rates Before the Black Death: A Case Study", *The Journal of Economic History*, Vol. 64, No. 1 (Mar. , 2004), pp. 33 – 35。
④ 也有学者从《劳工法令》的执行记录的证据计算出该数据。见 Nora Kenyon, "Labour Conditions in Essex in the Reign of Richard II", *The Economic History Review*, Vol. 4, No. 4 (Apr. , 1934), pp. 432 – 433。

天，劳动时间增加到180天，他们的年收入增长为原来的3倍，达到3镑左右。

正如罗杰斯所说，这名雇工的妻子和一个孩子也外出打工，但在黑死病暴发之前，他们的平均劳动时间却达不到100天。当时大多数的工资劳动者经常处于失业或半失业状态，能保证全年有持续工作的雇工很少，只是工资劳动者中很小的一部分。[①] 在男性劳动力价格便宜的情况下，妇女和儿童的工作机会更少。如果我们将妇女儿童每年的劳动时间估算为60天，那么，他们能为家庭收入贡献7先令6便士。中世纪晚期，工资翻倍，劳动时间增加，他们的年工资收入将增加到1镑5先令。那么，这个雇工家庭的年收入在黑死病暴发前后将分别为1镑7先令6便士和4镑5先令。[②]

表5-1　　　　　　　一个农业雇工家庭的年工资收入

		黑死病暴发之前	黑死病暴发之后
成年男性雇工	日工资	2便士/天	4便士/天
	打工时间	120天	180天
	工资收入	1镑	3镑
家庭其他成员	日工资	1.5便士/天[1]	3便士/天[2]
	打工时间	60	100
	工资收入	7先令6便士	1镑5先令
总收入		1镑7先令6便士	4镑5先令

注：[1.] 妇女1便士/天，儿童0.5便士/天；[2.] 妇女2便士/天，儿童1便士/天。

可能我们忽视了工资的另一个重要组成部分：现金之外的饮

[①] C. Dyer, *Standards of Living in the Later Middle Ages: Social Change in England*, 1200-1520, p. 228.

[②] 参见王超华《中世纪英国乡村工资劳动者的收入和生活水平》，载侯建新编《欧洲中世纪城市、乡村与文化》，人民出版社2014年版，第152—162页。

食。特别是在黑死病暴发之后，雇工几乎都在工资之外要求雇主提供饮食，多数是一顿高质量的午饭，这让雇主叫苦不迭。① 这些饮食就是工资的一部分，如 1367/1368 年雷德格雷夫的脱粒工尽管现金工资不高，但加上每天的三顿饭，已经相当于当时流行的工资水平。② 与现金相比，它们最大的好处就是，在偶尔出现的物价波动时期，这些饮食可以使雇工免受生活成本提高之苦。③ 但是，提供食物可能也是领主应对工资上涨的策略，在物价下降的时期，领主提供食物实际上是降低了工资标准。如在 15 世纪 40 年代的萨塞克斯，随着物价的下降，领主开始普遍采取提供食物的做法，从而减少工资支出，这也减少了雇工可以带回家的收入。④ 在计算中，我们已经将有些饮食折算成现金计入工资总收入，对于其普遍性和对每个人的意义却没有系统的证据来进行估计，在这里我们并没有将其量化列出。

三 家庭收支与生活标准

生活水平由收入和支出共同决定，要想考察工资劳动者的生活状况，就必须了解其家庭的收入结构和支出模式。从收入来讲，在一个小土地持有者家庭收入中，工资并非工资劳动者家庭的全部收入来源，土地及其附带的公共权利将能够带来各种数量不等的收入。从支出来看，收入的变化必定影响支出结构，但基本的衣食需求却必须满足，这些均可以进行量化。因此，我们可以从家庭收支的基本状况对生活水平的影响作理论上的分析。

---

① Nora Kenyon, "Labour Conditions in Essex in the Reign of Richard II", pp. 429 – 451.
② David Wayne Routt, *Economy and Society in the Fourteenth Century: The Estate of the Abbot of St Edmund's*, 1335 – 1388, p. 309.
③ Donald Woodward, "Wage Rates and Living Standards in Pre – Industrial England", pp. 29 – 30.
④ Edward Miller, ed., *The Agrarian History of England and Wales*, Vol. 3, pp. 695 – 696.

第五章　工资收入与生活水平

黑死病暴发之前，5英亩土地能够提供3.4夸脱左右的谷物（三圃制，按照每英亩产量8蒲式耳计算），扣除各种租税（谷物产量的50%）和预留下来的种子（谷物产量的25%）之后，剩下的谷物仅仅是一个人一年的口粮。这意味着，五口之家中有四人的口粮需要通过其他途径获得。黑死病暴发之后，租税负担降低20%，[①] 谷物产出就能多剩余0.5夸脱左右。根据土地的大小，小土地持有者可能在公共草地、牧场和树林有一些公共权利，就可以得到一些干草、燃料，并饲养少量牲畜，这都将多少增加家庭收入。[②] 如果还有一块菜园或果园，饮食中就会出现蔬菜和水果，再加上饲养的牲畜提供的肉奶等，这都增加了食物的多样性。[③] 这些收入的数量到底有多少，我们不得而知，但可以肯定的是，几乎所有的工资劳动者都从农业活动中取得部分收入。无论如何，土地多多少少为他们的生活提供了一些保障，减轻了依赖工资生活的程度，也减少了市场和物价波动的影响，尤其是在黑死病暴发之前，这种保障作用显得更为重要。黑死病暴发之后同样如此。或许15世纪的工资增长带来很多好处，但如果他们生病、残疾或变老，就会失去挣取工资的机会，最后的保障可能就只有自己持有的一小块土地了。[④] 因此，由于当时土地价格较低，有些工资劳动者还是愿意持有土地。佩廷顿庄园的庄仆就是如此，他们利用积累起来的收入购买一些土地，成为自营地的承租人。[⑤] 在萨塞克斯，很少有人再满足于茅舍和小块菜园，而是开始持有七八英亩的土地，这样一

[①] C. Dyer, *Standards of Living in the Later Middle Ages: Social Change in England, 1200-1520*, pp. 146-147.

[②] C. Dyer, *Standards of Living in the Later Middle Ages: Social Change in England, 1200-1520*, pp. 129-130.

[③] C. Dyer, *Everyday Life in Medieval England*, pp. 77-100.

[④] C. Dyer, *Standards of Living in the Later Middle Ages: Social Change in England, 1200-1520*, p. 231.

[⑤] Ben Dodds, "Workers on the Pittington Demesne in the Late Middle Ages", pp. 157-159.

个小土地持有者家庭，所有成员在从事工资劳动的同时，也种植谷物和饲养一些牲畜，可能他们还将产品拿到市场上出售。① 因此，即使在高工资时代，也很少有人完全依赖工资生活。

工资劳动者家庭支出主要包括衣、食两个方面。饮食方面，D. L. 法莫尔认为，如果一个4—5口之家每年的饮食需求为6夸脱的谷物（面包和啤酒），1/10头牛，半只羊，半头猪，1/4韦奶酪，0.4夸脱盐，14世纪初价值在1镑12先令，15世纪价值约为1镑4先令。② 穿衣方面，罗杰斯认为一家人的穿衣总价值是17先令，③ 蒂托认为每个人需要2.5先令（相当于半夸脱粮食），④ 全家就需要10—12.5先令，如果取10先令这个最低值，每个家庭的衣食支出在黑死病暴发前后分别为2镑2先令和1镑14先令。黑死病暴发之前，家庭工资收入1镑7先令6便士不足以满足饮食需求，再加上衣物的消费，还需要14.5先令（这需要成年男性雇工近3个月的劳动时间），土地提供的那点收入变得微不足道，对于当时大多数工资劳动者来说，根本无法保证这样的生活水平，只能降低饮食和穿衣的标准，主要以价格较便宜的谷物食物为主，减少吃肉和饮酒的次数和数量，穿着质地粗糙的衣物。如果按照一个五口之家仅需要5夸脱的混合谷物作口粮来计算，持有地谷物产出为1夸脱，其他的4夸脱价值17先令，那么，家庭工资收入除了购买食物之外，剩余10先令正好可以满足基本穿衣需求。但需要指出的是，每人每年1夸脱的口粮标准是相当低的，因为这是赡养协议中为退休农民提供的食物量，也是现代济贫提供的仅能维持生活的基

---

① Edward Miller, ed., *The Agrarian History of England and Wales*, Vol. 3, pp. 696 – 697.
② D. L. Farmer, "Prices and Wages, 1042 – 1350", in H. E. Hallam, ed., *The Agrarian History of England and Wales*, Vol. 2, p. 775.
③ James E. T. Rogers, *A History of Agriculture and Prices in England*, Vol. 1, pp. 683 – 684.
④ Z. Titow, *English Rural Society* 1200 – 1350, p. 84.

本食物标准。① 按照中世纪的儿童每人每天需要 1200 卡路里热量，成年劳动力每天至少需要 2000 卡路里，而每天 1 磅（0.45 千克）左右的谷物仅能够提供 1143 卡路里热量，远远不能满足全部家庭成员的需求。因此，需要更充足的谷物或来自其他食物的热量。② 而且，在 14 世纪 70 年代中期之前的时间里，物价经历数次上涨，实际物价有时要比我们选取的数据高出不少，尤其是几次高峰时期，这不仅使难以获得持续工作的工资劳动者的生活雪上加霜，也使工作较稳定的人的收入大打折扣。如在 14 世纪的第二个十年，谷物歉收造成物价腾贵，一个五口之家所需要的食物就将耗尽一个雇工家庭所有成员全年的工资收入，而那些收入无法保证的人连最基本的生活都无法保证，以至于出现饥荒和大量死亡的现象。

黑死病暴发之后，工资劳动者生活状况明显改观，基本吃穿支出在工资总收入中的比例已经降到 50% 以下，对于有技术的建筑工人，比例甚至更低，在 20% 以下。在 15 世纪，一个家庭每年 2 磅的收入就能保证吃到小麦面包，喝到啤酒，并购买衣物和其他消费品，按照当时的工资率，普通工资劳动者只需要工作 120 天就足够了。③ 这意味着，那些愿意每天干活的人每年还能有 2—2.5 磅的收入盈余。即使按照每天 3 便士的高标准，而整个家庭的工资收入每天可以超过 6 便士，甚至有达到 8 便士的可能，他们完全有余钱用在住房、衣物和工业消费品上，而不是将全部收入都消费在食物上。④ 因此，工资劳动者不仅能够改善饮食和穿衣的质量，而且还

---

① C. Dyer, *Standards of Living in the Later Middle Ages: Social Change in England, 1200-1520*, p. 153.

② Harry Kitsikopoulos, "Standards of Living and Capital Formation in Pre-Plague England: A Peasant Budget Model", *The Economic History Review*, New Series, Vol. 53, No. 2 (May, 2000), p. 242.

③ Simon A. C. Penn and C. Dyer, "Wages and Earnings in Late Medieval England: Evidence from the Enforcement of the Labour Laws", pp. 373-374.

④ ［英］克里斯托弗·戴尔：《转型的时代：中世纪晚期英国的经济和社会》，莫玉梅译，第 127、130 页。

有足够的钱来进行其他消费,以改善生活。

第二节　实际生活水平考察

前文已经从理论上对影响生活状况的因素进行了分析,这些因素的变化必然在日常生活上有所反映,那么,黑死病暴发前后实际生活水平发生了怎样的变化,这是我们关心的问题。本节从饮食、穿衣及其他方面来对生活水平进行考察。

一　饮食

饮食是日常生活的基本内容之一,对于黑死病暴发前后工资劳动者的饮食变化,西方学者曾做过专门论述。戴尔以收获工人为例考察了农业雇工的饮食变化。他指出,饮食变化主要体现在以下三个方面:一是谷物面包的比例变小,肉鱼蛋奶等比例增加;二是食物质量改善,如小麦面包,鲜肉开始走向工资劳动者的餐桌;三是饮料,尤其是啤酒供应的充足。该项研究表明,黑死病暴发之后,收获工人的饮食水平有了很大提高。[①] 但戴尔同时提醒我们,不能完全据此对工资劳动者整体的生活水平做出评价。收获期是一个劳动率较高的时期,工人们如果有充足的食物将干得很快;它也是一个对劳动力的竞争时期,领主、富裕农民等都需要雇工。劳动力的流动在8月达到顶峰,人们到收获的地方寻找更高的报酬。在这个持续大概全年1/10的时间,每天的工作量非常大。为了保证干活的人获得充足的能量补给,收获工作能够及时完成,也为了保证来年劳动力的供应,领主往往会向收获的雇工提供充足和质量较好的食物。因此,收获工人比一般季节的农业雇工和其他工资劳动者吃得都要好。比如,诺福克自营地的庄仆得到谷物报酬的数量和质量

---

① C. Dyer, *Everyday Life in Medieval England*, pp. 77 – 100.

远低于秋天消费的谷物。庄仆得到的是大麦，而收获工吃的是小麦和黑麦。收获期以外的谷物报酬的数量是每12周1夸脱，这低于收获期间的每周1蒲式耳。一年中的大部分时间里，庄仆不可能消费太多的奶酪、黄油和饮料，即使现金工资从4先令/年上涨到13先令4便士/年，也买不到和秋收时期同样数量和质量的啤酒、肉、鱼和奶酪。在库克汉，庄仆得到低质量的小麦、大麦、燕麦和豌豆的混合谷物，而收获工人吃小麦面包。在15世纪40年代的玛尼唐（Manytown），收获工人待遇也很好，而庄仆只得到大麦。[1] 因此，收获工人的饮食状况只是一个可变的样本。从上面的比较也可以看出，庄仆的饮食质量总是低于收获工人。一般认为，他们得到的谷物报酬就是维持其家庭生活的基本食物，因此，他们的饮食状况比收获工人更具代表性。

对于庄仆的饮食状况，我们的材料来自他们得到的谷物报酬记录，对此前文已经从谷物的数量、质量等方面进行了论述，这里重点考察一些领主管饭的庄园上提供给庄仆的食物。证据表明，在黑死病暴发之前，庄仆的主要食物是质量较低的混合谷物，肉鱼奶蛋的消费几乎可以忽略，饮食标准不高。如1294年，在诺丁汉郡的彼得伯勒修院的凯特林庄园（Kettering）上，每个庄仆每天90%以上的能量、95%以上的蛋白质摄入来自黑麦面包，缺少肉鱼蛋类的营养供给，有时能吃到奶酪，但数量不大，提供的营养比例很小。面包主要由玛斯林（Maslin）烤制，这是一种小麦与黑麦，或大麦与黑麦的混合谷物，在剑桥的梅尔本（Melbourne）和约克西雷丁的洛克克雷夫（Rockcliff）则是大麦、黑麦和豌豆的混合物。因此，庄仆吃大量的黑面包，小麦面包很少见。庄仆也经常喝到粥，在高地地区之外，燕麦粥最为普遍，如在剑桥的梅尔本，每个庄仆每年都要消费2蒲式耳的燕麦粥，有些地方则是豌豆、野豌豆或菜

---

[1] C. Dyer, *Everyday Life in Medieval England*, pp. 78–79, 92–94.

豆的混合物，为干活的人煮粥是挤奶工的工作内容之一。庄仆还能吃到奶酪、黄油等食物，它们是"就着面包吃的食物"（Companagium），但吃到的机会不多。在许多庄园上，水是主要的饮品，庄仆很少能喝到啤酒，在以啤酒为饮品的地方，其质量往往很差，黑麦、燕麦或玛斯林是酿酒麦芽的主要原料。在诺福克，啤酒用大麦酿造，在汉普郡，小麦被用来酿造啤酒，但这是我们发现的唯一的记录，而且数量不大。由于英格兰收获时期的潮湿天气，少量的啤酒很难为经常吃腌鲱鱼的工人解渴。[①] 当然，在农忙季节，庄仆的饮食也会得到改善。在1272年诺福克的马瑟姆庄园，庄仆可以吃到牛肉、鲱鱼、鳕鱼、奶酪、鹅肉等食物，还能喝到麦芽酿造的啤酒，[②] 但这并非常态。

中世纪晚期，庄仆的饮食标准得到大大改善。谷物报酬已经基本上变成了小麦，这意味着，一家人可以吃到足够的白面包，啤酒也有充足供应。1394年，林肯郡的一名犁把式的谷物报酬变成了每周15条面包（其中7条由小麦烤制）和7加仑啤酒，这意味着，此人每天都能吃到1磅小麦面包（每条面包重4磅左右）、喝到1加仑的啤酒（中世纪成年男子的正常啤酒消耗量是每天1加仑，或每顿正餐0.5加仑）。[③] 在庄仆的饮食中，鱼肉等高蛋白食物的比例也在大大增加，1439/1440年，多塞特的车把式的食物结构中，鱼肉的比例已经达到38%，尽管低于收获工人的50%。[④] 而且，庄仆在与雇主谈判的过程中，总是要求对方在工资之外提供一顿正餐，食物中需要有充足的白面包、鲜肉、鲜鱼和啤酒。如1353年，

---

① D. L. Farmer, "Prices and Wages, 1042－1350", in H. E. Hallam, ed., *The Agrarian History of England and Wales*, Vol. 2, pp. 831, 838.

② ［英］亨利·斯坦利·贝内特：《英国庄园生活：1150—1400年农民生活状况研究》，龙秀清、孙立田、赵文君译，第158页。

③ C. Dyer, "English Diet in the Later Middle Ages", in Trevor H. Aston, P. R. Coss, C. Dyer and Joan Thirsk, eds., *Social Relations and Ideas*, Cambridge: Cambridge University Press, 2009, p. 215.

④ C. Dyer, *Everyday Life in Medieval England*, pp. 92－94.

林肯郡的一个犁把式坚持吃鲜肉，而不是腌肉，[①] 否则他拒绝干活。事实上，为了吸引劳动力，又不至于违反法令规定，雇主往往给干活的人提供食物，但由于收获时期的饭食总会丰盛一些，每人每天1.5便士的标准看来是不够的，给工人提供食物对雇主来说可能已经成为一个沉重的负担。[②] 上面的证据表明，庄仆的饮食水平已经得到大大提高。

从西方学者对收获雇工饮食的研究和本书对庄仆的考察来看，中世纪晚期，由于购买力的增强和收入的增加，工资劳动者的饮食状况明显改善。他们开始模仿乡绅和贵族的习惯，希望每天都能吃到大量的鱼肉并喝1加仑的啤酒，甚至使用香料。如果从当时收获工人的饮食结构来看，工资劳动者已经和一些乡绅贵族的饮食标准相差无几。

表5-2　中世纪晚期工资劳动者与乡绅贵族的饮食开支比较　　单位:%

	面包	啤酒	鱼和肉	奶酪、黄油等
建筑工人[1]	18—29	29—33	33—49	4—9
收获工人[2]	15	41	34	10
乡绅贵族[3]	21—26	27—29	41—46	4—6

注：[1.] 埃文河畔的斯特拉特福德（沃里克郡），1431年；怀尔皮德尔（伍斯特郡），1377/1378年；舍本（多塞特郡），1439/1440年。[2.] 塞奇福德庄园（诺福克郡），1424年。[3.] 布里德波特的教士，1456/1457年；勒特雷尔家族，1425/1426年。

资料来源：［英］克里斯托弗·戴尔：《转型的时代：中世纪晚期英国的经济和社会》，莫玉梅译，第129页。

不仅如此，工资劳动者还模仿社会上层的烹煮方法、厨房设置

---

① Simon A. C. Penn and C. Dyer, "Wages and Earnings in Late Medieval England: Evidence from the Enforcement of the Labour Laws", p. 372.

② Nora Kenyon, "Labour Conditions in Essex in the Reign of Richard II", pp. 436-437.

和餐桌摆设等,他们在桌子上铺上桌布,一家人很正式地摆桌子准备吃饭。食物需求的转变还体现在其他方面。比如,屠夫数量增加,为了提供充足的肉,许多耕地变成牧场。啤酒屋随处可见,更多的粮食被用来酿酒。① 即使在这种饮食不断改善的情况下,工资劳动者们还不满意,整日牢骚满腹。当时的许多文学作品都描绘了傲慢、桀骜不驯的雇工形象,14世纪的《农夫皮尔斯》描写道:

没有土地、靠双手挣饭吃的工人不再吃过夜的蔬菜;
便宜的啤酒和熏猪肉不再合他们的胃口,
他们想要鲜肉或鲜鱼,炸好或烤好,热乎乎地填进肚子。
除非得到高报酬,否则他们咒骂使他成为雇工的这个时代……
咒骂国王和所有的法官,制定了让雇工如此困苦的法律。②

工资劳动者饮食的变迁不仅代表了广大的社会下层劳动者生活水平的提高,而且也是整个社会经济状况改善的反映。从营养学的角度来讲,在黑死病暴发之前,收获工的饮食包含了一些营养因素,如碳水化合物、动物蛋白质、奶制品、内脏和鲱鱼提供的维生素 A 和维生素 D。但是,在收获季节以外,工资劳动者很少能吃到这些高能量的食物。由于主要的能量也来自谷物,肉食不多,动物蛋白摄入量不够,营养不足,这就造成工资劳动者及其家庭成员体质很弱,容易早逝。根据拉兹对黑尔索文(Halesowen)教区的研究,由于生活水平相对较低,小土地持有者和无土地者的许多孩子往往很难活到 12 岁,因此,他们的孩子数量要比中等农民家庭低

---

① C. Dyer, "Did the Peasants Really Starve in Medieval England?" In Martha Carlin and Joel T. Rosenthal, eds., *Food and Eating in Medieval Europe*, London and Rio Grande: The Hambledon Press, 1998, pp. 67 – 69.

② Charles Oman, *The Great Revolt of* 1381, Oxford: Clarendon Press, 1906, p. 8.

67%，比富裕家庭低178%。① 在这种情况下，他们容易遭受疾病的影响，平均寿命较短，死亡率较高。据有人估计，1290—1325年，受到饥荒和瘟疫的影响，人口死亡损失达到100万左右，处于社会底层的工资劳动者占其中很大比例。② 1348—1375年的情况也是如此。但此后到16世纪早期，由于饮食质量的提高，人们体质增强，除了15世纪30年代的一次饥荒之外，大量的死亡再也没有出现过，人的寿命也在变长。V. 布鲁夫（Vern Bullough）和 C. 坎贝尔（Cameron Campbell）通过研究表明中世纪后期饮食结构的改善，妇女受益很大，因为质量较好的食物提供了充足的铁质，她们寿命变长，才会造成当时人们认为的女性过多的现象。③

但黑死病暴发之后，工资劳动者对贵族饮食结构的模仿也有不利的影响。在食物缺乏的时代，小块的菜园和果园为工资劳动者提供了大量的食物补充，工资劳动者从蔬菜和水果中获得部分能量供给和身体所需的维生素 C 和一些矿物质，这对健康有利。但生活水平提高之后，尽管肉和小麦面包容易下咽，但工资劳动者大量吃肥肉、饮酒，吃提炼的面包，而减少了水果和蔬菜的摄入，营养严重失衡，这增加了身体出现疾病的风险。④

二 服饰

穿衣是日常生活中的另一项必需和重要的开支项目。对于12、13世纪工资劳动者的服饰，我们的证据并不多，只知道由于经济水平和收入的限制，农民群体的服饰比较简单，亚麻和羊毛的粗糙

---

① Zvi Razi, *Life, Marriage and Death in a Medieval Parish: Economy, Society and Demography in Halesowen*, 1270 – 1400, Cambridge: Cambridge University Press, 1980, p. 88.

② L. R. Poos, "The Rural Population of Essex in the Later Middle Ages", pp. 515 – 530.

③ Vern Bullough and Cameron Campbell, "Female Longevity and Diet in the Middle Ages", *Speculum*, Vol. 55, No. 2 (Apr., 1980), pp. 317 – 325.

④ C. Dyer, "Did the Peasants Really Starve in Medieval England?" in Martha Carlin and Joel T. Rosenthal, eds., *Food and Eating in Medieval Europe*, p. 69.

织物、廉价和单一的样式是主流，装饰品很少。由于工资劳动者的经济和社会地位低下，他们的服饰可能更差。这种情况一直维持到14世纪初，到黑死病暴发之后最终得以改变，这是由于经济的发展，服饰商品的供应充足价格低廉，也是工资劳动者收入增加，工资购买力增强的结果。

　　服饰上的巨大变化首先是从贵族开始的，然后传播到下层，尤其是工资劳动者开始模仿贵族，穿着时尚的衣服。14世纪40年代，紧身短装服饰在贵族阶层中流行，此后的几十年里开始传遍其他社会阶层。据说，可能是市民首先采用了这种风格，他们常常穿着这种新衣服到市场上去，在那里遇到了乡下人，因此，并非雇工一开始就进行模仿造成的。在莱斯特郡的科尔沃顿的一个15世纪的煤矿里，考古学家发现了一件衣物的残留。这件束腰外衣由毛呢裁制，下端被裁成装饰性条状。发现衣服的地点表明这是一位矿工穿过的衣物，尽管不知它是从一个乡绅大家庭得来的二手货，还是这就代表着一位每日收入为6便士的工人能买得起的衣物，[①] 但它表明，工资劳动者已经有能力在服饰方面模仿或接近乡绅阶层。不仅如此，工资劳动者还追求便宜的饰品，如铁扣环、胸针、皮带等饰物正在流行，手工艺人尽可能地利用下层消费者不断上升的购买力来盈利，城市的作坊大量生产尽可能便宜的饰品，目标就是包括工资劳动者在内的消费者市场。[②] 妇女的饰品变得更加丰富，原本在社会上层妇女中流行的头饰从只戴面纱演变成装饰性的轻纱、角状和"蝴蝶状"的饰品，这些风格在社会下层中开始流行。[③]

　　在中世纪早期，衣服的面料、样式和颜色是社会地位和财富的

[①] ［英］克里斯托弗·戴尔:《转型的时代：中世纪晚期英国的经济和社会》，莫玉梅译，第132、142页。

[②] C. Dyer, "Work Ethics in the Fourteenth Century", in James Bothwell P. J. P. Goldberg and M. W. Ormrod, eds., *The Problem of Laboure in Fourteenth - Century England*, p. 37.

[③] ［英］克里斯托弗·戴尔:《转型的时代：中世纪晚期英国的经济和社会》，莫玉梅译，第141页。

象征，当时的模仿大有打破这种符号界限之势，贵族们自然对此大为恼怒。而且，社会对下层人民穿着不合适服饰的抱怨声日益沸腾，在当时人们的眼里，这是一个"奢侈和怪癖"流行的时代，正是奢侈消费导致国内的货币流通量日益减少，而热衷于模仿的工资劳动者是罪魁祸首。因此，议会先后于 1337 年、1363 年、1463 年和 1483 年四次颁布《限奢法案》（Sumptuary Act），试图进行压制。[①] 如 1363 年法令规定：领主的仆从禁止过分吃喝，穿着丝织品或佩戴金银首饰，全身的衣服价值不能超过 2 马克，他的妻子和孩子也应该如此，每件衣服不能超过 1 先令；庄仆和雇工，和其他年收入不超过 40 先令的人只能穿着朴素的羊毛衣物，每件不超过 1 先令，只能佩戴亚麻腰带，如果违反规定，超出的部分将归国王所有。1483 年的法令规定，工资劳动者不能在衣服之外，穿着或佩戴其他价值超过 2 先令的衣服或饰品，袜子的价值不能超过 18 便士，妻子的穿戴也不能过分，如戴头巾，价值不超过 20 便士。违反法令的人会被处以 40 先令的罚金。[②] 我们并不清楚法令的执行过程和效果如何，但来自官方的证据证实了中世纪晚期工资劳动者穿着的改善和生活水平的提高。

三 其他

工资劳动者生活水平的提高还体现在其他方面，如住房，这是吃穿之外最大的开支。在中世纪晚期的英格兰，兴起了一股房屋重建运动，建房的主力军就包括工资劳动者。在原来的茅舍的旧址上，工资劳动者建造起了新房子，空间变大，质量提高，有些一直

[①] Harry A. Miskimin, "Monetary Movements and Market Structure – Forces for Contraction in Fourteenth – and Fifteenth – Century England", pp. 487–490.

[②] A. R. Myers, ed., *English Historical Documents*, 1327 – 1485, pp. 1153 – 1154, 1178.

保留到现在，成本达 2 英镑，甚至 6—7 英镑，居住条件大大改善。① 工资劳动者的休闲娱乐活动也丰富起来。在黑死病暴发之前，由于每年不劳动的时间有一百多天，摔跤、扔石头、比射箭、跳舞等就成为消磨时间的主要方式。当然还有喝酒，只是当时啤酒的供应还不充足。随着劳动条件的改善和收入的增加，工资劳动者每年仅需要 150 天就可以挣到全家人生活所需的吃穿，他们也有更多的时间来进行娱乐活动，许多专属于上层的活动逐渐向下传播，如网球、足球等。此时的啤酒产量增加，啤酒屋成为工资劳动者经常光顾的场所。那里不仅可以饮酒，还是进行各种娱乐活动（如掷骰子）的地方，从那时开始，啤酒屋开始逐渐成为社交活动的中心。② 针对工资劳动者"疯狂"休闲的现象，政府也曾经采取措施来进行限制。1388 年的《剑桥法令》规定，禁止仆从和雇工从事非法的娱乐活动，如网球、足球、掷骰子、扔石头等运动。在立法者眼中，工资劳动者从事这些娱乐活动是"错误的人在错误的时间做着错误的事情"，这是对懒惰的鼓励，是罪恶的，因此，有必要采取惩罚措施。但该法令多次被重申和法庭中此类诉讼的数量都表明，工资劳动者对休闲的热衷和生活水平的提高。③

总之，在中世纪晚期，不断增加的收入，大量生产的商品，啤酒屋等消费场所的出现都刺激了工资劳动者的消费欲望。尽管工资的上涨增加了商品的劳动力成本，但原材料价格的下降还是使商品价格大大下降了。④ 因此，工资劳动者的工资购买力和生活水平大大提高。

---

① [英] 克里斯托弗·戴尔：《转型的时代：中世纪晚期英国的经济和社会》，莫玉梅译，第 150 页；C. Dyer, *Everyday Life in Medieval England*, pp. 133 – 140。

② C. Dyer, "Work and Leisure", in Romsemary Horrox and M. W. Ormrod, eds., *A Society History of England*, 1200 – 1500, pp. 272 – 296.

③ Mavis E. Mate, *Trade and Economic Developments* 1450 – 1550, pp. 160 – 166.

④ Maryanne Kowaleski, "A Consumer Economy", in Romsemary Horrox and M. W. Ormrod, eds., *A Social History of England*, 1200 – 1500, pp. 258 – 259.

第五章 工资收入与生活水平

工资劳动者的收入和生活变迁并不是以黑死病暴发为分水岭的。因为黑死病暴发之后的四分之一个世纪里，人口下降、工资上涨是与粮食歉收、物价上涨相伴随的。1375年很可能是一个关键时间。[1] 在这之前，工资劳动者的工资不高，购买力不强，工作机会不稳定，收入也就不足，而歉收较为频繁，物价和生活成本较高，生活只能以较便宜的谷物为主，肉、鱼、奶和啤酒等消费极少，营养不足，面对不断暴发的饥荒和瘟疫，抵抗力较差，死亡率较高，他们的寿命普遍较短。因此，有学者指出，实际工资下降和工作机会难得（收入无法保证）联系起来有助于解释在14世纪初的饥荒当中，乡村下层人口会如此不成比例死亡的原因。[2] 1375年之后，直到16世纪早期，歉收和饥荒很少再出现，物价也因此保持了较低的水平。这个时期工资不断上涨，工资购买力增强，工资劳动者的工作机会增加，收入也在增长，他们的饮食不断改善，谷物质量提高，其比例下降，肉奶蛋鱼等食物的比例增加，啤酒的消费也在增长。随着收入的增加，工资劳动者也将更多的收入花在非食物上面，如模仿贵族穿着华丽的衣服、佩戴饰品，奢侈品和休闲的开支也在变大。以上证据无不表明，工资劳动者处在了前所未有的"黄金时代"。

---

[1] C. Dyer, "Did the Peasants Really Starve in Medieval England?" in Martha Carlin and Joel T. Rosenthal, eds., *Food and Eating in Medieval Europe*, pp. 70 – 71.

[2] Edward Miller and John Hatcher, *Medieval England – Rural Society and Economic Change* 1086 – 1348, p. 51.

第六章 工资立法与劳动力市场治理

在黑死病暴发之前，英格兰各地虽然有关于工资的规定或习俗，但在整个王国范围内对工资问题进行立法开始于黑死病暴发之后。那时，由于劳动力短缺和价格上涨，议会不断通过《劳工法令》，将劳动力市场治理提上日程，由此也开启了英格兰劳动关系法治化的进程。

英格兰的工资立法和对劳动力市场的治理措施吸引了国内外学术界的广泛关注。从20世纪初开始，西方学界已经有学者，如波莎·普特南（Bertha Putnam），对《劳工法令》执行的相关问题展开专门研究；到20世纪中后期，艾琳·克拉克（Elaine Clark）、罗伯特·帕尔默（Robert C. Palmer）、克里斯·吉文-威尔逊（Chris Given-Wilson）等学者也参与其中。上述学者主要根据《劳工法令》的颁布与完善过程，劳工法官的构成、派出，法庭的召开程序等细节考察了英格兰法律系统、政治制度的发展。[1] 国内学界的研究也主要集

---

[1] 西方学界的研究参见 B. H. Putnam, "The Justices of Labourers in the Fourteenth Century", *The English Historical Review*, Vol. 21, No. 83 (Jul., 1906), pp. 517–538; Elaine Clark, "Medieval Labor Law and English Local Courts", *The American Journal of Legal History*, Vol. 27, No. 4 (Oct., 1983), pp. 330–353; Robert C. Palmer, *English Law in the Age of the Black Death, 1348–1381: A Transformation of Governance and Law*, Chapel Hill and London: The University of North Carolina Press, 1993, pp. 14–23; Chris Given-Wilson, "Service, Serfdom and English Labour Legislation, 1350–1500", in A. Curry and E. Matthew, eds., *Concepts and Patterns of Service in the Later Middle Ages*, Woodbridge: Boydell Press, 2000, pp. 21–37。

中在《劳工法令》（尤其是 1351 年法令）的颁布和效果上，以此来探讨当时的劳工政策。① 国内外学界的研究所涉及的问题已经相当广泛，给我们的研究提供了很好的参考。但目前来看，有些问题尚未清晰，如在法令几乎无效的情况下，为何一直在颁布。而且，研究者们对于英格兰王室政府在市场运转中角色的认识还不够全面，尤其是法令执行过程中体现出来的政府的"服务"功能鲜见论及，有必要对此进行系统探讨。不仅如此，通过对当时政府在劳动力市场中所扮演角色的探讨，可以加深对中世纪晚期英格兰的政治制度演进和社会转型的理解，也可以为当前我们关于如何在经济发展中用好"两只手"和科学社会治理的讨论提供一些有益的线索。

第一节 立法背景

1348/1349 年黑死病暴发造成大量人口死亡，与之相伴随的还有劳动力的大量逃亡，许多教区和村庄由此废弃。② 各地很快出现"工荒"，尤其是在劳动力需求较大的收获期间，生产被打乱，许多地方的谷物无人收获。如何雇到充足的劳动力就成为雇主们最为关心的问题。

当时他们的选择主要有两个：第一，依靠传统手段限制幸存下来的人口的流动。但是，在瘟疫横行的恐慌时期，庄园经济中的依

---

① 国内的研究参见柴彬《英国近代早期的劳工工资问题与国家管制》，《世界历史》2007 年第 6 期；金燕、马约生：《工业革命前英国对工资的国家干预》，《扬州大学学报》（人文社会科学版）2007 年第 6 期；金燕：《英国前工业社会的劳工立法研究》，《历史教学：高校版》2012 年第 8 期；刘金源：《英国近代劳资关系研究》，南京大学出版社 2012 年版，第 61—62 页；王超华：《中世纪英格兰劳工法令的颁布、执行和影响》，《古代文明》2015 年第 1 期；许明杰：《封建危机与秩序重建——从劳工法看中世纪晚期英国社会与政治的互动》，《世界历史》2017 年第 4 期。

② 明格认为，村庄废弃"与其说是瘟疫和人口减少的影响，不如说是人口流动的间接作用"。见 G. E. Mingay, *A Social History of the English Countryside*, London and New York: Butler & Tanner Ltd, 1990, pp. 3 – 4。

193

附关系和乡村习俗几乎得不到遵守,"迁徙税"和法庭的高额罚金对逃亡的农奴都不再具有震慑力。第二,提高工资来吸引劳动力,这是雇主的无奈之举。庄园账簿显示,许多雇主就是这样做的,向庄仆提供的收入在增加。例如,1351年,在切尔姆斯福德百户区(Hundred of Chelmsford),马尔登的庄仆阿努尔夫(Arnulph le Hierde of Maldon)的工资是每12周1夸脱小麦和5先令的现金,从8月1日的圣彼得受刑节到复活节还可以再得10先令。按照当时的物价,此人每年的总收入至少能超过2镑。[1] 无疑,这导致生产成本大大增加,雇主的财富大受影响。即便如此,劳动力短缺的局面也不可能立刻得到改善,劳工工资还在急剧上涨。更为重要的是,上述做法在解决本庄园、村庄或某个贵族的地产的问题时或许有用,当劳动力短缺已经严重到成为全国层面的问题时,依靠这些手段便没有什么效果了。在这种情况下,以教俗贵族和地方精英为主体的雇主阶层渴望能够通过议会颁布法令来限制劳动力的流动和价格上涨。

实际上,新的《劳工法令》也并不只是凭空创造。在黑死病暴发之前的英格兰,虽然还没有通行全国的规则,但各地已经有过不少针对劳动力流动和价格的规定。在乡村地区,村法中有不少关于劳动力的惯例,主要是限制劳工在农忙时期的流动和漫天要价,如身体健全的成年劳动力必须按照"每天得到1便士和食物"的标准在本村工作,而不能到其他村庄去干活,或只是以拾穗为生。[2] 但

---

[1] B. W. Clapp, H. E. S. Fisher and J. Jurica, eds., *Documents in English Economic History: England from 1000–1760*, pp. 474–475.

[2] Warren O. Ault, *Open-Field Farming in Medieval England: A Study of Village By-Laws*, New York and London: Routledge, 2006, pp. 29–34. Warren O. Ault, "Village By-Laws by Common Consent", *Speculum*, Vol. 29, No. 2, Part 2: Mediaeval Representation in Theory and Practice (Apr., 1954), pp. 383–384. 这种乡村习俗由此具备了一定的救济功能。此类习俗,再加上公地往往提供多样的生活资料,是乡村共同体中的穷人得以生存的重要因素。见赵文洪《英国公地制度研究》,社会科学文献出版社2017年版,第168—192页。

这些从来不是明文规定。在城市也有限定工资的习惯。据普特南说，他所见到的英格兰历史上最早关于工资问题的规定来自12世纪的伦敦，之后半个多世纪，此类规定逐渐增多。[1] 1212年，该城在经历一场大火之后，为了保证建筑物的质量做出了一些规定。与此同时，当时的法庭（Assize of 1212）对建筑工人和年轻仆从的工资也进行了规定。[2] 至于违背工资标准的行为，1285年该城曾规定，应由两个诚实的人将那些获取与法定标准不符的报酬的工匠检举给市长。支付此类工资的人将被处罚金40先令，而索取者将被处40天监禁。[3] 上述做法为之后的议会立法确立了基本原则。

第二节 法令的颁布、执行及其效果

一 法令颁布

由于瘟疫肆虐，英王爱德华三世（1327—1377年）取消了计划在其统治的第22年（1349年）召开的议会，[4] 处理紧急事务的责任自然就落到国王的御前会议（King's Council）的头上。由于解决劳动力问题已经刻不容缓，1349年6月18日，御前会议草草颁布了一个关于劳工问题的条令（Ordinance of Laborers, 1349）。该条令规定：不满60岁的人都要按照1347年的工资水平接受工作；仆从在合约期满之前不得离开雇主；索取高工资的雇工和支付高工资的雇主都要受到惩罚；等等。[5] 从这个条令颁布到1351年议会召开

---

[1] B. H. Putnam, *The Enforcement of the Statutes of Labourers: During the first Decade after the Black Death*, 1349-1359, p. 155.

[2] L. F. Salzman, *Building in England, Down to 1540*, p. 68.

[3] S. R. Johns, Household, "Work and the Problem of Mobile Labour: The Regulation of Labour in Medieval English Towns", in J. Bothwell, P. J. P. Goldberg and W. M. Ormrod, eds., *The Problem of Laboure in Fourteenth-Century England*, p. 138.

[4] C. Given-Wilson, P. Brand, A. Curry, W. M. Ormrod and J. R. S. Phillips, eds., *The Parliament Rolls of Medieval England*, 1275-1504, Vol. 2, p. 226.

[5] John Raithby, ed., *Statutes of the Realm*, Vol. 1, pp. 307-308.

的这段时间里，各郡、各城市的官吏纷纷接到执行该条令的任务，调查并惩罚那些不遵守条令的人。但由于黑死病尚未结束，1349年《劳工条令》的颁布比较仓促，不出意外，该条令没有产生十分积极的效果。

1351年2月，英格兰议会举行黑死病暴发之后的第一次会议。根据当时的议会档案，召集这次会议的原因之一是，"仆从和雇工不愿继续从事他们已经习惯的工作"[①]。在这次会议上，下院抱怨说，由于瘟疫，（如果没有之前2—3倍的工资）"劳动者不愿意劳动，也不接受国王和御前会议同意的工作，这造成人们的极大不幸"，由于没有处罚或救赎，他们变本加厉，情况变得越来越糟。于是，下院向国王请愿，希望能对这些劳工进行惩罚。请愿者得到的积极答复就成为这次议会颁布的关于"雇工和仆从"的法令（即"1351年法令"）。[②] 该法令主要包括两个方面的内容：首先，详细地规定了城市和乡村各类劳工的最高工资标准，从犁把式的谷物报酬到建筑工人的每日所得，甚至连割草工人在8月每一周的工资都有所规定，那些没有明确规定的劳工要宣誓按照1347年的工资率工作。那些按年劳动的人，需要遵守与雇主的协议，不得接受按天计酬的工作。各类劳工需要宣誓遵守法令，如果违反誓言将被处以罚金和监禁。其次在执行方面，议会向各郡派驻劳工法官，他们每年要在本郡召集四次会议（季度法庭），可自行决定每次法庭召开时间。地方官员需要向法官宣誓尽职调查违反法令者，否则也会受到惩罚。如果郡守发现有劳工在本郡流浪，他应该将这些人关押到本郡的监狱中，直到下一届季度法庭的召开……这个法令适用于伦敦和其他城市、市镇，以及这个国家的所有地方，不论其有无

[①] C. Given-Wilson, P. Brand, A. Curry, W. M. Ormrod and J. R. S. Phillips, eds., *The Parliament Rolls of Medieval England*, 1275–1504, Vol. 2, p. 226.

[②] C. Given-Wilson, P. Brand, A. Curry, W. M. Ormrod and J. R. S. Phillips, eds., *The Parliament Rolls of Medieval England*, 1275–1504, Vol. 2, p. 228.

特权令状。① 可以看出，与 1349 年条令相比，1351 年法令在具体内容和针对性上有了很大进步：第一，相较于模糊的 1346/1347 年的"惯例"的工资水平，法令对最高工资的详细规定使执行者有了具体的指导标准；第二，法令明确了执行机构和执行办法。尽管地方法庭还是要承担责任，但法令的执行机构主要是代表公共权威的季度法庭，而不再是案件"发生地的领主法庭"，王室政府任命的劳工法官（justices of labourers）还被赋予了自由决定某些问题的权力，如监督地方官吏的不当行为、负责将征收的罚金上缴等。这样一来，法令的可执行性大大增强。

此后的多个《劳工法令》都是对 1351 年法令相关条款进行的解释或修订。1354 年和 1357 年法令针对《劳工法令》在伦敦和其他城市的适用问题进行了解释，后者还着重强调将其扩展到五个港口和所有特权市镇：国王将派出法官对市镇的特权进行调查、听证并做出决定。1361 年《劳工法令》进一步细化了对逃跑劳工的惩罚措施，如城市领主可以对来历不明的劳工拘留 15 天，逃跑的劳工将被追捕和起诉，并在前额上烙上"F"的标志，城市官员必须将逃到本城市的劳工交还"原告方"等。1362 年《劳工法令》重申来自法庭的罚金必须用于王国的福祉。1378 年和 1384 年议会再次对法令进行了确认。直到 1388 年 12 月，议会才对 1351 年法令规定的最高工资标准进行调整。② 因此，在黑死病暴发之后的近三十年时间里，中央和地方法庭执行的主要还是 1351 年法令的条款。

二　法令执行及其效果

据英国学者普特南的研究，在 1351 年《劳工法令》颁布后的第

---

① John Raithby, ed., *Statutes of the Realm*, Vol. 1, pp. 312–315.
② C. Given-Wilson, P. Brand, A. Curry, W. M. Ormrod and J. R. S. Phillips, eds., *The Parliament Rolls of Medieval England*, 1275–1504, Vol. 2, pp. 260, 274, 297; Vol. 3, pp. 46, 174; John Raithby, ed., *Statutes of the Realm*, Vol. 1, p. 350; Vol. 2, p. 54. Elaine Clark, "Medieval Labor Law and English Local Courts", pp. 349–353.

一个十年里，它执行得比较严格。首先，议会任命了大量的劳工法官。1349—1359 年，议会委派执行《劳工法令》的人员总数达到 664 人，其中 1352—1359 年派出的数量为 500 人。[①] 这些人成为执行《劳工法令》的中坚力量。为了提高劳工法官们执行法令的积极性，王室政府命令郡守或征税员向他们支付报酬，起初是按天支付，如在 1352 年和 1353 年，法官及其书记员每天报酬为半马克（1 马克 = 2/3 镑，为 13 先令 4 便士），前者 5 先令，后者 1 先令 8 便士。到 1356 年初，法官开始按年得到报酬，每年 10 镑（每年最多干满 40 天），其书记员每年可以得到 10 马克。[②] 如果法官执行法令得力，还会得到额外奖励。这些法官大多精通法律，与议会成员一样，也兼有雇主身份，因此，他们想方设法地实现法令的最大效力。

从执行方式来看，高额罚金是法庭对违反法令之人进行处罚的主要方式。罚金如何处理呢？1351 年法令规定，罚金被用来冲抵本郡或本城市的十分之一或十五分之一税（the Tenth and the Fifteenth）。第二年，议会再次重申这一原则，在主管该事务的法官的建议下，结余部分应用来帮助城市或人口密集地区的有需要的穷人。[③] 上述两种税是国王的"非常收入"（Extraordinary Revenues）来源，分别按照城市（1/10）和乡村居民（1/15）动产的一定比例来征收，主要用于除王室消费之外的支出项目，如战争。这种税的征收需要经过议会同意，由于缴税人员的财富减少，税收额随之减少，以罚金冲抵的办法实际上就将税收负担转嫁到劳工身上，因此，这样的规定很快就得到通过。其实早在 1350 年，王室颁发的一份令状就要求法官们将执行法令所得到的罚金用来冲抵地方税

[①] B. H. Putnam, "The Justices of Labourers in the Fourteenth Century", *The English Historical Review*, Vol. 21, No. 83 (Jul., 1906), p. 527.

[②] B. H. Putnam, *The Enforcement of the Statutes of Labourers: During the First Decade after the Black Death*, 1349 – 1359, pp. 20, 45 – 56.

[③] C. Given – Wilson, P. Brand, A. Curry, W. M. Ormrod and J. R. S. Phillips, eds., *The Parliament Rolls of Medieval England*, 1275 – 1504, Vol. 2, pp. 235, 239.

第六章 工资立法与劳动力市场治理

收。1351年法令颁布后，这种做法开始得到坚决执行。后来，法律还认为，罚金应该在国王和揭发罪行之人之间平分，不论是这样还是抵税，它们都大大鼓励了地方检举、揭发违反法令行为的积极性。在这种情况下，不论是国王的法庭，还是地方法庭都参与进来。有拒绝按照"合理"的工资接受工作、在合约期内逃跑、在收获期间离开本村庄去寻找更高工资的工作等行为的人都将被送上法庭，不宣誓遵守法令的人也要受到惩罚。据统计，在1351年法令颁布之后的十年内，仅在国王的御座法庭审判的违反《劳工法令》的案件就接近9000个，每个案件的涉案人数是2人至五六人不等。照此计算，仅在御座法庭上被起诉的人总数就有1.8万—5.4万人之多。① 季度法庭和地方法庭也做出了许多惩罚性的判决。来自法庭的大量的罚金成为地方税收的重要来源。1351年，在温斯特里百户区（Hundred of Winstree）的十五分之一税中，来自对劳工的罚金达到17镑11先令3便士。② 1352年，埃塞克斯有7556名劳工（相当于这个郡全部劳动力的1/4）因为索取高工资而被处以罚金，所得罚金总数高达719镑10先令，其中的675镑用来支付税收，占当年该郡所缴税额的50%以上。③ 据英国马克思主义学者希尔顿（R. H. Hilton）统计，1351年《劳工法令》颁布后的三年时间里，来自全国劳工法庭的罚金总额达到1万镑，许多地方的罚金数量超过本地应征收的税额。④

如果仅从遏制工资上涨的目标来看，1351年法令是有效果的。在人口损失如此严重（1/3以上，有些地方甚至超过1/2）的情况

---

① B. H. Putnam, *The Enforcement of the Statutes of Labourers: During the First Decade after the Black Death*, 1349 – 1359, p. 173.

② E. Balnd, P. A. Brown and R. H. Tawney, eds., *English Economic History Select Documents*, London: G. Bell and Sons, 1930, pp. 170 – 171.

③ L. R. Poos, "The Social Context of Statute of Labourers Enforcement", *Law and History Review*, Vol. 1, No. 1 (Spring, 1983), p. 44.

④ ［英］希尔顿、法根：《1381年的英国人民大起义》，翟菊农译，生活·读书·新知三联书店1956年版，第35页。

下，劳工的工资在黑死病暴发之初急剧上涨之后，出现下降。对此前文已经有所论述。在大卫·法莫尔看来，14世纪50年代英格兰各类劳工的工资基本上都控制在法定的范围内（除伦敦地区之外）。① 到1359年，劳工工资似乎已经停止上涨，1361年1月召开的议会也未再提及劳工问题。

在此之后，由于瘟疫的再次暴发，劳工法令和劳工法官重新被搬到前台，而且有些法令还是得到了严格的执行。在林肯郡，1373—1375年的485个案件中，有152个涉及违反《劳工法令》。② 虽然法令的执行效果已大不如前，但影响力依然不能低估。因此，这引起劳动者的愤怒和反抗。在1381年爆发的起义中，最常被杀害的就是"那些积极执行劳动法令的人，因为他们使自由农或具有奴隶血统的农民的自由活动受到限制"③。

随着劳动力市场竞争日益激烈，《劳工法令》的执行前景变得不容乐观。而且，在我们看来，《劳工法令》本身存在一些致命的缺陷。④ 由于各地经济发展水平不同，工资呈现出明显的地域性。而《劳工法令》无视这种地区性的工资差别，它试图通过法令统一全国的工资水平。众所周知，要做到这一点，前提条件之一是全国性（至少区域性）的劳动力市场的存在，但法令不允许劳动力自由流动，它无疑会阻碍更大范围的劳动力市场的形成。因此，这种规定是自相矛盾的。而且，劳工工资在一年中不同的时期也有不同，如冬天日短夜长、劳动时间短，工资自然要比夏天低得多，建筑工作尤其如此。从法令规定的标准来看，它们都是夏季工资，全年执

---

① D. L. Farmer, "Crop Yields, Prices and Wages in Medieval England", pp. 132 – 137.
② Edward Miller, ed., *The Agrarian History of England and Wales*, Vol. 3, p. 485.
③ ［英］约翰·克拉潘：《简明不列颠经济史：从最早时期到1750年》，范定九、王祖廉译，第168页。
④ 中世纪法令规定的是最高价格水平，立法者们通常喜欢制定原则，对实际困难往往视而不见，因此受到许多人的批评。Raymond de Roover, "The Concept of the Just Price: Theory and Economic Policy", *The Journal of Economic History*, Vol. 18, No. 4 (Dec., 1958), pp. 425 – 426.

行这个标准明显又对雇主不利。就这一点而言，《劳工法令》所追求的"可接受"的工资水平让劳资双方都不满意，实现的可能性不大。事实证明，《劳工法令》不再能够限制住劳动力的流动和价格。1388年《剑桥法令》和1445年法令都对各类仆从最高工资进行了调整，这些规定的数额大多是当时流行的最低工资标准。对于按单位时间和工作量领取报酬的劳工，法令没有再进行具体规定。1368年法令向治安法官（the justices of peace）派发委任状，让他们根据当地情况就法令执行中的工资标准问题自行调查和解决。1389/1390年法令授命治安法官可以根据物价水平自行决定当地的执行标准。1427年法令则要求治安法官、市长和管家等每年都要宣布当地的工资标准。赋予地方官员更大的裁决权表明，法令关于各类劳工最高工资标准的规定几乎成为一纸空文。[1] 14世纪末以后，随着市场的力量发挥更大的作用，法令再也无法发挥其效力。

三 法令为何一再颁布

《劳工法令》的效果是短暂而有限的。这就让人不免产生这样的疑问：既然是效果不佳，《劳工法令》为何还要不断地颁布？劳动力依然短缺只是必要条件，因此，这个问题也可以转化为，《劳工法令》颁布和执行最大的推动者和受益人是谁？笔者认为，这要从中世纪晚期广阔的经济社会背景中寻找答案。

从13世纪以来，在劳动力较为充裕和价格低廉的有利条件下，领主逐渐放弃强制劳役地租，将其折算为货币，并开始主要依赖效率更高的雇佣劳动力进行生产。[2] 这促成了领主经济的繁荣。不过，

---

[1] C. Given-Wilson, P. Brand, A. Curry, W. M. Ormrod and J. R. S. Phillips, eds., *The Parliament Rolls of Medieval England*, 1275-1504, Vol. 2, pp. 260, 274; John Raithby, ed., *Statutes of the Realm*, Vol. 2, pp. 56-57, 63, 337.

[2] P. D. A. Harvey, *A Medieval Oxfordshire Village: Cuxham, 1240 to 1400*, p. 84; David Stone, "The Productivity of Hired and Customary Labour: Evidence from Wisbech Barton in the Fourteenth Century", pp. 640-656. 李云飞：《13世纪英国领主经济研究》，第64—65页。

这种繁荣在14世纪初便遭遇考验。那时影响西北欧气候的北大西洋涛动一反常态，为英格兰带来寒冷和暴雨。① 恶劣的气候条件造成1315—1317年、1319—1322年波及整个欧洲的大饥荒，大量的劳动力死亡。在波斯坦等学者看来，这次饥荒是人口与资源之间紧张关系的表现，标志着前工业时代新的经济周期的开端。② 不论事实是否如此，劳动力短缺的局面开始出现，劳工工资的上涨也由此开始。1348/1349年黑死病的到来引发了全面危机。劳动力的死亡与逃离不仅造成领主生产成本的增加，还意味着农奴制和领主的优势地位受到挑战。领主曾经试图停止劳役折算，甚至恢复劳役地租来保持原有的秩序，但由于瘟疫的数次暴发，这几乎很难奏效。他们只得支持颁布《劳工法令》来解决劳动力问题。但在短暂的严格执行之后，《劳工法令》也失去了效力。在1381年起义之后，直接从事生产不再有利可图，领主们逐渐选择退出生产领域，将自营地出租，成为食利者。③ 与此前相比，15世纪初之后下院关于劳工问题的请愿中，"农奴"或"农奴制"的字眼再也没有出现过，④ 这表明，领主对劳动力问题已不再感兴趣。因此，领主并没有在《劳工法令》的颁布和执行过程中得到多少好处。与之相比，农民雇主则大获其利。这些人只能使用雇佣劳动力，受劳动力市场供需影响较大。不论何时，他们都不希望工资过高。黑死病暴发之后，他们积累了更大面积的土地，或承租土地，成为最早的租地农场主。在农产品价格较低的情况下，为了获取更大的利润，他们寻找各种办法控制生产成本，

---

① [美] 布莱恩·费根：《小冰河时代：气候如何改变历史（1300—1850）》，苏静涛译，浙江大学出版社2013年版，第27—52页。

② M. M. Postan, *The Medieval Economy and Society*, pp. 27 - 40; John Hatcher and Mark Bailey, *Modelling the Middle Ages: The History and Theory of England's Economic Development*, Oxford: Oxford University Press, 2001, pp. 21 - 65.

③ J. L. Bolton, *Medieval English Economy*, 1150 - 1500, pp. 228 - 229.

④ Chris Given - Wilson, "Service, Serfdom and English Labour Legislation, 1350 - 1500", in A. Curry and E Matthew, eds., *Concepts and Patterns of Service in the Later Middle Ages*, pp. 23 - 24.

尤其是工资支出。①《劳工法令》是唯一可以依仗的手段。同时，由于积累起越来越多的财富，这些农民不仅在经济领域成为领跑者，在地方政治体系中的地位也愈加重要，治安法官主要是由他们来担任的。他们的代表在议会下院的比重越来越大，随着下院力量的增强，他们试图在更广泛的公共事务中寻求国家干预，劳工立法便是这种努力的结果。因此，农民雇主是《劳工法令》最大的受益人和最有力的支持者。

但这还不够。另一个因素则让《劳工法令》的持续颁布成为可能。那就是，英格兰民族国家处于形成过程中，国王正在由最高封建宗主向国家君主的身份过渡。作为国家权力的代表，他必须考虑到各个社会团体的利益，并依靠公共机构——议会的立法来进行统治。② 到14世纪中叶，"法令"（statutes）的至高权威性开始得到理解和认可，与御前会议制定的条令（ordinances）的区别逐渐显现。在以前拥有广泛解释权的法官，对于解释法令也变得非常谨慎。1346年，大法官 J. 塞尔舒尔（J. Shareshull）就曾指出，法官"不能把法令理解得太远，除了（使用）法令自己的用语"。法令的适用范围更加广泛，它所要解决的是全国范围的问题，因此对国王所有的臣民都有约束力，不论他们是在国内还是国外、是否有特权，也不论他们在议会里有没有代表。③ 在这个过程中，国王试图加强对社会各个层面的渗透和控制。面对战争带来的财政危机，国王采取的措施主要是增加来自税收的收入，如固定城乡居民动产税

---

① J. N. Hare, "The Demesne Lessees of Fifteenth - Century Wiltshire", *The Agricultural History Review*, Vol. 29, Part Ⅰ (1981), pp. 1 - 15; Barbara Harvey, "The Leasing of the Abbot of Westminster's Demesnes in the Later Middle Ages", *The Economic History Review*, New Series, Vol. 22, No. 1 (Apr., 1969), pp. 17 - 27; Christopher Dyer, *Making a Living in the Middle Ages: The People of Britain*, 850 - 1520, pp. 348 - 349.

② ［英］马克·阿莫诺:《中世纪晚期（1250—1450）英格兰国家的形成》，孟广林、汪鹏译,《中国人民大学学报》2014年第1期。

③ A. L. Brown, *The Governance of Late Medieval England*, 1272 - 1461, Stanford: Stanford University Press, 1989, pp. 218 - 220.

率，对羊毛、呢绒出口和葡萄酒等商品进口开征关税等；在与教会关系领域，通过与教皇的长期斗争，国王将诸如教职任命、圣俸安排、教职界征税等方面的事务逐渐纳入自己的控制范围，镇压主要由社会下层支持的要求激进改革的"劳拉德运动"（Lollard movement，1370—1420），进一步确立世俗权威的优势。① 上述两个领域的行动分别对臣民的经济生活和精神生活施加了很大影响。在人口领域，国王则是通过颁布和执行《劳工法令》试图将原本由领主通过庄园法庭控制的劳动力流动掌握在自己手中，不仅如此，对劳动力的控制从"身体健全的人必须劳动"，发展到强迫他们从事何种类型的劳动，甚至未成年人在12岁之后也只能从事之前所干的农业工作，而不能进入手工业领域。② 因此，我们不能孤立地看待英格兰议会的劳工立法问题。面对黑死病暴发之后的各种问题，王室政府是想通过立法确立一个可以通行全英格兰的制度来代替地方领主的私人权威。随着农奴制的瓦解，全英格兰范围内对流动劳动力的司法罚金取代了"迁徙税"，领主和农民之间原本通过私人协商的劳动契约，现在变成了一个由王国法律决定的公共政策问题。很明显，通过这个手段，王室政府成功地增强了对社会的控制。作为"危机管理"的一种手段，中世纪《劳工法令》尽管没有彻底"消除"危机，却在一定程度上"遏制"了危机。在当时的时代背景下，我们或许不应苛求《劳工法令》取得更大的效果。法令制定者和执行者至少阻止"工资按照劳动力市场自由竞争的要求去发展"③。

---

① Chris Given - Wilson, "The Problem of Labour in the Context of English Government, 1350 - 1450", in James Bothwell, P. J. P. Goldberg and W. M. Ormrod, eds., *The Problem of Labour in Fourteenth - Century England*, pp. 90 - 97.

② John Raithby, ed., *Statutes of the Realm*, Vol. 2, pp. 56 - 57; Chris Given - Wilson, "Service, Serfdom and English Labour Legislation, 1350 - 1500", in A. Curry and E. Matthew, eds., *Concepts and Patterns of Service in the Later Middle Ages*, pp. 28 - 29.

③ B. H. Putnam, *The Enforcement of the Statutes of Labourers: During the First Decade after the Black Death*, 1349 - 1359, p. 221.

第六章 工资立法与劳动力市场治理

实际上，国王的心中尚未形成关于劳工问题的系统对策，而议会中的各类贵族也并非法令的唯一支持者，因为地方上的精英，如担任治安官的乡绅、富裕农民等人都雇佣劳工，他们也是法令执行的积极推动者。许多案例表明，劳工受到处罚只是因为"拒绝为邻居干活"。① 在《劳工法令》的背后，交织着一张巨大的利益网络，从国王到地方富裕的农民都是这张网的一部分。因此，在地方统治机构上，由于庄园体系的瓦解，王室政府需要一个可以控制的力量来取代之前领主的代理人，日益崛起的地方精英无疑是个不错的选择。而且，国王也希望征税的要求可以在议会中更容易得到批准。因此，王室政府不失时机地满足这些地方雇主们的要求，继续颁布和执行涉及劳工问题的法令，并授予他们自行决定当地法令执行标准的权力，尤其是还对他们普遍使用的未成年仆从的年工资进行了规定。这实际上是王权对地方精英的利诱和拉拢，也是双方互相利用的最好例子。

由此可见，《劳工法令》虽然是为解决劳动力问题而颁布，但它想要解决的却不仅仅是劳动力问题。有学者指出，它的目标实质上是禁止任何人企图利用劳动力短缺的机会获益，以保持原有的社会等级秩序。② 对保持秩序的渴望也表现在后来颁布的《限奢法案》中，面对劳工日益提高的生活水平，它规定劳工阶层不得穿着"不合适"的衣服和佩戴各类装饰品。③ 长期而言，《劳工法令》对于协调利益集团关系和加强控制经济社会生活的意义不可否认。可以肯定的是，中世纪《劳工法令》的颁布开启了以英格兰立法形式调整国家劳动关系的新时期，为近代以来国家对工资问题的干预奠定了基础。

---

① L. R. Poos, "The Social Context of Statute of Labourers Enforcement", pp. 35 – 36.
② Maurice Keen, *English Society in the Later Middle Ages*, 1348 – 1500, p. 35.
③ John Raithby, ed., *Statutes of the Realm*, Vol. 1, pp. 378 – 383; Harry A. Miskimin, "Monetary Movements and Market Structure Forces for Contraction in Fourteenth – and Fifteenth – Century England", pp. 487 – 490.

第三节　劳动力市场治理及其原则

对工资和劳动力流动进行立法，标志着英格兰对劳动力市场进行治理的开始。通过上文的论述可以发现，颁布法令并在各级法庭上严格执行，从而确立了劳动力市场治理的"法治"原则。同时，议会和王室政府还将赋予治安法官以自由量裁权，将地方精英纳入社会治理体系之中，这是劳动力市场治理的"共治共享"原则。对于上述两项原则，学界已经有不少研究。[①] 除这两个原则外，还有一项原则值得关注，即契约保护原则。我们知道，在《劳工法令》中，要求劳工遵守契约的条款是一项重要内容。当前的研究似乎对契约条款的执行情况关注不多。据笔者所见，只有艾琳·克拉克注意到地方法庭所审理的高比例的契约案件。据克氏统计，在14世纪末15世纪初的地方法庭中，劳动契约案的比例在英格兰东部的亚茅斯（Yarmouth）、伊普斯维奇（Ipswich）、格里姆斯比（Grimsby）等地都超过60%，在中部的诺丁汉甚至超过80%。[②] 只是，克氏并没有告诉我们这些劳动契约案件是如何发生的、结局如何。

如果仔细阅读目前已经出版的涉及劳工案的法庭档案，我们就可以找到劳动契约案细节的蛛丝马迹。在对《劳工法令》执行情况的研究中，普特南整理了法令颁布之后三十余年间法庭档案中的劳动诉讼案例，并将它们汇编成厚厚的研究附录。在这份附录中，我们发现了一批以前被忽视的关于劳动契约的案例，其庭审细节相当详细，具有很高的研究价值。[③] 前述地方治安法庭档案同样包含了

[①] 参见 Robert C. Palmer, *English Law in the Age of the Black Death*, 1348 – 1381: *A Transformation of Governance and Law*, pp. 14 – 23。

[②] Elaine Clark, "Medieval Labor Law and English Local Courts", pp. 337 – 338。

[③] B. H. Putnam, *The Enforcement of the Statutes of Labourers during the First Decade after Black Death*, 1349 – 1359, Appendix, pp. 1 – 463。

相当比例的劳工案件。除此之外，还有一些涉及劳工与雇主关系的诉讼出现在国王的法庭上，受到侵害的劳工在这里伸张自己的权利；在有些城市的法庭档案中，我们也发现了若干劳动诉讼案件，它们是不可多得的研究资料。

通过研读这些文献，我们大致可以得出以下印象。首先，《劳工法令》虽然是因解决劳动力短缺和工资上涨问题而颁布的，但许多劳工被送上法庭是因为不遵守劳动契约。其次，《劳工法令》的契约条款虽然只是针对劳工而设，但在雇主违反契约的时候，一样会在法庭上遭到起诉。最后，审理违约案件、保护契约的原则，不是《劳工法令》颁布以后才形成的，而在黑死病暴发之前就存在。上述印象与学界之前将《劳工法令》视为一种单纯"管制"工具的认识大不相同。这些问题值得展开详细论述，因为它们对于我们重新审视《劳工法令》的功能有重要价值。需要说明的是，由于仆从与雇主的契约时长较为固定，便于我们进行考察。更为重要的是，在我们当前见到的大部分案例中，仆从都是重要的诉讼当事人。因此，仆从与雇主的劳动诉讼就成为本书的研究样本。

在中世纪，中断一份合同的后果是很严重的，如果对方诉诸司法当局，必然招致诉讼和罚金。[1] 按照正常的约定，雇主不得无故解除雇佣关系。而对于仆从而言，没有正当理由，他们不得在契约结束之前离开雇主。但在有些地方，主仆之间也可能有这样的约定，如欲结束契约关系，可提前一定时间（如三个月）向对方声明。实际上，仆从不履行契约或在契约结束之前离开是相当普遍的现象，因此被雇主告上法庭。学界早就有人注意到这种诉讼。19世纪末20世纪初，梅特兰和普特南先后都提及这样的案例，即违反劳动契约的劳工在庄园法庭或市镇法庭上受到起诉，并被要求继

---

[1] ［法］罗贝尔·福西耶：《中世纪劳动史》，陈青瑶译，第92页。

续履行与原雇主的劳动契约。① 艾琳·克拉克也注意到，在1253/1254年，萨里郡小镇沃灵顿（town Wallington）的一名工匠发起诉讼称，他的仆从未履行他与这名男孩的父亲订立的契约。② 这是目前我们见到的时间最早的违反劳动契约的案例。

14世纪中期之后，相对廉价和稳定的仆从是雇主渴望得到的劳动力保障。③ 因此，《劳工法令》明文禁止仆从在契约结束之前离开雇主，重申劳动契约受法律保护的原则。不过，在当时的情况下，高工资的诱惑几乎是不可抗拒的，他人的引诱有时也不可避免，④ 仆从逃跑（recessit）现象比之前更加普遍，在各地的法庭档案中的出现频率也较高。例如，在1381—1396年英格兰中东部的林肯郡召集的治安法庭（Sessions of the Peace）上，仆从逃离雇主

---

① F. W. Maitland, *Select Pleas in Manorial and Other Seignorial Courts*, Vol. 1, London, 1889, pp. 156 – 157; B. H. Putnam, *The Enforcement of the Statutes of Labourers: During the First Decade after the Black Death*, 1349 – 1359, pp. 158 – 159.

② Elaine Clark, "Medieval Labor Law and English Local Courts", pp. 334 – 335.

③ Jane Whittle, *The Development of Agrarian Capitalism: Land and Labour in Norfolk*, 1440 – 1580, p. 256.

④ 支付高工资是雇主在激烈的劳动力争夺中取胜的关键因素，尽管需要承担被处罚的风险。在1392年南安普顿，克拉特福德的罗伯特·洛克（Robertus Lok' de clatford）被诉不仅在秋天支付过高工资，还引诱别人的仆从，并向此人在短时间内支付了10先令的工资。案件原文如下 Item presentant quod Rebertus Lok' de Caltford' dat excessive tempore autumpnali et procurat homines de seruicio aliorum, videlicet vnum famulum de Iohanne ate Mulle et ipsum dedit pro seruicio (suo) a festo Sancti Petri Aduincula anno regni Regis nunc xvi vsque festum Sancti Michaelis tunc proximo sequens x s., contra formam statute etc。见 B. H. Putnam, ed., *Proceedings before the Justices of the Peace in the Fourteenth and Fifteenth Centuries*, *Edward III to Richard III*, p. 224。除此之外，他人的引诱亦是仆从逃跑的重要原因。在1353年的萨福克，仆从高福里德（Galfridus Sped）受到亚当（Adam de Gatisberi）的引诱，违约离开雇主尼古拉（Nicolao Pikard），还打破雇主家的锁，并拿走了价值20镑的物品。案件原文如下 venit Adam de Gatisberi et dictum Galfridum procurauit quod frangeret conuencionem factum cum dicto Nicolao et secum moram faceret in dicto officio sibi deseruiendo et sic ipsum Galfridum abduxit et ipsum retinuit iniuste. …et dictus Galfridus recedens de domo dicti Nocolay seruras domorum suarum fregit et secum portauit et alia bona ad valenciam xx solidorum apud Rede。见 B. H. Putnam, *The Enforcement of the Statutes of Labourers during the First Decade after Black Death*, 1349 – 1359, Appendix, pp. 410 – 411。

的案例很多。① 在雇主看来,"未经同意"(*sine licencia*)和"没有合理原因"(*sine causa racionabili*)离开的行为,违反了"国王的法令"(*contra statutum domini regis*),② 触犯了"国王的和平"(*contra pacem domini regis*)。③

上述案件因仆从无正当理由在契约结束之前逃跑而起,本质上是一种违约行为。在法庭档案中,尽管有的案例并未提及法律程序的启动方式,但它们基本上都是因雇主起诉而出现。在1352年埃塞克斯郡的柴尔姆斯福德百户区(Hundredum de Chelmsford),马尔登的阿努尔夫(Arnulphus le hierde de Maldon)因提前离开雇主约翰(John Dodebroke)而被后者告上法庭,后者还宣称,阿努尔夫的行为造成自己损失40先令(xl s)。值得注意的是,法庭还详细描述了双方约定的细节:从1351年米迦勒节开始,期限为一年零一个季度,阿努尔夫的报酬为每年现金5先令,外加每12周一夸脱的小麦。④ 这显示出法庭对双方最初约定的重视。1358年和1372年,在位于埃塞克斯郡的王家哈夫林庄园(Royal manor of Have-

---

① 在14世纪末的林肯郡,与劳工有关的案例数量多达百余份。其中,违反契约的案例有六十余份,大多数是仆从没有合理原因在契约结束之前离开雇主。见 Elisabeth G. Kimball, *Some Sessions of the Peace in Lincolnshire*, 1381–1396, Vol. 1, pp. xlix–li.

② Elisabeth G. Kimball, *Some Sessions of the Peace in Lincolnshire*, 1381–1396, Vol. 2, pp. 43, 45.

③ 在法庭档案的记录中,仆从的逃走往往又带有破坏行为,造成雇主的经济损失。1387年,林肯郡克莱斯比(Claxby)的羊倌乔安,于施洗者约翰节(the feast of St John the Baptist,6月24日)的周一打破雇主约翰·德·诺索普(John de Northorp)的房子而离开(broke the house …and left the service);索迪尔顿(Sodilton)的爱丽丝,于圣马丁节后的周一打破雇主约翰·德·瓦德梅斯(John de Wadmyth)的房子而离开。上述行为都触犯了国王的和平。见 P. J. P. Goldberg, ed., *Women in England*, 1275–1525, Manchester: Manchester University Press, 1995, pp. 91–92。

④ Arnulphuus le Hierde de Maldon, nuper seruiens Iohannis Dodebroke, a festo sancti Michaelis anno regno Regis nunc xxiiii vsque festum Sancti Michaelis proxime sequens xxv per i annum et per i quarterium vnius anni proxime se quence et per totum illud tempus dictus Arnulphus cepit vnum quarterium frumenti ad xii septimanas et v solidos per annum pro stipendio suo. 见 B. H. Putnam, *The Enforcement of the Statutes of Labourers during the First Decade after Black Death*, 1349–1359, Appendix, p. 170。

ring）上，两个提前离开的仆从分别被自己的雇主诉至庄园外的法庭（outside courts）。① 在 1395 年的林肯郡，约翰·泰克（John Theker）原是吉尔伯特·布雷克（Gilbert Blake）的仆从，但某日却从后者那里逃走，成为约翰·斯雷特（John Sleyght）的仆从，他们根本不顾法令的规定和吉尔伯特的"申诉"（Calumpnio）。此后，两个约翰都受到了法庭的处罚。② 可以发现，在该案中，仆从约翰的逃走违反了法令，但他出现在法庭上更是雇主吉尔伯特"申诉"的结果。

对于这种私人间的劳动契约纠纷，法庭档案的表述往往有固定格式，首先是仆从违约的细节（签约日期、原本的期限、逃跑的日期等内容，强调它是"没有合理原因和允许"的行为），然后是该行为的严重性（蔑视国王的权威、违反了王国的法律，即仆从的违约已经成了严重的"违法"行为），最后提及雇主受到损失及其数额，于是提起诉讼。③

法庭受理了这些案件，当然也对不遵守契约的仆从给予了严惩。仆从违约的代价是巨大的。劳工法对于逃跑的人的惩罚措施已

---

① M. K. McIntosh, *Autonomy and Community*: *The Royal Manor of Havering*, 1200 – 1500, p. 164.

② Elisabeth G. Kimball, ed., *Some Sessions of the Peace in Lincolnshire*, 1381 – 1396, Vol. 1, p. 12.

③ 1365 年肯特郡的约翰·配克（John Pecche）起诉自己的仆从约翰逃跑案比较有代表性，整个案件的文本表述如下：Et vnde idem Iohannes Pecche qui sequitur etc. queritur quod cum predictus Iohannes de Otteford retentus fuisset cum prefato Iohanne Pecche apud Lullyngston, die Lune proximo post festum Sancti Bartholomei, anno regni domini Regis nunc tricesimo sexto, ad deseruiendum eidem Iohanni Pecche ibidem in officio carpentarii a festo Sancti Michaelis Archangeli tunc proxime futuro per duos annos integros tunc proxime sequentes, predictus Iohannes de Otteford die Lune proximo ante festum Sancti Petri ad Vincula anno regni domini Regis nunc tricesimo septimo, ante finem termini predicti sine causa racionabili vel licencia etc. a seruicio predicti Iohannis Pecche recessit, in Regis contemptum et ipsius Iohannis Pecche graue dampnum et contra formam ordinacionis predicte etc. vnde dicit quod deterioratus est et dampnum habet ad valenciam viginti librarum, et inde producit sectam etc. 见 B. H. Putnam, *The Enforcement of the Statutes of Labourers during the First Decade after Black Death*, 1349 – 1359, Appendix, p. 421。

第六章 工资立法与劳动力市场治理

经做出了一些规定，如被法庭处以罚金、遭受监禁（penam imprisonamenti subeat），甚至额头被烙上耻辱的记号等。仆从还很可能需要赔偿雇主的损失。法庭档案显示，雇主大多提出了自己因对方违约而遭受"严重损失"（graue dampnum）的数额。1422 年，在埃塞克斯郡的一个村庄，有一名雇主宣称，其仆从没有履行既定契约，造成的损失大约是 52 天的劳动量。按当时该郡的工资水平，其价值可估算为 10 先令。[①] 1361 年，约克郡的约翰·德·本特勒（John de Bentele）向法庭称，自己雇佣一年（从该年的圣彼得节到次年的同一天）的木匠威廉·德·沃德比（William de Waldeby）逃走，造成自己损失 100 先令（centum solidorum，5 镑）。[②] 但在其他地方，还出现了 10 镑乃至更高数量的损失赔偿诉求。在 1368 年，赫特福德郡的亚当称，他因自己的仆从"没有合理原因"在约定的期限之前离开而损失 10 镑（decem librarum）。[③] 1355 年米德尔塞克斯的托马斯·克里斯（Thome Cheris）、1376 年亨廷顿郡的威廉都称自己的损失为 20 镑（viginti librarum）。[④]

此外，理论上讲，逃跑的仆从还将面临无工可做的风险。按照 1388 年和 1406 年的法令规定，那些从乡村逃到城市的人不能在任何行业中充当学徒。[⑤] 同时，任何人都不得雇用这种逃跑的仆从（nec aliquis/nullus sub eadem pena talem in seruicio suo recipere vel retinere presumat）。有不少案例表明，那些"顶风作案"的人都要承担被原雇主告上法庭的风险。1356 年萨塞克斯的罗伯特·奎茨（Robertus Quetche）、1372 年埃塞克斯的威廉·威科雷尔（Willelmus

---

[①] Elaine Clark, "Medieval Labor Law and English Local Courts", p. 345.

[②] B. H. Putnam, ed., *Yorkshire Sessions of the Peace*, 1361–1364, p. 11.

[③] B. H. Putnam, *The Enforcement of the Statutes of Labourers during the First Decade after Black Death*, 1349–1359, Appendix, pp. 447–448.

[④] B. H. Putnam, *The Enforcement of the Statutes of Labourers during the First Decade after Black Death*, 1349–1359, Appendix, pp. 430–432, 434. 有意思的是，两个案例中的原告都没有胜诉。

[⑤] John Raithby, ed., *Statutes of the Realm*, Vol. 2, pp. 57, 157.

Whaykrylle）都是因为这个原因成为被告。而 1370 年，诺丁汉的亨利·萨德勒（Henricus Sadeler）基于同样的理由起诉约翰·哈西克（Iohannes Harsyk）和约翰·哈迪（Iohannes Hardy），竟声称自己遭受的损失高达 100 镑（centum librarium）。① 这个案例的庭辩过程很激烈，但法庭档案没有告诉我们原告是否取得了最后的胜利。不论如何，违背契约的后果毋庸置疑，仆从难逃被诉诸法庭和被惩罚的厄运。

另外，雇主一方违约的事情也时常发生。在这种情况下，法庭往往就成为仆从主张自己权利的战场。现有材料显示，在劳动契约关系中，雇主可能要占据一定的主导地位。但仆从对于自己的权利及捍卫权利的途径一般有着清醒的认识，他们也频频将侵犯自己权利的雇主告上法庭。② 在黑死病暴发之前，雇主因违背约定而被起诉的案例已经出现在法庭上。在 1316 年，圣埃夫斯（St Ives）的伊索尔德·克雷沃斯（Isold Clerevaus）在集市法庭（Fair Court）上起诉阿格尼丝·丽特法尔（Agnes Litelfayr）。原告称，她在 1315 年大斋节（Lent，复活节之前的 40 天期间）与被告订立为期一年的契约，成为后者的仆从，报酬是 10 个银先令。但是，被告并没有按约定支付报酬。于是，原告提起诉讼，要求被告支付约定的工资，并赔偿因被告欠薪而造成的损失 2 先令。被告对原告的指控予以否认，并请求法庭进行调查。法庭经调查认为，原告所诉为事实，被告需偿还原告 10 个银先令的工资。不仅如此，法庭还象征性地支持了原告的损失诉求（6 便士）。同时，被告因不正当的拖欠工资行为被处罚 6 便士。③ 在这个由雇主违约引起的案例中，仆从不仅要求雇主继续履行契约，还要求法庭追究雇主的违约责任。

---

① B. H. Putnam, *The Enforcement of the Statutes of Labourers during the First Decade after Black Death*, 1349 – 1359, Appendix, pp. 423 – 426, 453 – 455, 456 – 467.

② P. J. P. Goldberg, "What was a Servant?", in Anne Curry and Elizabeth Matthew, eds., *Concepts and Patterns of Service in Later Middle Ages*, p. 10.

③ P. J. P. Goldberg, ed., *Women in England*, 1275 – 1525, p. 90.

更重要的是，原告的诉求得到了法庭的支持，雇主因违约行为受到惩罚。它表明，即使在劳动力市场上的地位并不占优势的情况下，仆从仍然能够通过法庭捍卫自己的权利，这进一步证明仆从维护自身权益的意识。

14世纪末之后，更多的雇主作为被告而出席法庭。在诉讼的起因中，不按约定支付工资依然最为突出。对于仆从而言，工资是增加家庭收入的重要来源。尤其在黑死病暴发之后，仆从的工资水平有了很大提升，获取工资成为仆从积累婚前财产的有效途径。[1] 在仆从（及其父母）眼中，不按约定支付工资的行为是不可接受的。在有些地方的庄园法庭上，仆从经常采取"契约诉讼或债务诉讼"（plea of covenant or debt）的形式起诉那些拖欠工资的雇主。[2] 诉诸法庭是仆从索取欠薪最重要的手段。罗德尼·希尔顿曾发现仆从与雇主因工资纠纷而对簿公堂的案例。只是，仆从的父母充当了起诉人的角色。[3] 雇主总是试图寻找推脱责任的理由，以争取法庭的支持。例如，在1383年的埃塞克斯，被告约翰·赫特林德（John Hurtlynd）在面对欠薪的指控时辩解道，仆从在受雇期间存

---

[1] Jane Whittle, "Servants in Rural England c. 1450–1650: Hired Work as a Means of Accumulating Wealth and Skills before Marriage", in M. Agren and A. Erickson, eds., *The Marital Economy in Scandinavia and Britain* 1400–1900, Burlington: Ashgate, 2005, p. 103.

[2] M. K. McIntosh, *Autonomy and Community: The Royal Manor of Havering*, 1200–1500, p. 162.

[3] 仆从的父母有时也充当缔约人的角色。少数仆从的劳动契约的生效可能还需要取得父母的同意。在1372年的伦敦，一名叫托马斯的仆从称，他与雇主罗伯特订立契约，附加的条件是其父母的允准，但后来他未能履行契约，据说就是因为他的父母不同意。原文为：Precdictus Thomas…dicit quod ipse…conuenit cum prefato Roberto ad deserueiendum ei in offcio predicto per tempus predictum sub tali condicione quod pater et mater ipsius Thome ad conuencionem illam consentire voluissent, et dicit quod statim cum idem Thomas de conuencione illa predictis patri et matri suis nunciasset, iidem pater et mater ad conuencionem illam non consencerunt, set eam onmino renuerunt, per quod ipse a dicto seruicio recessit. 见 B. H. Putnam, *The Enforcement of the Statutes of Labourers during the First Decade after Black Death*, 1349–1359, Appendix, pp. 449–450。

在不当行为，所欠工钱已经用来补偿他的损失了。[1] 实际上，在地方法庭上，这样的例子还有很多。例如，1410年，埃塞克斯的一名仆从索要10先令的欠薪（约定工资20先令和价值40便士的衣物），但雇主拒绝承认超过13先令4便士的法定最高工资。在此类案件中，雇主往往利用法令规定来减少他们原本约定的责任。[2] 有时，关于欠薪的纠纷并未出现在法庭上，而是劳资之间的拉锯战。在1498—1520年柴郡的牛顿地产（Newton, Cheshire）上，主人汉弗莱时常拖欠工资，如尼古拉斯·里斯（Nicholas Lees）被拖欠了上一年工资中的16便士，爱玛·艾伦（Emma Aleyn，受雇三年）则是被拖欠了前两年的工资。因被拖欠工资，拉尔夫·里德（Ralph Rider）与汉弗莱展开谈判。记录表明，汉弗莱往往按照工人们的计算补齐工资。但他也会进行报复。艾伦·波特（Ellen Porter）索要自己7周的工资，但汉弗莱不同意。双方争执不下，谁赢得了谈判并不清楚，但汉弗莱最后找借口辞退了艾伦。[3]

与此同时，雇主暴力对待仆从的案例也在增加。这些案例可以提供一些佐证，但与欠薪案比起来，它们还没有得到充分发掘。理论上讲，在订立契约之后，仆从被视为雇主家庭中的成员，获得善待是仆从的基本权利。在人头税档案中，达到缴税标准的仆从与自己的雇主列在一起，被称为后者的"儿子（或女儿）和仆从"（filius/filia et serviens eius）。实际上，每个仆从的境遇不尽相同。许多仆从非但没有享受到与雇主的子女同样的待遇，反而受到殴打和侮辱。无疑，虐待仆从的行为并不符合双方的约定。那些不甘受辱的仆从愤而将雇主告上法庭，这使得我们能够了解当时仆从面对侵害时是如何捍卫自己的权利的。

---

[1] R. H. Hilton, *The English Peasantry in the Later Middle Ages*, Oxford: Clarendon Press, 1975, p. 51.

[2] Elaine Clark, "Medieval Labor Law and English Local Courts", pp. 340 – 342.

[3] Deborah Youngs, "Servants and Labourers on a Late Medieval Demesne: The Case of Newton, Cheshire, 1498 – 1520", pp. 155 – 156, 160.

第六章 工资立法与劳动力市场治理

在1373年的伦敦，约翰·布雷（John Bray）和妻子德尼丝（Denise）控诉威廉·豪尔（William atte Hall）与妻子乔安娜有攻击、殴打和伤害德尼丝的行为，并造成被打者产生绝望情绪。被告出席了法庭，并否认了上述行为。他们说，当时双方曾约定，德尼丝受雇为他们的仆从，条件是她应该忠心而周到地服侍他们。如果出现"邪恶"或"严重"的不称职或不服从他们的命令，使用"掌击"或其他形式的"轻打"进行"纠正"将是合理的行为。后来，德尼丝在没有经过他们的同意或命令的情况下，不顾双方的约定，在一天夜里离开了威廉和乔安娜的家。乔安娜对她提出批评，但后者称她是个骗子。于是，乔安娜打了她的下巴。但原告认为，威廉和乔安娜的行为不是为了"纠正"，而是使用武器（vi et armis）的暴力殴打，触犯了"国王的和平"。[1] 遗憾的是，此案无果而终，我们并不知道法庭最后做出了怎样的判决。被告在诉讼中对于双方约定细节的强调，显示这是一件劳资双方关于违约问题的诉讼。由于仆从成为雇主大家庭（household）的一员，因此，在一定范围内的"管教"是被允许的。[2] 这也符合双方的约定。但雇主的恶意殴打行为肯定超出了约定的界限。因此，本案当事人双方争论的焦点不是原告是否挨打，而是雇主使用何种手段、进行了何等程度的殴打，被告的辩解证实他们很清楚超出界限对待仆从的后果。

在德尼丝的案例中，原告仅仅请求法庭对雇主恶劣的行径进行

---

[1] 被告所称双方的约定为：…sub tali condicione retenta videlicet quod ipsa bene et fideliter eisdem Wilelmo et Johanne in officio ancille per unum annum deerviret; et si infra dictum terminum contigisset ipsam Dionisiam in aliquot nequiter seu enormiter delinquere vel mandata predeictorum Wilelmi et Johanne preterire quod tunc bene liceret eisdem Wilelmo et Johanne ipsam Dionisiam per alapam vel alium modicum ictum castigare. 见 Morris S. Arnold, ed., *Select Cases of Trespass from the King's Courts*, 1307–1399, Vol. 1, London: Selden Society, 1985, Vol. 1, p. 14。

[2] 将教育孩子的责任转移给一个毫无感情的人身上，并使孩子在后者的家庭中学会谋生技巧、适应社会，也是父母送孩子出去做仆从的重要考虑。［法］安德烈·比尔基埃等主编：《家庭史》（第2卷），袁树仁等译，生活·读书·新知三联书店1998年版，第54页。

调查，并没有提出具体的补偿方式。但在诺丁汉郡，一名仆从则向法庭明确提出了赔偿数额。1403 年 12 月 9 日，乔安娜·波特（Joanna Potter）起诉她的雇主约翰·洛里默（Johanne Lorymer），因为后者粗暴地对待她，并打她的"头部和其他部位"，造成她受伤。乔安娜希望通过她的"律师们"（*attornatos suos*）讨回公道，并要求被告赔偿自己因受伤而遭受的损失 100 先令。不知是何原因，在后来 1 月 16 日的法庭上，原告并未继续提出起诉。但该案的法官认为，乔安娜因雇主的殴打而流血（*effusionem sanguinis*）是事实，约翰因此受到法庭的谴责。① 从最后法庭对于侵害行为的认定，我们不难做出假设，如果乔安娜在后来的法庭上坚持伸张自己的权利，法官很可能会支持她提出的损害赔偿请求。

在 1365 年的林肯郡，一份法庭判决却为我们认识雇主出现欠薪、体罚等行为的后果提供了重要参考。一名叫伊拉德·德·乌斯福莱特（Illardo de Vsflet）的人起诉罗杰·博尚（Rogerus Beauchamp），因为后者使用"武器"（*vi et armis, scilicet gladiis, arcubus et sagittis*）将其仆从威廉·格里姆（William Gryme）抓走；罗杰应诉说，威廉原为他的仆从，在与他的契约没有结束之时"没有合理原因"离开，随后接受伊拉德的雇佣。但伊拉德辩称，威廉之所以逃跑，是因为罗杰"殴打他"，而且"不提供必要的食物，

---

① 该案的案情记录为：Johanna Potter, de Notingham, per custodem suum Galfridum Baker, queritur de Johanne Lorymer de placito transgressionis: eo quod ipse, hic apud Notingham, die Dominica proximo ante festum Conceptionis Beatae Mariae ultimo praeteritum, ´insultum fecit in dictam Johannam, et ipsam ibidem verberavit, vulneravit et maletractavit, et alia enormia ei intulit; ad grave dampnum ipsius querentis Cs. ; unde, etc. Qui venit, et defendit, etc. ; et dicit, quod ipsa Johanna est et fuit serviens ipsius Johannis Lorymer, et ipsa Johanna sibi dedit contrariam responsionem, et ideo ipse Johannes Lorymer cepit quendam elenivand, et ipsam percussit super capud et ubique, ut justum est. Et praedicta Johanna, per dictos Galfridum et Johannem Braydsale, attornatos suos, petit judicium de responsione sua; et ipse Johannes similiter. Et . sic respectuatur judicium usque proximam Curiam de dicta transgressione usque adventum Majoris et Recordatoris. 见 W. H. Stevenson, ed. , *Record of the Borough of Nottingham*, 1399 – 1485, Vol. 2, Nottingham: Thomas Forman and Sons, 1883, pp. 24 – 25。

第六章　工资立法与劳动力市场治理

也不按照约定支付工资"。不仅如此，伊拉德还认为，罗杰抓走威廉的行为造成他的损失，价值 20 镑。法庭经过调查裁定，伊拉德胜诉。罗杰除了要赔偿原告的损失之外，还要支付罚金 5 先令。[①]该案的案情原本并不复杂。仆人在契约期内离开，转而受雇于他人。如果按照《劳工法令》的规定，即使罗杰武力抓回仆从的行为过激，也不会受到处罚；[②] 而且，逃走的仆人和他的新雇主将难逃法庭追责。[③] 但在这个案例中，还有一件"案中案"，即仆人与原雇主之间的契约纠纷，罗杰没有按照约定善待威廉、提供必要的食物和支付工资。尽管伊拉德并未与威廉就此提出独立诉讼，它却成为影响法庭判决的重要证据。从该案的结局来看，雇主违约在先被认可为仆从逃跑的"正当理由"。[④] 这样，罗杰不仅丧失了追索逃跑仆从的权利，而且还要为后来发生的不当行为埋单。这是巨大的

[①] ⋯Rogerus predictum Willelmum sepius verberauit et ei vitum necessarium dare aut salarium sibi debitum soluere non curauit, per quod diem Willemum a seruicio predicti Rogeri recessit ⋯ idem Rogerus satisfecit eidem Illardo de denariis predictis et super hoc idem Rogerus fecit finem accione predicta de quinque solidis. 见 B. H. Putnam, *The Enforcement of the Statutes of Labourers during the First Decade after Black Death*, 1349 – 1359, Appendix, pp. 443 – 445.

[②] 在 1357 年的诺丁汉，理查德的儿子约翰（Iohannes, filius Ricardi）起诉凯瑟琳（Katherina）、约翰（Iohannes of the Graunge）和理查德（Richard Katerinespresi Latymer），称上述三人将其抓捕、囚禁、虐待，并造成其他伤害，欲索取损失 20 镑。但凯瑟琳称，约翰曾是自己的仆从，但没有合理原因逃跑。因此，她找来警役（constabularius）约翰和自己的仆从理查德帮忙，将约翰抓回。法庭最终采纳了被告的辩护，判他们无责离开（Et precdicti Katerina et alii eant inde sine die etc.）。也就是说，一旦法庭认定仆从逃跑，那么雇主将违约在先的仆从抓回就是合法的。见 B. H. Putnam, *The Enforcement of the Statutes of Labourers during the First Decade after Black Death*, 1349 – 1359, Appendix, pp. 441 – 442。

[③] 在引诱仆从离开雇主的案例中，提供诱惑（往往是高工资）的人和被引诱的仆从都会被处以罚金。在 1394 年的林肯，西蒙·平德（Simon Pynder）以双倍的工资（26 先令 8 便士）做诱饵，导致马丁离开自己的工作（*extra seruicium*）。此后二人均被处以罚金（*finem fecit*）。见 Elisabeth G. Kimball, ed., *Some Sessions of the Peace in Lincolnshire*, 1381 – 1396, Vol. 1, p. 74。

[④] 已经有研究证实，伦敦、埃克塞特等地区的法庭档案也显示，如果受到雇主的虐待，仆从提前结束契约就是"合法的"。引自 P. J. P. Goldberg, *Women, Work and Life Cycle in a Medieval Economy: Women in York and Yorkshire c.* 1300 – 1520, Oxford: Clarendon Press, 1992, pp. 183 – 185。这里，林肯郡的威廉·格里姆的案例验证了这一点。

经济利益损失。由此看来，雇主违约也是要承担法律后果的。

我们知道，市场的运转离不开契约，而契约的履行离不开法律的保障。随着《劳工法令》的颁布和执行，劳动契约的履行和市场规则的遵守因国家力量的介入而变得更有强制力，契约保护原则也由此确立。

虽然《劳工法令》是针对"贪婪的"劳工，由雇主阶层的代表在议会中请愿通过的，[①] 但在实际执行过程中，劳工并非唯一受约束的群体。例如，在雇主之间产生关于劳动力的纠纷时，原告的做法往往也是以违反法令为由提起诉讼。1436年12月20日，诺丁汉的钟匠（bellfounder）理查德·拉德斯威尔（Richard Radeswell）通过其律师向约翰·巴利（John Barley）发起侵害案诉讼。原告理由是，被告雇用了与其尚未结束契约的仆从托马斯·格伦（Thomas Glen），违反了当前的法令规定，并造成"严重损失"20先令。[②] 本案中被告的行为明显破坏了市场的运转，阻碍了他人劳动契约的正常履行，成为他被起诉的主要原因。这样，法令在执行过程中就确立了市场运行的规则，而这些规则最终都是维护劳动契约的订立和履行。

在瘟疫造成的特殊状态下，《劳工法令》的颁布和执行只不过是雇主阶层通过议会将自身权利在法律层面最大化，并试图依靠国家的强制执行力来实现诉求。从契约的角度来讲，禁止仆从索取高工资，并强制他们接受长期契约，这是统治和利益集团试图压制劳工的欲求和整体力量的增强，[③] 也是雇主在要求坚持有利于

[①] 见 C. Given – Wilson, P. Brand, A. Curry, W. M. Ormrod and J. R. S. Phillips, eds., *The Parliament Rolls of Medieval England*, 1275 – 1504, Vol. 2, pp. 226, 228。

[②] W. H. Stevenson, ed., *Record of the Borough of Nottingham*, 1399 – 1485, Vol. 2, pp. 158 – 161。

[③] 萨穆埃尔·科恩以欧洲视野考察了《劳工法令》的目的，认为这源于政府（城市的或王室的）对贪婪和它们设想的下层力量增强的恐惧。见 Samuel Cohn, "After the Black Death: Labour Legislation and Attitudes Towards Labour in Late – Medieval Western Europe", *The Economic History Review*, New Series, Vol. 60, No. 3 (Aug., 2007), pp. 479 – 482。

第六章 工资立法与劳动力市场治理

自己的劳动契约,而不是拒绝契约。① 在处理劳资纠纷之时,各级法庭要获得权威,它必须以仲裁者的身份出现,对各类诉讼进行依法和公正判决,而不是简单地站在劳工阶层的对立面。因此,在与雇主的违约诉讼中,仆从并非处于绝对的弱势,法庭也并不总是按雇主的要求做出判决。② 更何况,雇主违约也会受到惩罚。可以说,尽管完全的契约自由还没有实现,但订立契约一直是仆从获得工作、领取报酬和保证劳动条件的途径,也是他们日后用来捍卫自身权利的武器。法令制定者及其执行者的思路肯定是"管控",但可能正是这种做法加强了雇佣关系的契约性特征,因为大多数的法令都是为了保证契约的缔结和按照"当时的理念"(ideology of the time)适当履行。③ 只有坚持契约,才有可能谈及权利和自由。正是从这个意义上讲,有学者指出,表面上看这像一个管制的时代,但实际上,对工资劳动者而言,这是一个机会和自由都在增加的时代。④

发达的契约理论是近现代西方文明的基本特征之一。在英法等国家的社会体制中,"将社会不同分子联结起来的种种约束,几乎毫无例外都是双边,并在名义上经双方同意而成立——亦即契约性

---

① Chris Given-Wilson, "Service, Serfdom and English Labour Legislation, 1350–1500", in Anne Curry and Elizabeth Matthew, eds., *Concepts and Patterns of Service in Later Middle Ages*, pp. 21–22.

② 比如,在 1355 年的米德尔塞克斯,托马斯·克里斯状告仆从马蒂尔迪丝(Matilldis)逃走,并受雇于他人。但后者被法庭认定为"未成年"(infra etatem),还不能被视为任何契约的当事人(quo tempore eadem Matilldis nullo pars esse potuit ad aliquem contractum seu ad aliquam conuencionem faciendam),因此没有承担任何责任(consideratum est quo ad ipsam Matilldem quod predictus Thomas nichil capiat per breue suum, set sit in misericodia pro falso clameo etc. Et Matilldis inde sine die etc.)。见 B. H. Putnam, *The Enforcement of the Statutes of Labourers during the First Decade after Black Death*, 1349–1359, Appendix, pp. 431–432。

③ Harry M. Cassidy, "The Emergence of the Free Labor Contract in England", *The American Economic Review*, Vol. 18, No. 2 (Jun., 1928), pp. 218, 226.

④ [英]克里斯托弗·戴尔:《转型的时代:中世纪晚期英国的经济和社会》,莫玉梅译,第 226 页。

的。……契约对一切事情——劳动、售让，甚至婚姻——都要占第一位"①。在西方契约关系发展的历史进程中，中世纪是相当重要的一个阶段。在那个时期，契约原则甚至已经渗入社会下层的日常生活之中。② 这在雇佣劳动关系中体现得尤为明显。在斯蒂文·爱浦斯坦看来，契约（contract）是中世纪"工资劳动"（wage-labor）产生的必要条件之一，也是其基本特征之一。③ 我国学者杨杰也指出，尽管当时的"工资"概念尚不全指"雇主用货币支付给劳动者的劳动报酬"……但是，工资劳动形态已经是建立在契约关系而不是封建关系之上。④ 我们看到，中世纪的劳动契约虽是口头契约（verbal contract/ conuentum per narracionem），但这并不意味着缔约双方应对违约行为的时候无据可循。在上文援引的案例中，当事双方往往进行反复辩论，并不因为没有书面证据而轻易放弃自己的主张。因此，中世纪的劳动契约是一种受法律保护的契约，也是一种有救济途径可循的契约。⑤ 尤其是雇、佣双方关于违约损害赔

---

① [美]泰格·利维：《法律与资本主义的兴起》，纪琨译，学林出版社1996年版，第203—204页。

② 马克·布洛赫指出，"西欧封建主义的独创性在于，它强调一种可以约束统治者的契约观念"。在封建主义的框架下，附庸制（上层的依附关系）是一种"名副其实的"契约关系，庄园制（下层的依附关系）中亦包含契约的要素。这种双向的权利义务关系保证了"欧洲封建主义……给西欧文明留下了我们现在依然渴望拥有的某种东西"。国内关于中世纪契约关系的论述可参见丛日云《西方政治文化传统》，黑龙江人民出版社2002年版，第525—531页；徐浩《从中世纪的契约关系看欧洲文明》，《史学理论研究》2014年第2期。

③ Steven A. Epstein, *Wage Labor and Guilds in Medieval Europe*, Chapel Hill and London: The University of North Carolina Press, 1991, p. 4. 亦可参见Harry M. Cassidy, "The Emergence of the Free Labor Contract in England", pp. 201, 211。

④ 杨杰：《从下往上看：英国农业革命》，第44页。

⑤ 违约行为发生之后能够得到有效救济是检验契约真实与否的重要标准，因为契约是当事人自愿施加的"约束"和某种形式的承诺。双方都必须对它发挥一定作用，如果一方未能按照契约来行事的话，契约就有可能被取消或拒绝（所谓的 diffidatio）。这是契约的本质。参见蒋先福《契约文明——法治文明的源与流》，上海人民出版社1999年版，第11—12页；[英]沃斯特·厄尔曼：《中世纪政治思想史》，夏洞奇译，译林出版社2011年版，第141页。

偿的主张使侵害诉讼的适用范围进一步扩大,促进了普通法体系中的契约法的发展。① 在许多情况下,《劳工法令》中关于契约的条款已经成为雇、佣双方解决纠纷的主要依据,也成为保证中世纪劳动力市场运转的重要因素。

---

① 杨桢:《英美契约法论》,北京大学出版社1997年版,第363—370页。

第七章　工资与经济发展

工资变化的意义不仅体现在工资劳动者的生活水平上，也体现在对经济发展的影响上。黑死病暴发前后，随着劳动力成本的变化，经济模式发生了结构性的调整，尤其是在中世纪晚期的农业生产中，工资成本增加迫使领主开始出租自营地并最终退出直接经营，强制劳动为工资劳动所取代。同时，农民持有土地面积增加，农场主阶层兴起，这都为此后的"农业革命"的发生和资本主义的起源奠定了坚实的基础。

第一节　领主经济的变迁

在中世纪，自营地是领主最重要的收入来源，其经营模式受到许多因素的影响，如地理位置、管理成本和技巧、气候状况、饥荒和瘟疫等，劳动力成本也是其中的一个重要因素。在中世纪的自营地上，存在着惯例佃农的劳役和工资劳动两种劳动形态。在不同的历史时期，领主经济对于劳动力的需求不同，再加上自营地规模、结构和成本等因素的影响，领主使用的劳动力类型、数量及其比例因时因地而异。但不论如何，劳役总是无法满足领主对劳动力的多样性的需求。正常情况下，佃农土地是自营地面积的二倍，劳役才能满足自营地的需求。根据科斯敏斯基的研究，在大多数的庄园上劳役是不足的，即使在劳役比较多的大地产上也是如此，更何况那些佃农土地很少甚至全是自营地的小地产。① 因此，工资劳动就成为领主的必然选择，工资支出也就成为领主账簿中一个重要项目。从长时段来看，使用工资劳动是领主经济发展的重要趋势。对于中世纪的乡村领主来讲，工资的变化意义非常重要，他们会根据工资变化来决定是否直接生产、使用何种劳动力生产等问题。从理论上讲，工资较低时，农业生产较为有利，领主会增加雇佣劳动力，将劳役折算；工资较高时，土地经营利润不高，领主倾向于较多使用免费的强制劳动，减少雇佣劳动力使用，如将耕地变为劳动力需求较小的牧场，或缩小直接经营的土地面积，甚至将自营地完全出租。在中世纪工资波动的影响下，领主对劳动力使用上由依靠强制劳役向使用工资劳动转变，自营地逐渐由直接经营转向出租。

一 劳役折算与工资劳动的使用

在12、13世纪，劳役已经开始折算，但它在不同地区之间的发展并不平衡。在英格兰东南、西南地区，领主坚持索取劳役地租，波斯坦选取的800多份庄园材料中，有650余份表明，自营地经营增加，劳役地租加重。② 但在其他地区，劳役地租不再占据主导地位，逐渐折算为货币地租。到13世纪，人口大量增加，工资劳动者唾手可得，即使在最繁忙的收获时期，也不愁找不到劳动力，此时的工资水平较低，对雇主有利。而且，由于强制性劳动的缺陷，佃农的劳动生产率已经明显低于工资劳动者。领主认识到，时代赋予他们的经济优势不在于使用自己的佃农耕作土地，而是获取货币地租，来为自营地经营购买劳动力。因此，康沃尔伯爵的庄园上劳役仅占很小一部分，而埃塞克斯的诺特利（White Notley）

---

① E. A. Kosminsky, *Studies in the Agrarian History of England in the Thirteenth Century*, pp. 283 – 291.

② M. M. Postan, "The Chronology of Labour Services", *Transactions of the Royal Historical Society*, Fourth Series, Vol. 20 (Dec., 1937), pp. 169 – 193.

和蒂灵顿（Dillington）则已经没有劳役。① 莱斯特的情况同样如此，在1272—1335年有证据可循的29个庄园上，有8个庄园已经没有劳役可以使用，在其余的庄园上，仅有5个庄园的劳役地租占总地租的20%以上。② 同时，工资劳动的存在已经不是什么新鲜事，全职的领薪庄仆已经出现，他们负责耕地、运输和照料牲口的工作。兼职的雇工方面，1208年，温彻斯特主教地产就已经出现关于脱粒和扬壳工资的记录。多数情况下，在农忙季节，收割和捆绑谷物、割草等工作都会雇佣一些工人。领主不仅需要在收获时期招募更多的人手，而且也需要专业的手工艺人，当时的账簿中总是有一种名目记录木匠和铁匠的工资。③ 劳动力的供应和需求的数量、类型和紧迫程度决定了领主的雇工模式。如马绍尔伯爵在修缮庄园建筑和收获时期才雇工，圣埃德蒙德修院院长的做法也是如此，而且雇工数量不大。不论如何，在这个时期的自营地上，领主总是同时依赖劳役、全职庄仆和临时雇工，但劳役的比例已经在减小。据科斯敏斯基估计，在这个时期，劳役可能还不足以满足自营地对劳动力需求的一半，领主需要更多的工资劳动力，因此，工资劳动者在13世纪的乡村发挥了很大的作用，这种作用比史料显示和史学家承认的要大得多。④

13世纪末14世纪初，劳动力的充裕和价格低廉对领主有利，劳役折算加快进行。领主由此得到的货币地租收入也在增加，如1256—1298年，伊利主教地产的收入因劳役折算增加了60%，到

---

① Edward Miller and John Hatcher, *Medieval England – Rural Society and Economic Change* 1086 – 1348, pp. 219 – 221.

② R. H. Hilton, *The Economic Development of Some Leicestershire Estates in the 14th and 15th Century*, p. 11.

③ ［英］亨利·斯坦利·贝内特：《英国庄园生活：1150—1400年农民生活状况研究》，龙秀清、孙立田、赵文君译，第50页。

④ E. A. Kosminsky, *Studies in the Agrarian History of England in the Thirteenth Century*, p. 295.

1340/1341 年，劳役基本被折算完毕，货币地租的数量从 1327/1328 年的不足 3 镑增加到接近 13 镑。温彻斯特主教的收入在 1255—1348 年因折算增加了 7 倍以上。有些庄园账簿显示，西南地区的劳役还在流行，但这些材料证明可能是领主的最大化要求，而非实际索取。[1] 瘟疫的暴发打乱了原有的经济秩序，劳动力供给短缺，其价格上涨很快，工资劳动不再有利。在黑死病暴发之后，为了尽量降低成本，领主停止劳役折算，甚至试图恢复并增加已经折算的劳役。在 14 世纪 70 年代伍斯特主教的地产上，领主仍然索取 1/3 左右的劳役。[2] 但总体来讲，由于人口减少增强了农民的谈判力量，领主很难抵制佃农对折算的要求。最终，到 14 世纪末 15 世纪初，劳役逐渐消失，如在达勒姆主教的佩廷顿自营地上，1349 年之前，劳役已经开始折算，1376/1377 年以后的账簿就再没有出现劳役的记录。[3] 在伍斯特主教的大多数庄园上，劳役数量在 14 世纪最后十年已经微乎其微，主教得到的货币地租则在不断增加。

劳役折算的幅度和工资劳动的重要程度并非简单的正比关系，在许多庄园上，即使劳役折算的数量并不大，使用的工资劳动力也非常多。伊利主教的地产，1316 年，虽然仅有 14% 的冬季劳役和 7% 的秋季劳役被折算，但仍雇佣了大量工资劳动者。1323/1324 年，在仅有 10% 的周工被折算、秋天的劳役根本没有折算的情况下，主教仍然雇佣了 7 名庄仆和大量的雇工。[4] 实际上，这种情况相当普遍。正常情况下，在一个庄园上，提供劳役的佃农持有地是自营地面积的 2 倍，劳役地租才能满足自营地生产的需求。从 1272 年百户区卷档提供的材料来看，很多领主的庄园都无法做到这一

---

[1] Edward Miller and John Hatcher, *Medieval England – Rural Society and Economic Change* 1086 – 1348, pp. 202, 222 – 223.

[2] C. Dyer, *Lords and Peasants in Changing Society: The Estates of the Bishopric of Worcester*, 680 – 1540, p. 141.

[3] Ben Dodds, "Workers on the Pittington Demesne in the Late Middle Ages", pp. 149 – 150.

[4] Edward Miller, *The Abbey and Bishopric of Ely*, pp. 90 – 91.

点。据科斯敏斯基的研究，在大庄园（500英亩及以上）上，佃农的份地占全部土地面积的51%，领主自营地的比例为26%；在小庄园上，自营地的比例为41%，佃农的份地只有33%。因此，大庄园的劳役地租勉强可以满足自营地生产的劳动力需求，小庄园的情况就不容乐观了。而材料显示，小庄园又占据绝大多数。百户区卷档涉及的庄园的平均面积仅有170英亩，且少数地区有小比例的大庄园存在，如在南米德兰地区，只有36%的庄园自营地面积超过500英亩。① 在莱斯特郡，90%以上的庄园自营地面积在300英亩以下，其中绝大多数不足200英亩。② 萨福克的情况更为糟糕，因为该郡庄园化程度较轻，自有土地较多，而且大部分的庄园都很小。1086年的调查结果显示，该郡只有11%的庄园土地超过600英亩，45%的庄园土地少于120英亩，而包含30英亩或更少土地的庄园也并不鲜见，以至于梅特兰认为，它们根本配不上庄园的称号。12、13世纪，庄园的碎化非常严重，小庄园数量不断增加，14世纪上半叶，萨福克郡庄园的平均收入仅有5—7镑。可能5%（肯定不超过10%）的庄园与该郡经典的庄园（超过250英亩的自营地，相当数量的农奴份地）模型相吻合。不过，即使在这些庄园上，提供劳役的农奴份地的数量也仅仅与自营地面积相差无几。③

对于无数小领主来说，他们的庄园几乎都是自营地，佃农的劳役很少不足以提供自营地所需要的劳动力，有的小地产甚至没有佃农，雇佣工资劳动者是他们唯一的选择，收获和脱粒等工作几乎都是由雇工来做的。布瑞特内尔对于黑死病暴发前夕庞特（Puntes in Bulmer）、凯尔维登（Kelvedon Hall in Braxted）、威克斯（Wykes or Wykys）和兰根霍（Langenhoe）四个小庄园账簿的研究很好地证明

---

① E. A. Kosminsky, *Studies in the Agrarian History of England in the Thirteenth Century*, pp. 283 – 291.

② R. H. Hilton, *The Economic Development of Some Leicestershire Estates in the Fourteenth and Fifteenth Century*, pp. 9 – 10.

③ Mark Bailey, *Medieval Suffolk: An Economic and Social History*, 1200 – 1500, pp. 27 – 34.

了这一点。① 因此，劳役盛行的年代，尚且不能满足需求，那么，14世纪中后期，在惯例劳役减少，甚至消失的情况下，工资劳动者更成为直接经营土地的大领主倚重的主要劳动力来源。

黑死病暴发之后，受成本增加、利润减少的影响，领主进行农业生产的积极性在下降，他们对于工资劳动者的需求也在减少。在温彻斯特主教和格拉斯顿伯里修院院长的地产上，14世纪末，犁把式的数量仅剩下这个世纪初的1/3左右，羊倌的数量也在减少。尽管羊群的数量变化不大，但每个羊倌照料的羊数量增加了近50只。② 1440—1450年，达勒姆的佩廷顿自营地还有150英亩在耕作，只雇佣了5名庄仆，庄园账簿上不再有关于割草、脱粒的工资记录。③ 这个时期，大领主使用的生产性的工资劳动者减少，几乎和从事家庭内部劳动的仆从的数量相差无几。1456年，在诺福克的卡罗女修院（Carrow Nunnery），生产性（包括1名管家）的仆从有11人，从事家庭劳动的仆从有10人。在萨塞克斯的巴特勒修院，1512/1513年雇佣的生产性男性仆从为9人，从事家庭服务的仆从，包括面包师、厨师、酿酒师、门卫等，超过6人。工资支出方面，生产性的支出比例变小。在贝德福德的纽恩汉（Newnham House），支付给雇工的15镑工资中，仅有5镑（2镑用来割草和收割燕麦，3镑用来维护生产设施）是生产性的，其余均是家庭消费服务性支出，如砍伐树木、运输鲱鱼和其他工作。④

二 工资成本与自营地生产

工资劳动对领主的农业生产的作用如此重要，那么工资劳动力

---

① R. H. Britnell, "Minor Landlords in England and Medieval Agrarian Capitalism", *Past & Present*, No. 89 (Nov., 1980), pp. 9 – 10.
② David Farmer, "The Famuli in the Later Middle Ages", in Richard Britnell and John Hatcher eds., *Progress and Problem in Medieval England*, pp. 214 – 223.
③ Ben Dodds, "Workers on the Pittington Demesne in the Late Middle Ages", pp. 150 – 151.
④ J. Yang, *Wage Earners in England*, 1500 – 1550, pp. 172 – 176.

成本又是如何影响自营地生产呢？波斯坦认为，整个中世纪自营地经济的主要趋势就是由直接经营向出租转变。他将自营地的命运分为三个阶段：第一阶段（12世纪），由于政治和经济环境不稳定，许多领主已经将自营地零星或整块地出租给佃农。到13世纪，这一趋势开始减慢，甚至形势逆转，许多领主终止与佃农的出租协议，收回自营地，直接经营。第二阶段（13—14世纪末），自营地直接经营的繁荣期。第三阶段（14世纪末到15世纪），自营地萎缩，领主退出直接经营时期。① 本书涵盖了第二和第三个阶段。

在第二个阶段里，先后出现两次直接经营自营地的高峰。第一次高峰出现于13世纪到14世纪初，这是自营地经济的"全盛时代"（the high-farming era）。当时，农业工资很低，在地产年度总支出中所占的比例也不大。莱维特女士（Miss Levett）根据温彻斯特主教的庄园的研究指出，领主往往可以将工资支出增加2—3倍而不会导致收入的减少。法律史家梅特兰也说，工资支出是账簿中一个相对不重要的项目。② 原因可能在于，选取的庄园上劳役使用较多，实物报酬往往由地租抵消，而且当时工资水平较低，因此，工资在总开支中显得微不足道。13世纪下半叶，在伊莎贝拉·德·弗茨的地产上，地产经营成功主要得益于当时有利的经济形势，其中膨胀的人口保证了较低的工资。在女伯爵位于北方的小亨伯（Little Humber）庄园上，13世纪80年代，出售谷物的收入不断增加，但生产成本不高，尤其是工资开支不多。1287年，该庄园仅仅在收获时期雇佣了43个人来收割13英亩的小麦，工资支出是3先令5.5便士，平均每人还不足1便士，按照当时的劳动效率，这可能是不到一天的工作量。而1284—1291年，该庄园的年

---

① M. M. Postan, *The Medieval Economy and Society*, pp. 110-121.

② E. A. Kosminsky, *Studies in the Agrarian History of England in the Thirteenth Century*, p. 296.

度平均开支为 21 镑，因此，工资支出在其中所占的比例微乎其微。① 这可能是一个极端的例子，但其他地产的证据显示了同样的情况。根据希尔顿对莱斯特修院地产的研究，1286 年，关于工资支出的记录仅有支付给庄仆的 27 镑 2 先令 9 便士。从数额上看，这确实是一项巨大的开支，但当年的总支出为 942 镑 2 先令 3.75 便士，工资在其中所占的比例不足 3%。② 在诺福克的弗恩塞特庄园上，1272/1273 年，劳动者的工资支出（不包含管理人员的工资）为 2 镑 1 先令 0.75 便士，在该年度支出中的比例不足 10%；到 1274/1275 年为 2 镑 5 先令 9.75 便士，在年度支出的比例略为增加到 15%；而在 1273—1306 年，每年的平均收入为 93 镑（其中谷物和牲畜提供的收入均在 50% 以上），是工资支出的 5 倍之多，③ 农业经营自然有大利可图。

在高利润的刺激下，领主对农业生产的热情增加，自营地经营出现高潮，如这个时期的许多领主都试图增加自营地的面积，采取的方式多种多样，如购买、圈占和开垦林地、沼泽等。1274 年，阿宾顿的威廉（William of Abington）拥有 130 英亩自营地，20 年后，该自营地已经增加到 206 英亩，其中的 40 英亩原属于 10 个不同的主人。领主对自营地的另一项投资是购买、改进生产工具和修缮庄园建筑，花销往往不菲。如在坎特伯雷大主教区，在亨利主持工作的 37 年间，这方面的投资高达 3739 镑。④ 领主们试图更加合理地利用土地，提高管理的效率。在当时，领主对自营地的经营管

---

① Mavis E. Mate, "Profit and Productivity on the Estates of Isabella de Forz (1260 – 92)", *The Economic History Review*, New Series, Vol. 33, No. 3 (Aug., 1980), p. 329.

② R. H. Hilton, *The Economic Development of Some Leicestershire Estates in the 14th and 15th Century*, pp. 22, 70.

③ F. G. Davenport, *The Economic Development of a Norfolk Manor* 1086 – 1565, pp. 37, 44.

④ Edward Miller and John Hatcher, *Medieval England – Rural Society and Economic Change* 1086 – 1348, pp. 213 – 214.

理相当重视，社会上甚至出现了关于如何解决问题、提高收益的小册子，如《亨莱的田庄管理》《管家手册》等。除此之外，为了保证管理效率，账簿制度开始出现，1208/1209 年，根据我们掌握的资料，这种账簿第一次出现在温彻斯特主教的地产上，随后开始流行于各个庄园。三四十年后，管家账簿（bailiffs' accounts）也开始流行。这些账簿格式和记录程序一致，名目相同，这表明在全国范围内，领主对于管理效率的重视。在这个时期，自营地得到了完全的开发。自营地产出在总收入的比重增加。在温彻斯特，1288 年的情况较为糟糕，地产收入为 3100 镑，自营地贡献其中的 47%，但在物价较高的 1258 年，收入是 6100 镑，自营地贡献 72%；1317 年，收入为 6400 镑，自营地收益贡献了其中的 64%。[①] 谷物和牲畜（尤其是养羊）是自营地经营的两大重要项目，除了领主消费外，有 2/3 的谷物甚至更多用来出售，由此带来的收入在总收入中占据很大比例。在伊利主教的维斯贝克庄园上，1310—1320 年，谷物带来的收入占总收入的 80%。[②] 养羊带来的收入在总收入中往往占据 10%—20%，但在有的庄园上养羊的收入也很大。比如在伊萨贝拉·德·弗茨的侯德内斯（Holderness）庄园上，1271 年，来自谷物的收入为 53 镑，而出售羊毛的收入为 215 镑。[③] 当然，受多种因素的影响，并非所有的自营地都在领主手中，有些土地还出租给了佃农。如康沃尔伯爵的自营地在 1320 年已经开始出租。1312 年，伍斯特主教沃尔特·雷诺兹（Walter Reynolds）命令管家将那些贫瘠或距离驻地较远的自营地出租。[④]

[①] Edward Miller and John Hatcher, *Medieval England – Rural Society and Economic Change* 1086 – 1348, p. 201.

[②] David Stone, *Decision – Making in Medieval Agriculture*, p. 47.

[③] Mavis E. Mate, "Profit and Productivity on the Estates of Isabella de Forz（1260 – 92）", p. 328.

[④] C. Dyer, *Lords and Peasants in Changing Society：The Estates of the Bishopric of Worcester*, 680 – 1540, p. 83.

第七章 工资与经济发展

第二次自营地的高潮出现于黑死病暴发之后的三十年间。本来，14世纪初的饥荒之后到黑死病暴发之前，工资逐渐上涨，物价逐渐下跌，自营地经营的利润下降，于是，自营地出租再次萌芽。但黑死病的暴发并没有加快自营地出租的速度，反而鼓励了领主继续对自营地的直接经营。这是因为，尽管劳动力短缺、工资上涨，但连续的歉收和瘟疫使物价水平依然很高，劳动力成本的上涨并没有达到吸干全部利润的程度，因此，农业生产仍然有利可图。在许多庄园上，领主将出租的自营地收回或扩大耕地面积，加大投入，重新进行粮食生产。由此，英格兰经济史上出现了一个自营地经营的"印第安小阳春"时期（Indian Summer）。[①]

但"小阳春"持续时间很短，从14世纪末开始，各种条件均不利于自营地生产。政治环境恶化，人口减少的影响凸显，社会对谷物的需求在减少，价格下降，自营地经营利润降低，劳动力短缺，工资开始上涨，工资支出占总支出的比例已经增加很大，领主经营的积极性大受影响。在莱斯特的奥斯顿修院（Owston Abbey）的地产上，1386年，总支出为147镑1先令7.5便士（当年收入与此数相差不大），其中34%，即50镑左右的钱花在了工资上，如果减去支付给管理工作人员的工资（工资支出的1/3），工资劳动的支出约占总支出的22%（33镑）。到了15世纪初，一份账簿显示，总支出增加到206镑17先令4.5便士（当年收入仅为120镑左右），工资的比例为27%，减去1/5的管理人员工资，工资劳动支出的比例仍为22%左右，但总量已经增加到45镑。同时，两个日期之间地租收入增加，而农产品的收入比例在减少，它表明，这个比例是在领主逐渐退出生产的情况下出现的。与100年前自营地经营高峰时期相比，这个比例增长了7倍有余。[②]

[①] A. R. Bridbury, "The Black Death", pp. 577–592.
[②] R. H. Hilton, *The Economic Development of Some Leicestershire Estates in the 14th and 15th Century*, pp. 116–119.

在伍斯特主教的比伯里庄园上，工资在总开支中的比例更大，1371/1372 年生产谷物的总成本为 11 镑 0 先令 1 便士，其中的工资支出达到 8 镑 16 先令 10 便士，[①] 经马克垚先生计算，工资在总支出的比例为 80.3%，生产谷物投入 11 镑，扣除开支后的利润不足 1 镑，也就是说投入 100 元，仅有 8.8 元的利润，[②] 收益相当低。此后，各项工资继续上涨，这意味着劳动力成本继续增加，而此时的谷物价格却在走低，谷物生产的利润更是大大减少。面对这种形势，领主开始缩减自营地耕种面积，如伍斯特主教的许多庄园自营地的实际耕作面积下降到 14 世纪末的三分之一或一半左右；塔维斯托克修院（Tavistock Abbey）在德文的一个庄园上，自营地面积由 1298 年的 128 英亩缩减到 1420 年的 50 英亩。[③] 为了维持并收入，领主们利用当时社会对羊毛需求增加的有利条件，将更多的耕地变成牧场，大力发展养羊业。这是一个不错的选择，因为养羊需要的劳动开支较少、利润相对较高。1383/1384 年，在伍斯特主教的比伯里庄园上，养羊的收入为 13 镑 18 先令 7 便士，支出为 5 镑 19 先令 7 便士，利润接近 8 镑；在支出当中，工资仅仅是羊倌的报酬和剪羊毛、打包和运送的一些开支，不足 2 镑，比例为 28%，低于谷物生产的劳动力成本。[④] 伊利主教的选择也是如此，1375 年之前，谷物带来的收入在总支出的 75% 以上，但 1376—1409 年，已经下降到一半以下，而养羊带来的收入由 1314—1375 年的 15% 增加到 1376—1409 年的 37.5%，此后甚至是 48%。[⑤] 在温彻斯特，主教饲养的羊群数量一度达到 13 世纪

[①] C. Dyer, *Lords and Peasants in Changing Society*: *The Estates of the Bishopric of Worcester*, 680 – 1540, p. 132.

[②] 马克垚:《中西封建社会比较研究》，第 67—68 页。

[③] C. Dyer, *Making a Living in the Middle Ages*, p. 331.

[④] C. Dyer, *Lords and Peasants in Changing Society*: *The Estates of the Bishopric of Worcester*, 680 – 1540, p. 140.

[⑤] David Stone, *Decision – Making in Medieval Agriculture*, pp. 126, 162.

第七章 工资与经济发展

的最高水平，每个羊倌需要照料的羊的数量也大大增加了。①

但能从羊毛中得到实惠的地产毕竟为数不多，而且，随着劳动力成本的增加和物价的下跌，即使那些以前能够利用价格波动暂时维持收入的领主也发现，他们已经无法应对成本上涨的压力。1434—1439 年，兰开斯特公爵在伯克郡的三个庄园上，从养羊中得到的收入为 245 镑，而买羊、工资和收获干草的开支据估计达到 252 镑，竟然亏损 7 镑。因此，公爵开始将羊群出租给当地的乡绅和农民。② 其实早在 1388 年，该领地的查账员在提及北安普顿的两个庄园时指出，农牧业根本毫无价值可言，自营地应该能够像其他地方的土地一样以农场形式出租。③ 整体来看，到 15 世纪中叶，大领主基本放弃耕地和养羊，选择将自营地出租。这种做法即使在自营地经营的"全盛时代"也一直存在，普遍的做法是将自营地小块出售，收取高额的地租。但到 14 世纪末，领主开始将自营地整块出租。到 15 世纪中期之前，大多数领主已经基本将自营地出租出去，如到 1420 年，威斯敏斯特修院院长的自营地仅还有一块没有出租，④ 坎特伯雷的自营地出租开始于 14 世纪八九十年代，到 15 世纪 40 年代完成。达勒姆主教区出租自营地的高潮出现在 1408—1416 年，此后，主教基本上退出了直接经营。⑤ 起初，自营地地租比惯例佃农的份地地租高很多，而且来自不同地区的证据表明，领

---

① M. M. Postan, *The Medieval Economy and Society*, p. 118; David Farmer, "The Famuli in the Later Middle Ages", in Richard Britneland John Hatcher, eds., *Progress and Problem in Medieval England*, pp. 220 – 224.

② J. L. Bolton, *Medieval English Economy*, 1150 – 1500, pp. 228 – 229.

③ ［英］克里斯托弗·戴尔：《转型的时代：中世纪晚期英国的经济和社会》，莫玉梅译，第 192 页。

④ Phillipp R. Schofield, *Peasant and Community in the Medieval England*, 1200 – 1500, pp. 45 – 47.

⑤ E. M. Halcrowm, "The Decline of Demesne Farming on the Estates of Durham Cathedral Priory", *The Economic History Review*, New Series, Vol. 7, No. 3 (Dec., 1955), pp. 345 – 356.

主得到的地租明显要高于直接经营的收益,[1] 领主往往收取固定地租,在物价下降的情况下,这对他们更有利。但是承租人很难寻找,土地价值进一步下降,领主不得不采取降低地租、进入罚金（entry fine）和免除拖欠的租金等优惠条件来吸引承租者。在莱斯特修院的地产上,地租收入在1477年比1341年下降了1/3。在诺福克的弗恩塞特庄园,土地的地租在15世纪明显低于14世纪。[2] 领主的收入由此受到很大影响,正如有学者指出的那样,"如果将自营地出租是减少损失的一种途径的话,这意味着大多数领主的收入要依赖地租,由于地租不断下降,收益岂有不减少之理"[3]。同时,自营地的租期也一再延长,在威斯敏斯特修院院长的托登汉庄园（Todenham）,租期从7年延长到12年,然后到30年。在朗顿（Longdon）,租期从1420年的20年延长到1453年的40年。[4] 有些庄园的租约甚至规定可以由父传子,一个家庭往往承租一块自营地长达50年以上。[5]

教俗大领主受劳动力成本增加和价格下降的影响最大,他们采取耕地变牧场或将自营地出租的对策,保持固定的收入。对于较小的领主来说,在工资上涨的情况下,他们的地产经营经历了与大贵族领地几乎同样的变化。有些人不得不将自营地出租,收取地租,如在1447/1448年,埃塞克斯的莫尔顿从骑士罗伯特·达西22份地产上共得到99英镑的地租收入,而沃里克郡毕晓普顿的约翰·

---

[1] Edward Miller, ed., *The Agrarian History of England and Wales*, Vol. 3, p. 581.

[2] John A. F. Thomson, *The Transformation of Medieval England*, 1370 – 1529, pp. 19 – 20.

[3] Chris Given-Wilson, *The English Nobility in the Late Middle Ages*, London and New York: Routledge & Kegan Paul Ltd, 1996, p. 123.

[4] Barbara Harvey, "The Leasing of the Abbot of Westminster's Demesnes in the Later Middle Ages", pp. 17 – 27.

[5] Barbara Harvey, *Westminster Abbey and Its Estates in the Middle Ages*, p. 152.

第七章 工资与经济发展

毕晓普斯登爵士到 1422 年以前显然已经将自己的自营地出租了。① 在西部乡村，鲁特雷尔家族（Luttrell）可以从其分布于萨默塞特郡的土地上得到相对稳定的地租。② 15 世纪，还有许多小领主主要靠自营地生活，他们力图使土地产出最大化，增强农产品的市场潜力。对他们来说，将自营地出租并非最佳选择，因此，在经营土地成本日增、利润日减的时期，小领主们仍然试图通过各种手段更加精心管理自己的土地。他们亲自参与生产监督和决策，罗杰·陶申德爵士和兰开夏的约翰·彭宁顿等人就是最好的例子，他们采取农业和畜牧业相结合的生产模式，对于领地上的事务几乎事必躬亲，并给我们留下了许多珍贵的工作记录。③ 这些记录表明，小领主的经营多少还是有所收益。不过，他们需要支付较高的工资，如何平衡工资劳动者的劳动时间及仆从和雇工的数量比例就成为他们面临的问题。1483/1484 年，在埃塞克斯的斯泰宾的波特豪尔地产上，主人威廉卡佩尔雇佣了 11 个仆从，主要从事家内劳动，或运输、照料牲口及其他持续性的必要工作，其余的劳动量是由雇工提供的，而且几乎有 2/3 雇工出现在收获时期。他们的工资占全部支出的 3/4。其他时间的雇工很少，诸如播种、脱粒之类的工作零星地分布在一年当中。④

在 15 世纪末和 16 世纪初柴郡的牛顿地产上，主人汉弗莱种植谷物，饲养牛羊，他投资修缮磨坊并建造新风磨，开凿鱼塘养鱼，并注意在肥料和改善土壤上下功夫。对于合理使用劳动力和降低成本，汉弗莱颇费苦心，主要采取了以下措施：第一，从多种途径雇佣劳动力。在汉弗莱雇佣的人当中，有自己土地的承租人，有自己

---

① ［英］克里斯托弗·戴尔：《转型的时代：中世纪晚期英国的经济和社会》，莫玉梅译，第 98 页。
② Edward Miller, ed., *The Agrarian History of England and Wales*, Vol. 3, p. 584.
③ ［英］克里斯托弗·戴尔：《转型的时代：中世纪晚期英国的经济和社会》，莫玉梅译，第 100—107 页。
④ L. R. Poos, *A Rural Society after the Black Death: Essex, 1350 – 1525*, pp. 211 – 218.

的亲戚，也有外来的工人，有些人是通过家庭关系招聘，如夫妻、父子等，甚至一个家庭有数名成员都为汉弗莱干活。因此，在劳动力群体中有大量的妇女，尤其是在收获谷物的劳动中，1500年，谷物收割工中有75%是妇女，她们中的大多数可能都是与丈夫一起到来的。这样，通过亲属、家庭等关系纽带，汉弗莱就保证了劳动力的供应。第二，施与恩惠，保持劳动力。相比之下，汉弗莱提供的报酬并不高，但他提供多种形式的报酬，如食物、水果和各种衣物，工人的远行（如去市场）会得到路费，如果去参加亲属的婚礼，还会得到资助和礼物，在仆从有困难的时候，还借钱给他们。因此，许多仆从愿意接受长时间的合同，而不是到处流动。第三，采取多种措施，压低工资。汉弗莱也有强制手段，如仆从生病或离开，他就会扣住工资不发，而且有时还有拖欠的现象，诉诸法庭或提前辞退都是有效的手段。① 在管理劳动力的过程中，汉弗莱的做法积极而主动，他按照自己的计算和意图来谈判和支付工资，并没有受到劳动力短缺和价格昂贵的影响，从而收到了不错的效果。在他的投资和精心管理下，这块小地产的收入从11镑增加到14镑。② 小领主的上述行为充分表明，中世纪晚期工资劳动的重要性及工资上涨带来的经营困难。

第二节　农民经济的分化

中世纪晚期，农民经济也发生了重要变迁，在瘟疫的影响下，人口减少，庄园制瓦解，农民获得人身自由，积累起更多的土地。小土地持有者的收入也在增加，因此，农民经济地位整体上升。同

---

① Deborah Youngs, "Servants and Labourers on a Late Medieval Demesne: The Case of Newton, Cheshire, 1498 – 1520", pp. 145 – 160.
② C. Dyer, *Making a Living in the Middle Ages*, pp. 345 – 346.

时，随着领主退出直接经营，租地农场主兴起。①

黑死病暴发之后，新的经济条件造就了农民占有土地方式两个重要的变化：契约持有和公簿持有，农奴制度的痕迹逐渐消失。从14世纪末开始，农民只要缴纳一定的"进入罚金"就可以得到一份证书，从而重新确认对传统份地的占有权，并在缴纳一定地租的基础上与领主缔结契约，消除了之前的人身依附关系。这些农民即被称为"公簿持有农"（copyholders），逐步取代惯例佃农，这个过程到15世纪中叶已经完成，农民身份逐渐自由，负担也不断减轻。但这并不能解决人口减少后领主对于劳动力的需求，大量的土地仍然得不到耕种。在劳动力成本过高的压力下，领主退出直接经营，将自营地出租。起初，领主将自营地和无人耕种的土地分成小块，大多出租给本地的佃农，地产上的庄仆可能也利用积累起来的工资和土地价值的下降成为承租人。此后庄园外的人也加入进来，所有这些人按照与领主的协议而持有土地，被称为"契约持有农"（leaseholders）。土地的租期短则3年，长则99年，租金在合同期内固定不变，这对农民非常有利，为他们积累更多的土地奠定了基础。

随着人口的减少和占有土地方式的变化，农民手中的土地数量较以前明显增加了。黑死病暴发之前，农民的土地持有比较均衡，大土地持有者的数量很少，而且由于人口不断增加，土地碎化严重，小土地持有者数量庞大。在波斯坦、科斯敏斯基、米勒与哈彻等学者的研究中，持有地在1维尔格特以上的农民比例非常小，在科斯敏斯基的样本中仅占1%左右。② 在人口减少的情况下，农民通过各种方式积累起更多的土地，如围圈、开垦、租赁等。更为重要的是，土地市场的活跃提供了有利条件。在有的庄园上，每年易手的土地

---

① 参见黄春高相关研究《14—16世纪英国租地农场的历史考察》，《历史研究》1998年第3期；《1350—1640年英国农民经济的分化》，《首都师范大学学报》（社会科学版）2004年第1期。

② E. A. Kosminsky, *Studies in the Agrarian History of England in the Thirteenth Century*, p. 228.

超过全部土地的10%，而且，80%以上的土地交易发生在家庭之外。① 大土地持有者明显增加，戴尔注意到这种变化，他对比了1299年和15世纪的土地持有情况，考察结果如表7-1所示。

表7-1　　黑死病暴发前后英格兰农民的土地持有状况

土地持有类型 庄园名称	年份	大持有地≥30英亩	中持有地15—30英亩	小持有地≤15英亩	未知	总计
克雷夫 （Cleeve）	1299年	10（11%）	29（31%）	40（42%）	15（16%）	94（100%）
	1474/1475年	16（30%）	13（24%）	21（40%）	3（6%）	53（100%）
汉伯里 （Hanbury）	1299年	0	36（42%）	17（20%）	33（38%）	86（100%）
	1410年	12（20%）	10（17%）	11（18%）	27（45%）	60（100%）
	1466年	19（36%）	4（8%）	4（8%）	25（48%）	52（100%）
哈特勒伯里 （Hartlebury）	1299年	57（50%）	23（20%）	29（26%）	4（4%）	113（100%）
	1479—1483年	44（67%）	4（6%）	10（15%）	8（12%）	66（100%）
亨伯里 （Henbury）	1299年	32（24%）	55（42%）	37（28%）	8（6%）	132（100%）
	1419年	49（36%）	40（29%）	26（19%）	22（16%）	137（100%）

资料来源：C. Dyer, *Lords and Peasants in a Changing Society*, 680-1540, p. 300.

表7-1显示，在13世纪，代表性的中等土地持有者的比例在1/5—1/2，到15世纪已经大大减少。小土地持有者的数量同样在减少，但持有大块土地的农民大大增加。如在汉伯里庄园（Hanbury），大土地持有者的比例从1299年的0，增加到1410年的20%，到1466年已经增加到36%。哈特勒伯里（Hartlebury）比较

---

① C. Dyer, *Lords and Peasants in a Changing Society*, 680-1540, p. 301；[英]克里斯托弗·戴尔：《转型的时代：中世纪晚期英国的经济和社会》，第177页。

特殊，它的大土地持有者在13世纪的比例就已经占50%，到1479—1483年，增加到67%。在佃农数量增加的亨伯里庄园（Henbury），大土地持有者从1299年的24%增加到1419年的36%；在莱斯特郡的斯陶顿庄园，31英亩及以上的土地持有者从1341年的3%增加到58%。①白金汉的维斯托庄园（Wistow）在1252年持有1维尔格特及以上土地的农民占据13%，1414年，变为38%。②在1433年拉姆里奇（Ramridge）和1492年的吉本（Marsh Gibbon）庄园，持有土地面积在30英亩及以上的农民的比例分别为53%和81%，已经占据绝对多数。③在英格兰西南部地区，也呈现出同样的趋势。

表7-2　　　西南地区五个庄园的份地规模及其比例

	佃农数量（人）	份地平均大小（英亩）	各种份地所占的比例（英亩,%）			
			6—15	16—25	26—35	36+
哈特兰（Hartland）						
1301年	128	13.9	99.2	0.8	—	—
1365年	64	25.5	43.8	4.7	28.1	23.4
1566年	19	46.3	—	—	47.4	52.6
基里尔的海斯顿（Helston-in-Kirrier）						
1337年	86	41.3	15.3	20	17.6	47.1
1371年	46	52.3	7.6	18.2	21.2	53
1486年	34	71.2	—	9.5	4.8	85.7

---

① C. Dyer, *Standards of Living in the Middle Ages*: *Social Change in England c.*1200 – 1520, p.141.
② Maurice Keen, *English Society in the Later Middle Ages*, 1348 – 1500, p.66.
③ J. L. Bolton, *Medieval English Economy*, 1150 – 1500, p.239.

续表

	佃农数量（人）	份地平均大小（英亩）	各种份地所占的比例（英亩,%）			
			6—15	16—25	26—35	36+
斯托肯汉（Stokenham）						
1347年	147	30.6	4.1	6.1	31.6	8.2
1360年	120	44.9	0.8	—	64.2	35
1548/1549年	87	54.4	7.1	—	30.6	62.3
泰贝斯塔（Tybesta）						
1337年	47	20.7	25.5	59.6	6.4	8.5
1406年	45	24.1	22.3	40	20	17.7
1497年	27	40.1	—	33.3	7.4	59.3
特里戈的海尔斯通（Helstone-in-Trigg）						
1337年	85	16.7	38.8	55.3	5.9	—
1371年	74	21.5	20.3	56.7	12.2	10.8
1497年	57	26.3	10.5	47.4	19.3	22.8

资料来源：Edward Miller, ed., *The Agrarian History of England and Wales*, Vol. 3, p. 724.

表7-2表明，从14世纪上半叶到15世纪，小土地持有者的比例不断下降，有些庄园上，在13世纪占据统治地位的16英亩以下的份地甚至消失了，取而代之的是更为集中的大块土地。在大多数的庄园上，36英亩以上的大块土地已经开始占据优势地位。到16世纪初，英格兰有1/8的家庭持有50英亩或更多的土地。[①] 需要注意的是，土地持有情况各个地区有所不同，庄园记录往往掩盖

---

① C. Dyer, *Making a Living in the Middle Ages*, pp. 375-358.

了某些真相，许多缺地无地的农民的情况得不到全面反映，而且农民的家庭结构、劳动力数量和消费需求等情况也使土地持有不断发生动态的变化。①

对于积累起大量土地的普通农民来说，劳动力成为一个重要的问题。如果一个家庭有1—2个孩子，经营30英亩的土地并非难事。但大土地持有者的土地面积不止30英亩，15世纪的生育率很低，孩子数量有限，而且很少待在家里，因此，更多农户的家庭劳动已经无法满足需求，需要雇佣工资劳动者。可以雇佣的仆从和雇工数量有限，而且大多流向工资较高的城市和乡村工业发达地区，劳动力市场的竞争日趋激烈，这对于工资维持较高的水平产生很大影响。另一方面，由于当时的物价较低，劳动力供给难以保证，劳动力成本较高，扩大生产的积极性并不高，这是大持有地和农场未能进一步发展的重要原因。积累起大量土地的人能够生产大量的剩余，生活比较富裕，小土地持有者或无土地者的境况也并不糟糕。由于当时工作机会比较多，工资水平较高，每年得到的收入几乎和持有1维尔格特土地的农民差不多，他们的生活状况也是相当不错。因此，波斯坦甚至将15世纪视为英格兰农民的"黄金时代"。②

农民经济除了上述变化以外，农场主阶层的兴起也是一个引人注目的现象。中世纪晚期，高昂的劳动力价格和低廉的物价使土地经营无利可图，出租自营地的趋势不可逆转。此时，领主一改之前将土地分成小块出租的做法，开始选择将自营地整块出租给一个人。起初，承租人是自营地上的管家或庄头，还有本庄园的佃农，而且，许多人是被说服或被迫接受出租地，他们要缴纳大量租金，还要承担各种义务。但更多的情况是，承租人与领主在协议的基础

---

① 杨杰：《从下往上看：英国农业革命》，第18—19页。
② M. M. Postan, *The Medieval Economy and Society*, pp. 156–158.

上租赁土地。承租人的成分复杂,有各种工匠、商人和乡绅等,但各地区的研究表明,在自营地出租的起始阶段,农民是承租人的主要来源。① 在威斯敏斯特修院的地产上,大部分承租人可以被视为农民,有些就是本庄园的惯例佃农,占主导的是"管理型"(或"官吏型")的承租人,做庄园管理的经历使他们具备了经营大地产的知识和经验。② 在威尔特郡,当地的惯例佃农家庭提供了主要的承租人,外来的同样地位的人也在承租土地,尽管他们是农民群体中的较富裕者,往往占有1维尔格特以上的土地。③ 这些上层农民以前可能持有几十英亩土地,但与其他人差别并不大,但在承租了几百英亩土地之后,整个生活方式和经济行为方面必须做出改变和调整。农场主与普通农民之间就会形成巨大的财富鸿沟,他们对生产、市场和雇工的态度就会大大不同。

农场主大多要缴纳货币租金,承租土地的大部分产品要进入市场。他们力图使收入最大化,降低成本和面向市场进行专业化生产是主要的途径。农场经营需要大量的劳动力,农场主既要雇佣一些仆从,还要雇佣短期的日工,他们是乡村靠工资为生的人的主要雇主,④ 劳动力成本是他们必须重视的因素。一般来讲,农业生产明显比畜牧业需要更多的劳动力,在工资较高的时代背景下,我们经常可以发现农场主增加牧场的面积饲养价值较高的牲口。为了维持家庭生活需求,农场主往往留出一块土地生产粮食,其余的耕地则转化为牧场。1451年,约克附近的斯特伦绍的托马斯·维卡斯(Thomas Vicars of Strensall)租赁了2块自营地,他经营的土地超过

---

① [英]克里斯托弗·戴尔:《转型的时代:中世纪晚期英国的经济和社会》,莫玉梅译,第193页。

② Barbara Harvey, "The Leasing of the Abbot of Westminster's Demesnes in the Later Middle Ages", *The Economic History Review*, New Series, Vol. 22, No. 1 (Apr., 1969), pp. 17–27.

③ J. N. Hare, "The Demesne Lessees of Fifteenth–Century Wiltshire", pp. 1–15.

④ [英]克里斯托弗·戴尔:《转型的时代:中世纪晚期英国的经济和社会》,莫玉梅译,第207页。

200英亩,除了一定的耕地之外,还饲养了799只羊、198头牛和92匹马,他在城镇上销售牛肉和马匹。当地乡绅的抱怨表明农场主圈地、改变土地用途的程度。沃里克郡的魁顿(Quinton)的佃农抱怨,这个庄园的农场主剥夺了茅舍农的土地,并威胁到共同体的福祉,他们请求领主的保护,免受农场主的侵害。[①] 因此,和领主经营者一样,在劳动力价格昂贵、谷物价格较低的情况下,减少耕地面积几乎是大部分农场主缩减开支的主要途径。

我们看到,在中世纪的英格兰,劳动力成本已经对乡村经济结构发挥作用。不论是领主,还是积累起大量土地的农民,都要依赖工资劳动,在当时工资上涨的情况下,雇佣劳动力成本成为影响农业生产的重要因素。

另外需要指出的是,领主和农民的地位变迁总是与时代经济形势息息相关。1180—1220年,英格兰发生通货膨胀,价格出现剧烈上扬,为了应付这次危机,领主阶层转向农业生产,并掀起了一股直接经营自营地的高潮,[②] 这种做法之所以取得成功无疑得益于当时有利的经济形势。当时英格兰经济正处于上升时期,人口增加,劳动力充裕,价格较为低廉,在强制劳动与工资劳动之间,领主有很大的选择空间,而且劳动力成本不足以成为决定利润的因素,因此,领主阶层就可以高物价获得高额利润。中世纪晚期,这种形势逆转了。14世纪初的饥荒、40—70年代的瘟疫造成人口大量减少,并在此后长达一个多世纪的时间里得不到恢复,农业和乡村工业部门的新发展创造出足够多的工作机会,劳动力供给不足、竞争加剧,工资保持了长时间较高的水平,小土地持有者的生活水平得到大幅度提高。同样得益于人口的减少,有机会得到更多的土地的中上层农民能够生产足够的剩余,生活自然也很不错。波斯坦

---

① C. Dyer, *Making a Living in the Middle Ages*, pp. 348 – 349.
② P. D. A. Harvey, "The English Inflation of 1180 – 1220", *Past and Present*, No. 61 (Nov., 1973), pp. 3 – 30.

认为,15世纪是经济衰退的时期,国民收入和财富减少,城市和贸易萎缩,农业萧条也是重要特征之一。而萧条造成的损害的主要承担者是领主,[①] 因为劳动力成本较高和物价下跌给领主的生产造成了巨大困难,他们逐渐退出直接经营,这种形势却造就了农民中农场主阶层的崛起。[②]

[①] M. M. Postan, "Revisions in Economic History: Ⅸ. – The Fifteenth Century", *The Economic History Review*, Vol. 9, No. 2 (May, 1939), pp. 160 – 167.

[②] John Hare, *A Prospering Society: Wiltshire in the Later Middle Ages*, pp. 83 – 98, 101 – 105.

第八章 余论

中世纪晚期被西方研究者称为英国劳工的"黄金时代"。在那个时期，劳工的工资增加、收入上涨、生活水平提高，比悲惨的"长13世纪"（1180—1320年）要好得多。前文对此已经进行了论述。但那段时期之所以获此称谓，还因为它与此后的四个世纪相比，劳工的生活水平也不落下风。

第一节 争议再起

2015年10月，英国史家克里斯托弗·戴尔发文对"黄金时代"论进行了重新审视。他在文中指出，自19世纪末以来，这个主张得到了后世诸多研究的证实。不论是经济史家、社会史家，还是货币主义者、环境论者、法律史学者，均提出了有利于这个主张的证据。不仅如此，戴尔还根据丰富的工资数据样本、消费标准和考古发掘（五份劳工的家庭财产）等证据论证道，尽管"黄金时代"的主张略显夸大，但毋庸置疑的是，中世纪晚期英格兰劳工享受到了很高的工资水平和生活标准。[1] 毫无疑问，戴尔也是"黄金时代"论的支持者。此前，他曾先后从收获工人的饮食状况、《劳

---

[1] Christopher Dyer, "A Golden Age Rediscovered: Labourers' Wages in Fifteenth Century", in M. Allen and D. Coffman, eds., *Money, Prices and Wages: Essays in Honour of Professor Nicholas Mayhew*, Palgrave Macmillan, 2015, pp. 180–195.

工法令》执行记录中推断出的工资收入、雇工与贵族的饮食结构对比等多个方面，对中世纪晚期英格兰劳工的生活水平进行过论述。① 戴尔的论证详尽而充分，他的这篇新文也是如此。然而，我们的问题在于，既然"黄金时代"论在近百年的时间里已经获得了如此多的认同，但他为什么还要对这个论调进行重新考察呢？在笔者看来，戴尔的这篇文章并非无的放矢。因为进入21世纪第二个十年，有人对"黄金时代"论提出了有力质疑，而质疑者正是他的学术"对手"——剑桥大学中世纪史专家约翰·哈彻。

戴尔与哈彻堪称当今英国中世纪经济史研究领域最优秀的两位学者，但他们的研究路径差别甚大。戴尔的研究侧重于运用经济社会史的方法，哈彻则倾向于人口模式。在对相同问题的探讨上，二人也总是得出不同的结论。例如，关于中世纪晚期的经济大势的评价，哈彻曾撰文称，15世纪中期是英格兰经济的大衰退（great slump）时期；② 戴尔却认为，英格兰从13世纪就开始了自己的转型时期，一直持续到19世纪，中世纪晚期也是转型的一个阶段，而且是进步和调整的时期。③ 1998年，哈彻在《过去与现在》（Past and Present）上发文对19世纪之前英国的"劳动伦理"（work ethics）问题进行了阐述，他认为，在工资收入提高的情况下，劳动者的工作积极性会下降，在满足基本生活需求，并稍稍提

---

① 见前文相关引注，如 Christopher Dyer, "Changes in Diet in the Late Middle Ages: the Case of Harvest Workers", pp. 21 – 38; Simon A. C. Penn and Christopher Dyer, "Wages and Earnings in Late Medieval England: Evidence from the Enforcement of the Labour Laws", pp. 356 – 376; 等等。

② John Hatcher, "The Great Slump of the Mid – Fifteenth Century", in Richard Britnell and John Hatcher, eds., *Progress and Problems in Medieval England*, pp. 237 – 272.

③ ［英］克里斯托弗·戴尔：《转型的时代：中世纪晚期英国的经济和社会》，莫玉梅译，社会科学文献出版社2010年版。同时见徐浩《戴尔新说："英国社会转型于13世纪"》，载侯建新主编《经济—社会史评论》（第4辑），生活·读书·新知三联书店2008年版，第164—177页；沈琦：《建构一种转型的新中世纪观——评戴尔的〈转型的时代：中世纪晚期英国的经济和社会〉》，《史学理论研究》2011年第3期。

第八章 余论

高之后，劳动者会放弃劳动，而选择休闲；[①] 两年之后，戴尔便对此提出了质疑，他认为，在工资提高后，劳动者的积极性非但不会降低，还会进一步刺激劳动积极性，证据就是劳动者有增加收入、提高消费标准的欲望，尤其是中世纪晚期雇工为了在信仰上得救对教会做出了许多遗赠。[②]

2011年，哈彻发文对劳工生活水平的评价标准和15世纪的"黄金时代"论提出质疑。他认为，当前考察中世纪英格兰工资问题的方法均存在问题，而研究雇工的生活水平还要考虑他们的总收入问题，尤其是土地持有情况对于收入的影响。鉴于此，他对当前的研究提出三点针对性批评：第一，雇工和工匠的日工资、生活必需品的价格，并没有为衡量这些群体的实际收入提供完全的基础；第二，无土地者或近似无土地者的实际收入不能代表占人口大多数的土地持有者的实际收入，因为对后者而言，日工资并非收入的全部来源，而市场也不是生活必需品的唯一来源；第三，家庭收入比家庭男性户主个人的收入更有说服力。哈彻的质疑并非毫无道理。例如，不能仅研究工资或实际工资，还应重视收入。这就涉及雇工每天的工作时间到底有多少天。一般认为，用一年的时间减去每年的节假日（100天左右），结果为260天。但这个劳动时间受持有地数量和劳动伦理的影响，对于持有土地的人而言，这几乎不可能实现。不仅如此，中世纪晚期，人口减少，人们占有土地的方式更多、成本更低，因此，无土地者的比例降低。这个仅靠工资收入来维持生计的人群并不能作为整个工资劳动力群体的代表。最后，哈彻对以前学者的数据进行修正后发现，农民家庭的实际收入在中世纪晚期并没有出现100%—150%的增长，而每年消费后的剩余也只有几个先令。即

[①] John Hatcher, "Labour, Leisure and Economic Thought before the Nineteenth Century", *Past and Present*, No. 160 (Aug., 1998), pp. 64 – 115.

[②] Christopher Dyer, "Work Ethics in the Fourteenth Century", in James Bothwell, P. J. P. Goldberg and W. M. Ormrod, eds., *The Problem of Laboure in Fourteenth – Century England*, pp. 21 – 40.

247

使将妇女零星的收入计算在内也是如此。①

实际上,对于学界在中世纪晚期经济社会发展上的乐观主义,哈彻一直表示质疑。早在关于黑死病对人口影响的研究中,他就曾提出,劳动者的工资增加是以同行的大量死亡为代价的,因此,这样的时期不能算是"黄金时代"。在他看来,真正的"黄金时代"应是人口的增长与收入增加同步进行,它只出现在工业化时代的经济发展阶段。而在新文中,他先是质疑经济史研究中依靠单纯计量的方法,并认为在前工业时代,这样的方法准确性不高,甚至毫无意义。然后,他又指出,中世纪晚期并非如前人所称谓的"黄金时代",因为收入增长幅度并非惊人,即使是无地的工资劳动者,情况也并非绝对乐观。

戴尔和哈彻的这两篇文章是进入 21 世纪的第二个十年关于我们所论问题最具有分量的两篇文章。戴尔秉持乐观态度,哈彻却略显悲观和保守。不过,他们都不反对黑死病暴发之后英格兰工资水平和消费标准的提高这样一个事实。同时,两篇文章也基本梳理清楚了百余年来西方学界对于该问题的研究方法和思路。单纯以工资(及实际工资)来考察劳工生活水平的思路正在被抛弃,收入(包括家庭收入)、实际消费状况、工资差别等问题正得到更大程度的重视。这对将来关于该问题的研究指明了方向。

第二节　重回长时段

戴尔和哈彻争论的问题仅限于中世纪史的范畴。但中世纪晚期是英国经济发展"长时段"的一个组成部分,因此,"黄金时代"

---

① John Hatcher, "Unreal Wages: Long – Run Living Standards and the 'Golden Age of the Fifteenth Century'", in Ben Dodds and Christian D. Liddy, eds., *Commercial Activities, Markets and Entrepreneurs in the Middle Ages: Essays in Honour of Richard Britnell*, London: The Boydell Press, 2011, pp. 1 – 24.

第八章 余论

论问题又是英国经济史研究中的一个重要课题。实际上，作为一名经济史家，罗杰斯进行的也是长时段研究，他是在与此后几个世纪所作的比较中提出"黄金时代"论的。此后，这种长时段的研究方法得到延续，而且是经济学家或经济史家的"专利"。

最早使用经济计量方法对英国工资问题展开研究的是20世纪中叶的美国经济学家菲尔普斯·布朗和谢拉·霍普金斯。随着第三次工业革命的到来和计算机工具的运用，长时段的数据分析越来越便捷。两人于是根据罗杰斯和贝弗里奇的数据，对13—20世纪的英格兰南部建筑工人的工资及其购买力的长期趋势进行了分析，验证了罗杰斯的观点。大约半个世纪之后，货币主义者加拿大经济学家约翰·蒙洛也采取了同样的研究方法，只是他将研究范围扩大到中世纪到近代早期的西欧，以寻找更多的证据来支持货币供给数量决定工资水平变动的理论。蒙洛的研究对象还是主要以非农业工资，尤其是以建筑工人的工资为主。农业工资由于不是按日计酬，因此就增加了运用计量方法进行长时段研究的难度。对此，到了21世纪初，加州大学戴维斯分校的格里高利·克拉克做出了勇敢尝试。

2007年，克拉克发表《历史的远足：英格兰的农业工资、人口和经济发展，1209—1869年》一文。在该文中，他利用万余份档案考察了英格兰自有工资记载以来的660年间农业工人的工资及其购买力的变化情况。结论当然并不令人意外：实际工资在黑死病暴发之后开始提高，在1370年到1520年，其指数高于19世纪60年代，因此，中世纪晚期的150年被称为"黄金时代"并不过分。下一个问题是，农业工人的实际工资在经历了"价格革命"时期的下降之后，又是从何时再次开始恢复上涨的呢？克拉克的数据显示是在1800年，甚至1820年之后。[1] 这个论断与布朗和霍普金斯的

---

[1] Gregory Clark, "The Long March of History: Farm Wages, Population, and Economic Growth, England 1209–1869", *The Economic History Review*, Vol. 60, No. 1 (Feb., 2007), pp. 99–100.

结论并没有区别。

　　十年之后，克拉克遭到挑战。2016 年，牛津大学的简·汉弗莱斯和南丹麦大学的雅各布·威斯道夫联合撰文称，当前研究中的工资都是"非实际工资"（unreal wages），而对于收入的计算，无一不是高估了中世纪的劳动时间，而低估了工业时代的劳动时间。而且，以前研究选取的样本也不理想，不论是日工资偏高的建筑工人，还是那些按天或工作量领取薪酬的农业工人。该文选取全职的农业仆从为样本重新进行考察，两位作者发现，中世纪晚期的农业工人生活标准并没有想象中那样高。此外，他们还指出，克拉克的问题还在于，他是在为"加州学派"的主张提供支持，即认为西方世界的兴起（以实际工资、人均 GDP 为衡量标准）开始于 1800 年之后。而该文作者认为，英格兰生活标准和经济增长开始于 1650 年，甚至是在更早的 1600 年。① 实际上，这是欧洲学者与试图推翻"欧洲中心论"的美国"加州学派"之间战争的延续。

　　一直以来，我们不断被告知，东西方世界发生"大分流"的时间应该在工业革命之前。但肯尼斯·彭慕兰领衔的美国"加州学派"认为，这是"欧洲中心论"，是不正确的。他们认为，以中国和英国为例，至少到 1800 年，两国在经济水平、生活标准、人均寿命、技术积累等方面还没有产生差距。直到煤的广泛使用与海外市场的开拓，英国的工业革命才掀起波澜。②

　　"加州学派"的挑战引起欧洲学者的激烈反击。以英国学者斯蒂夫·布劳德伯里为代表的欧洲学者们展开紧密合作，并与亚洲（中、日、印等国家）学者进行深入交流，对欧亚主要国家展开国民经济的历史核算，以人均 GDP 来考察东西方的"大分流"。根据

---

① Jane Humphries and Jacob Weisdorf, "Unreal Wages? A New Empirical Foundation for the Study of Living Standards and Economic Growth in England, 1260 – 1860", *Discussion Papers in Economic and Social History*, University of Oxford, No. 147, September 2016.

② ［美］彭慕兰：《大分流：欧洲、中国及现代世界经济的发展》，史建云译，江苏人民出版社 2004 年版，第 32—63 页。

第八章 余论

他们的计算，欧洲国家对中国的领先早在1300年已经开始（意大利人均GDP超越中国），与此同时，欧洲内部还出现了一个"小分流"（Little Divergence）的过程，最终英国超越意大利、瑞典和荷兰等国领跑世界的时间至少是在18世纪初，即在工业革命之前。[1]仅就工资和生活水平而言，英国的领先自然更早。

当然，上述争论已经脱离了本书讨论的时间范围。不过，它告诉我们，不论是坚持何种主张的学者都会回到中世纪的历史中寻找西方兴起的源头，因为中世纪的工资变化包含了西方经济发展的最初线索，甚至对工业革命的发生也有着至关重要的意义。牛津大学的罗伯特·艾伦指出，工业革命之所以率先在英国发生，是因为那里劳工的工资和生活标准从中世纪晚期开始居高不下，成本压力造成雇主无力雇佣更多的劳动力，实现劳动密集型生产，只得寻找技术上的突破，最终促进了工业领域的革命。[2]而荷兰学者范赞登提出，在中世纪晚期，随着劳动力短缺和工资水平提高，女性和十几岁的年轻人更广泛地参与劳动力市场，积累婚前财富，摆脱了父母控制，改变了西欧婚姻模式，晚婚、独身更加流行。婚姻模式的改变反过来导致他们对工资劳动的依赖增强，从而引起劳动力供应的增加，这与后来工业革命发生有着明显的关系。[3]不论上述主张是否经得起考验，不可否认的是，在西方世界兴起和东西"大分流"的讨论中，中世纪英格兰的劳动模式及工资变化都是一个不可回避的话题。

---

[1] 此类研究成果如 Stephen Broadberry, Bruce M. S. Campbell, Alexander Klein, Mark Overton and Bas van Leeuwen, *British Economic Growth*, 1270-1870, Cambridge: Cambridge University Press, 2015; Roger Fouquet and Stephen Broadberry, "Seven Centuries of European Economic Growth and Decline", *The Journal of Economic Perspectives*, Vol. 29, No. 4 (Fall 2015), pp. 227-244; Stephen Broadberry, Hanhui Guan and David Daokui Li, "China, Europe and the Great Divergence: A Study in Historical National Accounting, 980-1850", *The Journal of Economic History*, Vol. 78, No. 4 (2018), 等等。

[2] ［英］罗伯特·艾伦：《近代英国工业革命揭秘：放眼全球的深度透视》，毛立坤译，浙江大学出版社2012年版，第37—56页。

[3] ［荷］扬·卢滕·范赞登：《通往工业革命的漫长道路：全球视野下的欧洲经济，1000—1800年》，隋福民译，第165—167页。

克拉潘说,"历史是一件无缝的天衣",而在其经济和社会方面,比在其他方面往往更难发现类似接缝那样的痕迹。[①] 的确如此,历史从未如我们想象的那般简单,工资问题也不例外。工资史研究发展到今天,成果已经蔚为壮观。虽然我们已经对长期趋势甚为熟悉,但对于中世纪劳动者日常工作和生活的细节还未尽知,对我们而言,在将来的研究中,如何重现这种图景可能是更为有意义、更有意思的话题。

---

① [英]约翰·克拉潘:《简明不列颠经济史:从最早时期到1750年》,范定九、王祖廉译,第257页。

参考文献

中文参考文献

著作

《马克思恩格斯全集》,第 6、23、29、46 卷,人民出版社 1979 年版。

[比]亨利·皮雷纳:《中世纪的城市》,陈国樑译,商务印书馆 2006 年版。

[德]汉斯·维尔纳·格茨:《欧洲中世纪生活》,王亚平译,东方出版社 2002 年版。

[法]安德烈·比尔基埃等主编:《家庭史》(第 2 卷),袁树仁等译,生活·读书·新知三联书店 1998 年版。

[法]布瓦松纳:《中世纪欧洲生活和劳动:五至十五世纪》,潘源来译,商务印书馆 1985 年版。

[法]罗贝尔·福西耶:《中世纪劳动史》,陈青瑶译,上海人民出版社 2007 年版。

[法]马克·布洛赫:《封建社会》,张绪山译,商务印书馆 2004 年版。

——,《法国农村史》,余中先、张朋浩、车耳译,商务印书馆 1991 年版。

[荷]扬·卢滕·范赞登:《通往工业革命的漫长道路:全球视野

下的欧洲经济，1000—1800 年》，隋福民译，浙江大学出版社 2016 年版。

［美］布莱恩·费根：《小冰河时代：气候如何改变历史（1300—1850)》，苏静涛译，浙江大学出版社 2013 年版。

［美］彭慕兰：《大分流：欧洲、中国及现代世界经济的发展》，史建云译，江苏人民出版社 2004 年版。

［美］泰格·利维：《法律与资本主义的兴起》，纪琨译，学林出版社 1996 年版。

［美］詹姆斯·W. 汤普逊：《中世纪晚期欧洲经济社会史》，徐家玲等译，商务印书馆 1992 年版。

［意］奇波拉主编：《欧洲经济史》第 1 卷，《中世纪时期》，徐璇译，商务印书馆 1988 年版。

［英］M. M. 波斯坦、H. J. 哈巴库克主编：《剑桥欧洲经济史》第 1—2 卷，王春法等译，经济科学出版社 2002、2003 年版。

［英］T. R. 马尔萨斯：《人口原理》，朱泱、胡企林、朱和中译，商务印书馆 1992 年版。

［英］阿萨·勃里格斯：《英国社会史》，陈叔平等译，中国人民大学出版社 1989 年版。

［英］彼得·斯拉法：《李嘉图著作和通信集》第 1 卷，郭大力、王亚南译，商务印书馆 1981 年版。

［英］亨利·斯坦利·贝内特：《英国庄园生活：1150—1400 年农民生活状况研究》，龙秀清、孙立田、赵文君译，上海人民出版社 2004 年版。

［英］克里斯托弗·戴尔：《转型的时代：中世纪晚期英国的经济与社会》，莫玉梅译，社会科学文献出版社 2010 年版。

［英］肯尼斯·O. 摩根：《牛津英国通史》，王觉非等译，商务印书馆 1993 年版。

［英］罗伯特·艾伦：《近代英国工业革命揭秘：放眼全球的深度

透视》，毛立坤译，浙江大学出版社2012年版。

［英］诺曼·庞兹：《中世纪城市》，刘景华、孙继静译，商务印书馆2015年版。

［英］乔治·皮博迪·古奇：《19世纪的历史学和历史学家》，耿淡如译，商务印书馆1989年版。

［英］威廉·兰格伦：《农夫皮尔斯》，沈宏译，中国对外翻译出版公司1999年版。

［英］沃斯特·厄尔曼：《中世纪政治思想史》，夏洞奇译，译林出版社2011年版。

［英］希尔顿、法根：《1381年的英国人民大起义》，翟菊农译，生活·读书·新知三联书店1956年版。

［英］亚当·斯密：《国民财富的性质和原因的起源》，郭大力、王亚南译，商务印书馆2004年版。

［英］伊·拉蒙德、W. 坎宁安编：《亨莱的田庄管理》，高小斯译，商务印书馆1995年版。

［英］伊特韦尔等编：《新帕尔格雷夫经济学大辞典》，经济科学出版社1996年版。

［英］约翰·克拉潘：《简明不列颠经济史：从最早时期到1750年》，范定九、王祖廉译，上海译文出版社1957年版。

丛日云：《西方政治文化传统》，黑龙江人民出版社2002年版。

侯建新：《社会转型时期的西欧与中国》，济南出版社2001年版。

——，《农民、市场与社会变迁：冀中11村透视并与英国乡村比较》，社会科学文献出版社2002年版。

——，《资本主义起源新论》，生活·读书·新知三联书店2014年版。

——，《欧洲中世纪城市、乡村与文化》，人民出版社2014年版。

胡学勤：《劳动经济学》（第二版），高等教育出版社2007年版。

黄春高：《分化与突破：14—16世纪英国农民经济》，北京大学出版社 2011 年版。

蒋先福：《契约文明——法治文明的源与流》，上海人民出版社 1999 年版。

李云飞：《中古英国庄园制度与乡村社会研究》，暨南大学出版社 2014 年版。

刘金源：《英国近代劳资关系研究》，南京大学出版社 2012 年版。

马克垚：《西欧封建经济形态研究》，人民出版社 1985 年版。

——，《中西封建社会比较研究》，学林出版社 1997 年版。

——，《英国封建社会研究》，北京大学出版社 2005 年版。

——，《封建政治经济概论》，人民出版社 2010 年版。

王向梅：《中世纪英国农村妇女研究》，中国社会科学出版社 2013 年版。

王章辉：《英国经济史》，中国社会科学出版社 2013 年版。

徐浩：《中世纪西欧工商业研究》，生活·读书·新知三联书店、生活书店出版有限公司 2018 年版。

徐浩、侯建新：《当代西方史学流派》，中国人民大学出版社 2009 年版。

杨杰：《从下往上看：英国农业革命》，社会科学文献出版社 2009 年版。

杨桢：《英美契约法论》，北京大学出版社 1997 年版。

俞金尧：《西欧的婚姻、家庭和人口史研究》，现代出版社 2014 年版。

赵文洪：《英国公地制度研究》，社会科学文献出版社 2017 年版。

论文

［英］马克·阿莫诺：《中世纪晚期（1250—1450）英格兰国家的形成》，孟广林、汪鹏译，《中国人民大学学报》2014 年第 1 期。

柴彬：《英国近代早期的劳工工资和国家管制》，《世界历史》2007

年第 6 期。

崔洪健：《中世纪英国的价格和工资变迁之动因——从"货币论"与"新人口论"的争论谈起》，《中南大学学报》（社会科学版）2012 年第 1 期。

谷延方：《黑死病和农村劳动力的转移》，《北方论丛》2005 年第 3 期。

侯建新：《工业革命前英国农业生产消费再评析》，《世界历史》2006 年第 4 期。

侯建新、龙秀清：《近二十年英国中世纪经济—社会史研究的新动向》，《历史研究》2011 年第 5 期。

侯建新、赵文君：《中西封建晚期的农村雇工比较研究》，《史学月刊》1991 年第 5 期。

黄春高：《15、16 世纪英国农村工资劳动者的历史考察》，《北大史学》2004 年第 10 期。

——，《14—16 世纪英国租地农场的历史考察》，《历史研究》1998 年第 3 期。

——，《1350—1640 年英国农民经济的分化》，《首都师范大学学报》（社会科学版）2004 年第 1 期。

金燕、马约生：《工业革命前英国对工资的国家管制》，《扬州大学学报》2007 年第 11 期。

刘景华、张道全：《14—15 世纪英国农民生活状况的初步探讨》，《长沙理工大学学报》2004 年第 3 期。

刘书增：《社会转型时期英国农业劳动力转移问题》，《历史教学》2006 年第 12 期。

马克垚：《关于劳役地租的考察》，《世界历史》1984 年第 1 期。

沈琦：《建构一种转型的新中世纪观——评戴尔的〈转型的时代——中世纪晚期英国的经济和社会〉》，《史学理论研究》2011 年第 3 期。

——,《论中世纪英格兰庄园的运输役》,《史学集刊》2011 年第 3 期。

徐浩:《中世纪晚期英国农村的生产要素市场》,《历史研究》1994 年第 3 期。

——,《中世纪英国农村的封建负担及农民生活》,《贵州师范大学学报》(社会科学版) 2000 年第 2 期。

——,《戴尔新说:"英国社会转型于 13 世纪"》,载侯建新主编《经济—社会史评论》第 4 辑,生活·读书·新知三联书店 2008 年版。

——,《中世纪西欧工业生产中的妇女群体——纺纱女、酿酒女及其他》,《史学月刊》2013 年第 3 期。

——,《从中世纪的契约关系看欧洲文明》,《史学理论研究》2014 年第 2 期。

——,《中世纪西欧工资劳动市场再探——以产生时间和原因为中心》2016 年第 4 期。

——,《中世纪欧洲工资劳动者收入与饮食消费水平的变化》,《中国人民大学学报》2018 年第 4 期。

许明杰:《封建危机与秩序重建——从劳工法看中世纪晚期英国社会与政治的互动》,《世界历史》2017 年第 4 期。

杨杰:《英国农民家庭经济》,《杭州大学学报》1988 年第 9 期。

——,《英国农业革命与农业生产技术的变革》,《世界历史》1996 年第 5 期。

俞金尧:《欧洲历史上家庭概念的演变及其特征》,《世界历史》2004 年第 4 期。

——,《近代早期欧洲的"生活周期佣人"研究》,载陈恒、洪庆明主编《世界历史评论——政治认知与历史变迁》,上海人民出版社 2014 年版。

郑锋:《十三、四世纪英国的小土地持有者与庄园经济》,《世界历史》1985 年第 11 期。

学位论文

崔洪建：《中世纪英国货币研究（8—15 世纪）》，博士学位论文，中国人民大学，2012 年。

郭华：《中世纪晚期英国农民的生活消费研究》，博士学位论文，天津师范大学，2008 年。

谷延方：《工业革命前英国农村劳动力转移研究》，博士学位论文，东北师范大学，2002 年。

李化成：《英国黑死病研究，1349—1350》，博士学位论文，中国人民大学，2005 年。

李云飞：《13 世纪英国领主经济研究》，博士学位论文，北京大学，2002 年。

马泽民：《中世纪英国农业价格研究（1163—1500）》，博士学位论文，中国人民大学，2012 年。

王向梅：《中世纪英格兰农村劳动妇女研究》，博士学位论文，中国人民大学，2006 年。

英文参考文献

Printed Documents

Raithby, John, ed., *Statutes of the Realm*, Vol. 1 – 2, London: Dawsons, 1812.

Amphlett, John, ed., *Court Rolls of the Manor of Hales*, 3 vols, Oxford: James Parker and Co., 1910.

Ault, Warren Ortman, *Court Rolls of the Abbey of Ramsey and of the Honor of Clare*, New Haven: Yale University Press, 1928.

Bailey, Mark, *The English Manor*, c. 1200 – 1500, Manchester: Manchester University Press, 2002.

Bland, E., Brown, P. A., and Tawney, R. H., *English Economic History Select Documents*, London: G. Bell and Sons, 1930.

Clapp, B. W., Fisher, H. E. S., and Jurica, J., eds., *Documents in English Economic History: England from 1000 – 1760*, London: G. Bell, 1977.

Corèdon, C., and Williams, A., eds., *A Dictionary of Medieval Terms and Phrases*, D. S. Brewer, 2004.

Dewindt, Edwin Brezerre, ed., *A Slice of Life: Selected Documents of Medieval English Peasant Experience*, Michigan: Medieval Institute Publications, 1996.

Douglas, D. C., general editor, *English Historical Documents* 1189 – 1327, 1327 – 1485, 1485 – 1558, London: Eyre and Spottiswoode, 1969, 1975, 1996.

Field, Robert K., ed., *Court Rolls of Elmley Castle, Worcestershire, 1347 – 1564*, Worcester: J. W. Arrowsmith Ltd, 2004.

Fisher, H. E., and Jurica, A. R., eds., *Documents in English Economic History: England from 1000 to 1760*, Rowman & Littlefield Publishers, 1977.

Furber, E. C., ed., *Essex Sessions of the Peace, 1351, 1377 – 1379*, Essex Archaeological Society Occasional Publications, 3 (1953).

Given – Wilson, C., Brand, P., Curry, A., Ormrod, W. M., and Phillips, J. R. S., eds., *The Parliament Rolls of Medieval England, 1275 – 1504*, Vols. 2 – 3, London: Boydell Press, 2005.

Gross, Charles, *Select Cases from the Coroners' Rolls, A. D. 1265 – 1413*, Publication of the Selden Society, Vol. IX, 1895.

Hamilton, Sidneyt Graves, transcribed and edited, *Compotus Rolls of the Priory of Worcester of the XIVth and XVth Centuries*, Oxford: James

Parker and Co. , 1910.

Harvey, P. D. A. , ed. , *Manorial Records*, British Records Association, 1984.

Kimball, E. G. , ed. , *Rolls of the Warwickshire and Coventry Sessions of the Peace* 1377 – 1397, Dugdale Society, 16 (1939).

——, *Sessions of the Peace for Bedfordshire*, 1355 – 1359, 1363 – 1364, Bedfordshire Historical Record Society, 48 (1969).

——, *Some Sessions of the Peace in Lincolnshire* 1381 – 1396, 2 vols, Lincoln Record Society, 49, 56 (1953, 1962).

Newton, K. C. , *The Manor of Writtle: The Development of a Royal Manor in Essex*, c. 1086 – c. 1500, London and Chichester: Phillimore, 1970.

Orme, Nicholas, ed. , *Cornish Wills*, Exeter: Short Run Press Ltd, 2007.

Page, F. M. , ed. , *Wellingborough Manorial Accounts*, 1258 – 1323, *from the Account Rolls of Crowland Abbey*, Northamptonshire Record Society, 8 (1935).

——, *The Estates of Crowland Abbey: A Study in Manorial Organization*, Cambridge: The University Press, 1934.

Page, Mark, ed. , *The Pipe Roll of the Bishopric of Winchester*, 1301 – 2, Winchester: Hampshire County Council, 1996.

Putnam, B. H. , ed. , *Yorkshire Sessions of the Peace* 1361 – 1364, Yorkshire Archaeological Society Record Series, 100 (1939).

——, ed. , *Proceedings before the Justices of the Peace in the Fourteenth and Fifteenth Centuries, Edward III to Richard III*, London: Spottiswoode, Ballantyne & Co. Ltd. , 1938.

Sillem, R. , ed. , *Records of Some Sessions of the Peace in Lincolnshire* 1360 – 1375, Lincoln Record Society, 30 (1936).

Simpson, W. Douglas, ed. , *The Building Accounts of Tattershall Castle*, 1434 – 1472, Hereford: The Hereford Times Limited, 1960.

Taylor, M. M., ed., *Some Sessions of the Peace in Cambridgeshire in the Fourteenth Century*, 1340, 1380 – 83, Cambridge: Bowes & Bowes, 1942.

Thompson, John S., ed., *Hundreds, Manors, Parishes and the Church: A Selection of Early Documents for Bedfordshire*, Rushden: Stanley L. Hunt Ltd, 1990.

Monographs

Ashley, William, *An Introduction to English Economic History and Theory*, London: Longmans, Green, 1894.

Ault, Warren O., *Open – Field Farming in Medieval England: A Study of Village By – Laws*, New York and London: Routledge, 2006.

Bailey, Mark, *Medieval Suffolk: An Economic and Social History*, 1200 – 1500, Woodridge: the Boydell Press, 2010.

Bennett, H. S., *Life on The English Manor: A Study of Peasant Conditions* 1150 – 1400, Cambridge: Cambridge University Press, 1941.

Bennett, Judith M., *Ale, Beer, and Brewsters: Women's Work in a Changing World*, 1300 – 1600, Oxford: Oxford University Press, 1996.

——, *Women in the Medieval English Countryside: Gender and Household in Brigstock Before the Plague*, New York, Oxford: Oxford University Press, 1987.

——, *A Medieval Life: Cecilia Penifader of Brigstock, c. 1295 – 1344*, Boston: McGraw – Hill College, 1999.

Beveridge, W., *Wages and Prices from Twelfth to Nineteenth Century in England*, London: Longmans, 1939.

Bolton, J. L., *Medieval English Economy* 1150 – 1450, J. M. Dent & Sons Ltd London, Rowman & Littlefield Totowa, 1980.

Booth, P. H. W., *The Financial Administration of the Lordship and County of Chester* 1272 – 1377, Manchester: Manchester University

Press, 1981.

Bothwell, James, Goldberg, P. J. P., and Ormrod, W. M., *The Problem of Labour in Fourteenth – Century England*, York: York Medieval Press, 2000.

Britnell, R. H., *The Commercialization of English Society*, 1000 – 1500, Cambridge: Cambridge University Press, 1993.

Britnell, R. H., and Hatcher, John, eds., *Progress and Problem in Medieval England*, Cambridge: Cambridge University Press, 1996.

Britnell, R. H., and Campbell, Bruce M. S., eds., *A Commercialising Economy: England*, 1086 – 1300, Manchester and New York: Manchester University Press, 1995.

Broadberry, Stephen, Campbell, Bruce M. S., Klein, Alexander, Overton, Mark, and Leeuwen, Bas van, *British Economic Growth*, 1270 – 1870, Cambridge: Cambridge University Press, 2015.

Brown, A. L., *The Governance of Late Medieval England*, 1272 – 1461, Stanford: Stanford University Press, 1989.

Brown, E. H. P., and Hopkins, S. V., *A Perspective of Wages and Prices*, London and New York: Methuen, 1981.

Given – Wilson, Chris, *The English Nobility in the Late Middle Ages*, London and New York: Routledge Kegan Paul Ltd, 1996.

Chambers, J. D., *Population, Economy and Society in Pre – Industrial England*, London, Oxford, New York: Oxford University Press, 1972.

Curry, A., and Matthew, E., eds., *Concepts and Patterns of Service in the Later Middle Ages*, Woodbridge: Boydell Press, 2000.

Davenport, Frances G., *The Economic Development of a Norfolk Manor*, 1086 – 1565, Cambridge: The Cambridge University Press, 1906.

Dodds, Ben, and Liddy, Christian D., eds., *Commercial Activities, Markets and Entrepreneurs in the Middle Ages: Essays in Honour of*

Richard Britnell, London: The Boydell Press, 2011.

Duby, Georges, *Rural Economy and Country Life in the Medieval West*, University of South Carolina Press, 1962.

Dyer, C., *Everyday Life in Medieval England*, London and New York: Hambledon and London, 2000.

——, *Lords and Peasants in a Changing Society: The Estate of the Bishopric of Worcester*, 680 – 1540, Cambridge: Cambridge University Press, 1980.

——, *Making a Living in the Middle Ages: The People of Britain*, 850 – 1520, New Haven and London: Yale University Press, 2002.

——, *Standards of Living in the Middle Ages: Social Change in England c.* 1200 – 1520, Cambridge: Cambridge University Press, 1989.

——, "A Golden Age Rediscovered: Labourers' Wages in Fifteenth Century", in M. Allen, D. Coffman, eds., *Money, Prices and Wages: Essays in Honour of Professor Nicholas Mayhew*, Palgrave Macmillan, 2015.

Epstein, Steven A., *Wage Labor and Guilds in Medieval Europe*, Chapel Hill and London: The University of North Carolina Press, 1991.

Finberg, H. P. R., *The Agrarian History of England and Wales*, Vol. 4, Cambridge: Cambridge University Press, 1967.

Goldberg, P. J. P., *Marriage, Migration, Servanthood and Life – cycle in Yorkshire Towns of the Later Middle Ages: Some York Cause Paper Evidence*, Cambridge: Cambridge University Press, 1986.

——, *Women, Work and Life Cycle in a Medieval Economy: Women in York and Yorkshire c.* 1300 – 1520, Oxford: Clarendon Press, 1992.

——, ed., *Women in England*, 1275 – 1525, Manchester: Manchester University Press, 1995.

Grenville, Astill, and Annie, Grant, eds., *The Countryside of Medieval*

England, Massachusetts: Blackwell Publishers, 1988.

Hallam, H. E., ed., *The Agrarian History of England and Wales*, Vol. 2, Cambridge: Cambridge University Press, 1988.

Hanawalt, Barbara A., *The Ties That Bound: Peasant Families in Medieval England*, New York: Oxford University Press, 1986.

Hare, John, *A Prospering Society: Wiltshire in the Later Middle Ages*, Hatfield: University of Hertfordshire Press, 2011.

Harvey, Barbara, *Westminster Abbey and Its Estates in the Middle Ages*, London: Oxford University Press, 1977.

Harvey, P. D. A., *The Peasant Land Market in Medieval England*, Oxford: Clarendon Press, 1984.

Hatcher, John, *Plague, Population and the English Economy* 1348 – 1530, London: Macmillan Education LTD, 1977.

——, *Rural Economy and Society in the Duchy of Cornwall* 1300 – 1500, Cambridge: Cambridge University Press, 1970.

Hatcher, John, and Bailey, Mark, *Modelling the Middle Ages: The History and Theory of England's Economic Development*, Oxford: Oxford University Press, 2001.

Hilton, R. H., *Bond Men Made Free: Medieval Peasant Movements and the English Rising of* 1381, London and New York: Routledge, 2003.

——, *Class Conflict and the Crisis of Feudalism*, London and New York: Verso, 1990.

——, *The Decline of Serfdom in Medieval England*, London: The Macmillan Press LTD, 1983.

——, *The Economic Development of Some Leicestershire Estates in the* 14th *and* 15th *Century*, London: Geoffery Cumberlege, Oxford University Press, 1947.

——, *The English Peasantry in the Later Middle Ages*, Oxford: Clarendon Press, 1975.

Holmes, G. A., *The Estates of the Higher Nobility in Fourteenth – Century England*, Cambridge: Cambridge University Press, 1957.

Holton, R. J., *The Transition from Feudalism to Capitalism*, London: Macmillan Education LTD, 1985.

Homans, George Caspar, *English Villagers of the Thirteenth Century*, Harper Torchbooks, New York: Evanston and London, 1975.

Horrox, Rosemary, and Ormord, W. Mark, eds., *A Social History of England*, 1200 – 1500, Cambridge: Cambridge University Press, 2006.

Horrox, Rosemary, trans. and ed., *The Black Death*, Manchester: Manchester University Press, 1994.

Keen, Maurice, *English Society in the Later Middle Ages* 1348 – 1500, Middlesex: Penguin Books LTD, 1990.

Kershaw, Ian, *Bolton Priory: The Economy of a Northern Monastery*, 1286 – 1325, London: Oxford University Press, 1973.

King, Edmund, *Peterborough Abbey*, 1086 – 1310: *a Study in the Land Market*, Cambridge: Cambridge University Press, 1973.

Knoop, Douglas, and Jones, G. P., *The Medieval Mason*, Manchester: Manchester University Press, 1949.

Kosminsky, E. A., *Studies in the Agrarian History of England in the Thirteenth Century*, New York. Kelley & Millman, INC, 1956.

Kussmaul, Ann S., *Servants in Husbandry in Early Modern England*, Cambridge: Cambridge University Press, 1981.

Maitland, F. W., *Select Pleas in Manorial and Other Seignorial Courts*, Vol. 1, London, 1889.

Mate, Mavis E., *Trade and Economic Developments* 1450 – 1550: *The Experience of Kent, Surrey and Suseex*, Woodbridge, UK; Rochester, NY: Boydell Press, 2006.

——, *Daughters, Wives, and Widows after the Black Death: Women in Sussex*, 1350 – 1535, Woodridge: The Boydell Press, 1998.

Miller, Edward, and Hatcher, John, eds., *Medieval England: Rural Society and Economic Change* 1086 – 1348, London and New York: Longman Group Limited, 1978.

——, *Medieval England: Towns, Commerce and Crafts* 1086 – 1384, London and New York, Longman Group Limited, 1995.

Miller, Edward, *The Abbey and Bishopric of Ely: The Social History of an Ecclesiastical Estate from the 10th Century to the Early 14th century*, Cambridge: Cambridge University Press, 1951.

——, ed., *The Agrarian History of England and Wales*, Vol. 3, Cambridge: Cambridge University Press, 1991.

Mingay, G. E., *A Social History of the English Countryside*, London and New York: Butler &Tanner Ltd, 1990.

Oman, Charles, *The Great Revolt of* 1381, Oxford: Clarendon Press, 1906.

Palmer, Robert C., *English Law in the Age of the Black Death*, 1348 – 1381: *A Transformation of Governance and Law*, Chapel Hill and London: The University of North Carolina Press, 1993.

Poos, L. R., *A Rural Society after the Black Death: Essex*, 1350 – 1525, Cambridge: Cambridge University Press, 1991.

Postan, M. M., *The Medieval Economy and Society*, Middlesex: Penguin Books LTD, 1972.

Putnam, B. H., *The Enforcement of the Statutes of Labourers: During the First Decade after the Black Death*, 1349 – 1359, New York: AMS Press, 1908.

Raban, Sandra, *A Second Domesday?: The Hundred Rolls of* 1279 – 80, Oxford: Oxford University Press, 2004.

Raftis, J. A., *The Estates of Ramsey Abbey: A Study in Economic Growth and*

Organization, Toronto: Pontifical Institute of Mediaeval Studies, 1957.

Razi, Zvi, *Life, Marriage and Death in a Medieval Parish: Economy, Society and Demography in Halesowen*, 1270 – 1400, Cambridge: Cambridge University Press, 1980.

Razi, Zvi, and Smith, R. M., eds., *Medieval Society and the Manor Court*, Oxford: Oxford University Press, 1996.

Rigby, S. H., *English Society in the Later Middle Ages*, London: Macmillan Press LTD, 1995.

Rogers, James E. T., *A History of Agriculture and Price in England* 1259 – 1793, Vol. 1 – 4, Oxford: Clarendon Press, 1866, 1882.

——, *Six Centuries of Work and Wages*, London: T. Fisher Unwin, Ltd, 1884.

Russel, J. C., *British Medieval Population*, Albuquerque: The University of New Mexico Press, 1948.

Salzman, L. F., *Building in England*, *Down to* 1540, Oxford: Clarendon Press, 1967.

Schofield, Phillipp R., *Peasant and Community in the Medieval England*, 1200 – 1500, London: Palgrave Macmillan Press LTD, 2003.

Spufford, Peter, *Money and Its Use in Medieval England*, Cambridge: Cambridge University Press, 1988.

Stone, David, *Decision – Making in Medieval Agriculture*, Oxford: Oxford University Press, 2005.

Thirsk, Joan, *The Rural Economy of England*, Hambledon and London: The Hamblewood Press, 1984.

Thomson, John A. F., *The Transformation of Medieval England*, London and New York: Longman, 1982.

Titow, J. Z., *English Rural Society* 1200 – 1350, London: George Allen and Unwin LTD, 1969.

Trevor H., Aston, Coss, P. R. Dyer Christopher, Thirsk Joan, eds., *Social Relations and Ideas*, Cambridge: Cambridge University Press, 2009.

Jane Whittle, *The Development of Agrarian Capitalism: Land and Labour in Norfolk* 1440 – 1580, London: Oxford University Press, 2000.

Wood, Diana, *Medieval Economic Thought*, Cambridge: Cambridge University Press, 2002.

Woodward, Donald, *Men at Work: Labourers and Building Craftmen in the Towns of Northern England*, 1450 – 1750, Cambridge: Cambridge University Press, 1995.

Yang, J., *Wage Earners in England*, 1500 – 1550, Hangzhou: Hangzhou University Press, 1991.

Articles

Allen, Martin, "The Volume of the English Currency, 1158 – 1470", *The Economic History Review*, New Series, Vol. 54, No. 4 (Nov., 2001).

Allen, Robert C., "The Great Divergence in European Wages and Prices from the Middle Ages to the First World War", *Explorations in Economic History*, Vol. 38, No. 4 (Dct., 2001).

Ault, Warren O., "Village By – Laws by Common Consent", *Speculum*, Vol. 29, No. 2, Part 2: Mediaeval Representation in Theory and Practice (Apr., 1954).

Bailey, Mark, "Peasant Welfare in England, 1290 – 1348", *The Economic History Review*, New Series, Vol. 51, No. 2 (May, 1998).

Bardhan, Kalpana, "Factors Affecting Wage Rates for Agricultural Labour", *Economic and Political Weekly*, Vol. 8, No. 26 (Jun. 30, 1973).

Bardsley, Sandy, "Women's Work Reconsidered: Gender and Wage Differentiation in Late Medieval England", *Past and Present*, No. 165 (Nov., 1999).

——, "[Women's Work Reconsidered: Gender and Wage Differentiation in Late Medieval England]: Reply", *Past & Present*, No. 173 (Nov., 2001).

Bean, J. M. W., "Plague, Population and Economic Decline in England in the Later Middle Ages", *The Economic History Review*, New Series, Vol. 15, No. 3 (Apr., 1963).

Bennett, Judith M., "Misogyny, Popular Culture, and Women's Work", *History Workshop*, No. 31 (Spring, 1991).

Beveridge, W., "Wages in the Winchester Manors", *The Economic History Review*, Vol. 7, No. 1 (Nov., 1936).

——, "Westminster Wages in the Manorial Era", *The Economic History Review*, New Series, Vol. 8, No. 1 (Apr., 1955).

Birrell, Jean, "Peasant Craftsmen in the Medieval Forest", *The Agriculture History Review*, Vol. 17, Part II (1969).

Blanchard, Ian, "Labour Productivity and Work Psychology in the English Mining Industry, 1400 – 1600", *The Economic History Review*, New Series, Vol. 31, No. 1 (Feb., 1978).

——, "The Miner and the Agricultural Community in Late Medieval England", *The Agriculture History Review*, Vol. 20, Part II (1972).

Brenner, Robert, "Agrarian Class Structure and Economic Development in Pre – Industrial Europe", *Past & Present*, No. 70 (Feb., 1976).

Bridbury, A. R., "Before the Black Death", *The Economic History Review*, New Series, Vol. 30, No. 3 (Aug., 1977).

——, "The Black Death", *The Economic History Review*, New Series, Vol. 26, No. 4 (Nov., 1973).

——, "The Farming Out of Manors", *The Economic History Review*, New Series, Vol. 31, No. 4 (Nov., 1978).

Britnell, N. J., "Specialization of Work in England, 1100 – 1300",

The Economic History Review, New Series, Vol. 54, No. 1 (Feb., 2001).

Britnell, R. H., "Minor Landlords in England and Medieval Agrarian Capitalism", *Past and Present*, No. 89 (Nov., 1980).

Broadberry, Stephen, Guan Hanhui and Li David Daokui, "China, Europe and the Great Divergence: A Study in Historical National Accounting, 980–1850", *The Journal of Economic History*, Vol. 78, No. 4 (Dec., 2018).

Brown, E. H. Phelps, and Hopkins, Sheila V., "Builders' Wage–Rates, Prices and Population: Some Further Evidence", *Economica*, New Series, Vol. 26, No. 101 (Feb., 1959).

——, "Seven Centuries of Building Wages", *Economica*, New Series, Vol. 22, No. 87 (Aug., 1955).

——, "Seven Centuries of the Prices of Consumables, Compared with Builders' Wage–Rates", *Economica*, New Series, Vol. 23, No 92 (Nov., 1956).

——, "Wage–Rates and Prices: Evidence for Population Pressure in the Sixteenth Century", *Economica*, New Series, Vol. 24, No. 96 (Nov., 1957).

——, "Seven Centuries of Wages and Prices: Some Earlier Estimates", *Economica*, New Series, Vol. 28, No. 109 (Feb., 1961).

Bullough, Vern, and Campbell, Cameron, "Female Longevity and Diet in the Middle Ages", *Speculum*, Vol. 55, No. 2 (Apr., 1980).

Carakacili, Eona, "English Agrarian Labour Productivity Rates Before the Black Death: A Case Study", *The Journal of Economic History*, Vol. 64, No. 1 (Mar., 2004).

Carus–Wilson, E. M., "Evidences of Industrial Growth on Some Fifteenth–Century Manors", *The Economic History Review*, New Series,

Vol. 12, No. 2 (Aug., 1959).

Cassidy, Harry M., "The Emergence of the Free Labor Contract in England", *The American Economic Review*, Vol. 18, No. 2 (Jun., 1928).

Caunce, Stephen, "Farm Servants and the Development of Capitalism in English Agriculture", *The Agricultural History Review*, Vol. 45, Part I (1997).

Clark, Elaine, "Medieval Labor Law and English Local Courts", *The American Journal of Legal History*, Vol. 27, No. 4 (Oct., 1983).

Clark, Gregory, "The Economics of Exhaustion, the Postan Thesis, and the Agricultural Revolution", *The Journal of Economic History*, Vol. 52, No. 1 (Mar., 1992).

——, "The Condition of the Working Class in England", *Journal of Political Economy*, Vol. 113, No. 6 (Dec., 2005).

——, "The Long March of History: Farm Wages, Population, and Economic Growth, England 1209 – 1869", *The Economic History Review*, Vol. 60, No. 1 (Feb., 2007).

——, "Yields Per Acre in English Agriculture, 1250 – 1860: Evidence from Labour Inputs", *The Economic History Review*, New Series, Vol. 44, No. 3 (Aug., 1991).

Cohn, Samuel, "After the Black Death: Labour Legislation and Attitudes Towards Labour in Late – Medieval Western Europe", *The Economic History Review*, New Series, Vol. 60, No. 3 (Aug., 2007).

Coman, Katharine, "Wages and Prices in England, 1261 – 1701", *The Journal of Political Economy*, Vol. 2, No. 1 (Dec., 1893).

Crump, C. G., and Hughes, A., "The English Currency Under Edward I", *The Economic Journal*, Vol. 5, No. 17 (Mar., 1895).

Deborah Youngs, "Servants and Labourers on a Late Medieval Demesne:

The Case of Newton, Cheshire, 1498 – 1520", *The Agricultural History Review*, Vol. 47, Part II (1999).

Dodds, Ben, "Workers on the Pittington Demesne in the Late Middle Ages", *Archaeologia Aeliana*, Fifth Series, Vol. 28 (2000).

Dyer, C., " A Redistribution of Incomes in Fifteenth – Century England?" *Past and Present*, No. 39 (Apr., 1968).

——, "Changes in Diet in the Late Middle Ages: the Case of Harvest Workers", *The Agriculture History Review*, Vol. 36, No. 1 (1988).

——, "Deserted Medieval Villages in the West Midlands", *The Economic History Review*, New Series, Vol. 35, No. 1 (Feb., 1982).

——, "The Consumer and the Market in the Later Middle Ages", *The Economic History Review*, New Series, Vol. 42, No. 3 (Aug., 1989).

——, "The English Medieval Village Community and Its Decline", *The Journal of British Studies*, Vol. 33, No. 4, Vill, Guild, and Gentry: Forces of Community in Later Medieval England (Oct., 1994).

——, "Did the Peasants Really Starve in Medieval England?" In Martha Carlin and Joel T. Rosenthal, eds., *Food and Eating in Medieval Europe*, London and Rio Grande: The Hambledon Press, 1998.

Farmer, D. L., "Crop Yields, Prices and Wages in Medieval England", *Studies in Medieval & Renaissance History*, NS, No. 6 (1983).

——, "Some Grain Price Movements in Thirteenth – Century England", *The Economic History Review*, New Series, Vol. 10, No. 2 (1957).

——, "Some Livestock Price Movements in Thirteenth – Century England", *The Economic History Review*, New Series, Vol. 22, No. 1 (Apr., 1969).

Fouquet, Roger, and Broadberry, Stephen, "Seven Centuries of European Economic Growth and Decline", *The Journal of Economic Perspec-*

tives, Vol. 29, No. 4 (Fall, 2015).

Givens, Jean A., "The Fabric Accounts of Exeter Cathedral as a Record of Medieval Sculptural Practice", *Gesta*, Vol. 30, No. 2 (1991).

Goose, Negel R., "Wage Labour on a Kentish Manor: Meopham, 1307 – 1375", *Archaeologia Cantania*, No. 92 (1977).

Gunderson, Gerald, "Real Incomes in the Late Middle Ages: A Test of the Common Case for Diminishing Returns", *Social Science History*, Vol. 2, No. 1 (Autumn, 1977).

Hamilton, J., "Imports of American Gold and Silver Into Spain, 1503 – 1660", *The Quarterly Journal of Economics*, Vol. 43, No. 3 (May., 1929).

Halcrowm, E. M., "The Decline of Demesne Farming on the Estates of Durham Cathedral Priory", *The Economic History Review*, New Series, Vol. 7, No. 3 (Dec., 1955).

Hare, J. N., "The Demesne Lessees of Fifteenth – Century Wiltshire", *The Agricultural History Review*, Vol. 29, Part I (1981).

Harvey, Barbara F., "The Population Trend in England between 1300 and 1348", *Transactions of the Royal Historical Society*, Fifth Series, Vol. 16 (1966).

——, "The Leasing of the Abbot of Westminster's Demesnes in the Later Middle Ages", *The Economic History Review*, New Series, Vol. 22, No. 1 (Apr., 1969).

Harvey, P. D. A., "The English Inflation of 1180 – 1220", *Past and Present*, No. 61 (Nov., 1973).

Hatcher, John, "England in the Aftermath of the Black Death", *Past and Present*, No. 144 (Aug., 1994).

——, "English Serfdom and Villeinage: Towards a Reassessment", *Past & Present*, No. 90 (Feb., 1981).

——, "Labour, Leisure and Economic Thought before the Nineteenth Century", *Past and Present*, No. 160 (Aug., 1998).

——, "Mortality in the Fifteenth Century: Some New Evidence", *The Economic History Review*, New Series, Vol. 39, No. 1 (Feb., 1986).

——, "Myths, Miners and Agricultural Communities", *The Agricultural History Review*, Vol. 22, Part 1 (1974).

——, "Women's Work Reconsidered: Gender and Wage Differentiation in Late Medieval England", *Past and Present*, No. 173 (Nov., 2001).

Hilton, R. H., "Crisis of Feudalism", *Past and Present*, No. 80 (Aug., 1978).

——, "Peasant Movements in England before 1381", *The Economic History Review*, New Series, Vol. 2, No. 2 (Aug., 1949).

——, "Some Social and Economic Evidence in Late Medieval English Tax Returns", in S. Herost, ed., *Spoleezenstwo Gospodarka Kultura*, Warsaw, (1974).

Hughes, A., and Crump, C. Johnson, "The Debasement of the Coinage Under Edward Ⅲ", *The Economic Journal*, Vol. 7, No. 26 (Jun., 1897).

Humphries, Jane, and Weisdorf, Jacob, "Unreal Wages? A New Empirical Foundation for the Study of Living Standards and Economic Growth in England, 1260 – 1860", *Discussion Papers in Economic and Social History*, University of Oxford, No. 147 (Sep., 2016).

Jones, Andrew, "Harvest Customs and Labourers' Perquisites in Southern England, 1150 – 1350: The Corn Harvest", *The Agricultural History Review*, Vol. 25, Part Ⅰ (1977).

——, "Harvest Customs and Labourers' Perquisites in Southern England", 1150 – 1350: the Hay Harvest, *The Agricultural History Re-*

view, Vol. 25, Part Ⅱ (1977).

Kenyon, Nora, "Labour Conditions in Essex in the Reign of Richard Ⅱ", *The Economic History Review*, Vol. 4, No. 4 (Apr., 1934).

Kershaw, Ian, "The Great Famine and Agrarian Crisis in England 1315 – 1322", *Past and Present*, No. 59 (May, 1973).

——, "The Great Famine and Agrarian Crisis in England 1315 – 1322", *Past and Present*, No. 59 (May, 1973).

Kitsikopoulos, Harry, "Standards of Living and Capital Formation in Pre – Plague England: A Peasant Budget Model", *The Economic History Review*, New Series, Vol. 53, No. 2 (May, 2000).

Knoop, Douglas, and Jones, G. P., "The English Medieval Quarry", *The Economic History Review*, Vol. 9, No. 1 (Nov., 1938).

——, "Masons and Apprenticeship in Mediaeval England", *The Economic History Review*, Vol. 3, No. 3 (Apr., 1932).

Kowaleski, Maryanne, and Bennett, Judith M., "Crafts, Gilds, and Women in the Middle Ages: Fifty Years after Marian K. Dale", *Signs*, Vol. 14, No. 2, "Working Together in the Middle Ages: Perspectives on Women's Communities" (Winter, 1989).

Lapsley, Gaillard Thomas, "The Account Roll of a Fifteenth – Century Iron Master", *The English Historical Review*, Vol. 14, No. 55 (Jul., 1899).

Lennard, Reginald, "The Economic Position of the Bordars and Cottars of Domesday Book", *The Economic Journal*, Vol. 61, No. 242 (Jun., 1951).

——, "The Alleged Exhaustion of the Soil in Medieval England", *The Economic Journal*, Vol. 32, No. 125 (Mar., 1922).

Lopez, R. S., and Miskimin, H. A., "The Economic Depression of the Renaissance", *The Economic History Review*, New Series, Vol. 14,

No. 3 (Dec., 1962).

Lopez, Robert S., "Economic Depression of the Renaissance? II", *The Economic History Review*, New Series, Vol. 16, No. 3 (Dec., 1964).

Loschky, D., "Seven Centuries of Real Income per Wage Earner Reconsidered", *Economica*, New Series, Vol. 47, No. 188 (Nov., 1980).

Lydall, H. F., and Brown, E. H. Phelps, "Seven Centuries of Real Income Per Wage – Earner Reconsidered: A Note", *Economica*, New Series, Vol. 49, No. 194 (May, 1982).

Mate, Mavis E., "Agrarian Economy after the Black Death: The Manors of Canterbury Cathedral Priory, 1348 – 91", *The Economic History Review*, New Series, Vol. 37, No. 3 (Aug., 1984).

——, "High Prices in Early Fourteenth – Century England: Causes and Consequences", *The Economic History Review*, New Series, Vol. 28, No. 1 (Feb., 1975).

——, "Profit and Productivity on the Estates of Isabella de Forz (1260 – 92)", The *Economic History Review*, New Series, Vol. 33, No. 3 (Aug., 1980).

Mayhew, N. J., "Money and Prices in England from Henry II to Edward III", *The Agriculture History Review*, Vol. 35, Part. II (1987).

——, "Numismatic Evidence and Falling Prices in the Fourteenth Century", *The Economic History Review*, New Series, Vol. 27, No. 1 (Feb., 1974).

——, "Population, Money Supply, and the Velocity of Circulation in England, 1300 – 1700", *The Economic History Review*, New Series, Vol. 48, No. 2 (May, 1995).

Miskimin, Harry A., "Economic Depression of the Renaissance? III", *The Economic History Review*, New Series, Vol. 16, No. 3 (Dec., 1964).

———, "Monetary Movements and Market Structure – Forces for Contraction in Fourteenth – and Fifteenth – Century England", *The Journal of Economic History*, Vol. 24, No. 4 (Dec., 1964).

Penn, Simon A. C., and Dyer, C., "Wages and Earnings in Late Medieval England: Evidence from the Enforcement of the Labour Laws", *The Economic History Review*, New Series, Vol. 43, No. 3 (Aug., 1990).

Penn, Simon A. C., "Female Wage – Earners in Late Fourteenth – Century England", *The Agricultural History Review*, Vol. 35, Part. I (1987).

Poos, L. R., "The Social Context of Statute of Labourers Enforcement", *Law and History Review*, Vol. 1, No. 1 (Spring, 1983).

———, "The Rural Population of Essex in the Later Middle Ages", *The Economic History Review*, New Series, Vol. 38, No. 4 (Nov., 1985).

Postan, M. M., "[Money, Population and Economic Change in Late Medieval Europe]: Note", *The Economic History Review*, New Series, Vol. 12, No. 1 (Apr., 1959).

———, "Some Economic Evidence of Declining Population in the Later Middle Ages", *The Economic History Review*, New Series, Vol. 2, No. 3 (Dec., 1950).

———, "The Chronology of Labour Services", *Transactions of the Royal Historical Society*, Fourth Series, Vol. 20 (Dec., 1937).

———, "The Famulus: The Estate Labourer in the 12th and 13th Century", *The Economic History Review Supplement*, No. 2 (1954).

———, "Revisions in Economic History: IX. – The Fifteenth Century", *The Economic History Review*, Vol. 9, No. 2 (May, 1939).

Postan, M. M., Hatcher, John, "Population and Class Relations in Feudal Society", *Past & Present*, No. 78 (Feb., 1978).

Postan, M. M., and Titow, J., "Heriots and Prices on Winchester Manors", *The Economic History Review*, New Series, Vol. 11, No. 3 (Dec., 1959).

Putnam, B. H., "The Justices of Labourers in the Fourteenth Century", *The English Historical Review*, Vol. 21, No. 83 (Jul., 1906).

Raymond de Roover, "The Concept of the Just Price: Theory and Economic Policy", *The Journal of Economic History*, Vol. 18, No. 4 (Dec., 1958).

Roberts, Michael, "Sickles and Scythes: Women's Work and Men's Work at Harvest Time", *History Workshop*, No. 7 (Spring, 1979).

Robinson, W. C., "Money, Population and Economic Change in Late Medieval Europe", *The Economic History Review*, New Series, Vol. 12, No. 1 (Apr., 1959).

Rosser, Gervase, "Crafts, Guilds and the Negotiation of Work in the Medieval Town", *Past and Present*, No. 154 (Feb., 1997).

Schreiner, Johan, "Wages and Prices in England in Later Middle Ages", *Scandinavian Economic History Review*, Vol. 2, No. 2 (1954).

Shelby, L. R., "The Role of the Master Mason in Mediaeval English Building", *Speculum*, Vol. 39, No. 3 (Jul., 1964).

Stone, David, "The Productivity of Hired and Customary Labour: Evidence from Wisbech Barton in the Fourteenth Century", *The Economic History Review*, New Series, Vol. 50, No. 4 (Nov., 1997).

Sussman, Nathan, "The Late Medieval Bullion Famine Reconsidered", *The Journal of Economic History*, Vol. 58, No. 1 (Mar., 1998).

Titow, J., "Evidence of Weather in the Account Rolls of the Bishopric of Winchester, 1209 – 1350", *The Economic History Review*, 2nd series., Vol. 12, No. 3 (Dec., 1960).

Whittle, Jane, "Servants in Rural England c. 1450 – 1650: Hired Work as a Means of Accumulating Wealth and Skills before Marriage", in M. Agren and A. Erickson, eds., *The Marital Economy in Scandinavia and Britain* 1400 – 1900, Burlington: Ashgate, 2005.

Woodward, Donald, "Wage Rates and Living Standards in Pre – Industrial England", *Past and Present*, No. 91 (May, 1981).

Youngs, Deborah, "Servants and Labourers on a Late Medieval demesne: The Case of Newton, Cheshire, 1498 – 1520", *The Agriculture History Review*, Vol. 47, Part II (1999).

Degree Thesis

Routt, David Wayne, *Economy and Society in the Fourteenth Century: the Estate of the Abbot of St Edmund's*, 1335 – 1388, Ph. D Thesis of Ohio State University, 1998.

Rush, Joseph Ian, *Commerce and Labor in Medieval England: The Impact of the Market Economy on Workers' Diet and Wages*, 1275 – 1315, Ph. D Thesis of University of Oregon, 2001.

Workman, Katherine J., *Estate Administration in Fifteen Century Norfolk: An Occupational Study*, Ph. D Thesis of Indiana University, 1990.

On – line Sources

Munro, John H., *Before and after the Black Death: Money, Prices, and Wages in Fourteenth – Century England*, On – line version: http://www.chass.utoronto.ca/ecipa/wpa.html, 15 December 2004.

——, *Builders' Wages in Southern England and the Southern Low Countries, 1346 – 1500: A Comparative Study of Trends in and Levels of Real Incomes*, On – line version: http://www.chass.utoronto.ca/ecipa/wpa.html, 16 April 2004, Revised: 7 July 2004.

——, *Money, Prices, Wages, and 'Profit Inflation' in Spain, the Southern*

Netherlands, and England during the Price Revolution era: c. 1520 – c. 1650, On – line version: http: //www. economics. utoronto. ca/index. php/index/research/workingPapers, 23 May 2008.

——, *Money, Wages, and Real Incomes in the Age of Erasmus: The Purchasing Power of Coins and of Building Craftsmen's Wages in England and the Low Countries, 1500 – 1540*, On – line version: http: //www. chass. utoronto. ca/ecipa/wpa. html, 24 May 2001.

——, *Postan, Population, and Prices in Late – Medieval England and Flanders*, On – line version: http: //www. chass. utoronto. ca/ecipa/wpa. html, 27 September 2002.

——, *Prices, Wages, and Prospects for 'Profit Inflation' in England, Brabant, and Spain, 1501 – 1670: A Comparative Analysis*, On – line version: http: //www. chass. utoronto. ca/ecipa/wpa. html, 4 July 2002.

——, *Real Wages and the 'Malthusian Problem' in Antwerp and South – Eastern England, 1400 – 1700: A regional comparison of levels and trends in real wages for building craftsmen*, On – line version: http: //repec. economics. utoronto. ca/repec _ show _ paper. php? handle = tecipa – 225, 10 April 2006, Revised: 5 October 2006.

——, *The Maze of Medieval Mint Metrology in Flanders, France and England: Determining the Weight of the Marc de Troyes and the Tower Pound from the Economics of Counterfeiting, 1388 – 1469*, On – line version: http: //www. chass. utoronto. ca/ecipa/wpa. html, June 18, 1998.

——, *Wage – Stickiness, Monetary Changes, and Real Incomes in Late – Medieval England and the Low Countries, 1300 – 1450: Did Money Really Matter?* On – line version: http: //www. chass. utoronto. ca/ecipa/wpa. html, 20 November 2000, Revised: 30 March 2001.

后　　记

　　恍惚间，博士毕业已整十年。在这个时间节点上出版自己的学位论文，我想，应该是可行的，因为：第一，十年间，对于书中涉及的问题，我在持续关注、思考，然后将欠缺的地方逐一补足，将新的想法逐一添加，自以为文本已经成熟，尽管仍不完美。第二，十年间，我两次远赴英伦，拜会了研究这个问题的大部分学者，我将自己的想法和盘托出，向他们求教，并获得了积极的反馈，所有这些亦已体现于书中。第三，十年间，作为一个青年学者，我虽然发表了几篇差强人意的论文，但博士论文不能面世，在业界立身总觉不安，为此，是时候展示自己的"真正技术"了。对我而言，本书出版既是对前十年研学的总结，亦是学术新程起点的标记。

　　博士论文即将付梓之际，我要感谢导师徐浩教授。在我入学不久，他便给我选定了题目，指明了方向，让我在接下来的三年时间里可以集中用力。在论文撰写过程中，他多次给我提出建设性建议，纠正了几乎导致走入歧路的谬误。在论文完成后，他逐字逐句审阅初稿，使论文的不严谨之处大大减少，行文流畅度大大增加，最终可以顺利通过答辩。徐老师对我的帮助远不止于此。在我毕业求职的过程中，他帮我出主意、想办法，让我的职业生涯有了一个上佳的开头。在我频繁受挫、沮丧无比的时候，他不厌其烦地给我以劝导、安慰、鼓励，使我能够在人生路上勇敢前行。即便是在毕

后　记

业之后，他仍然在不断地予我以指导、提携、督促，让我在治史路上始终不敢懈怠半分。

我还要由衷地感谢另外两位导师。赵文洪师为人正直，儒雅有度，他的言传身教让我时刻谨记学以致用、心怀家国。王亚平师心思细腻，十分乐观，她的作则示范让我始终不忘严谨为学、积极向上。受教于他们，实乃人生之幸。

最后，感谢中国社会科学院创新工程学术出版项目提供的资助。感谢世界历史研究所的各位领导、同事的支持和帮助。感谢曾参加我的三次论文答辩的数位老师。感谢那些在不同场合、不同时机关心过我的亲朋挚友。感谢中国社会科学出版社的安芳编辑，是她的专业、细致让本书呈现出如此可人的面目。

作者于绵阳寓所
2021 年 3 月